NUNAVIK

POW POW

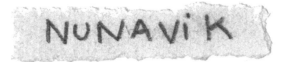

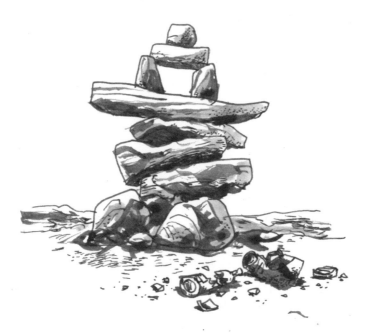

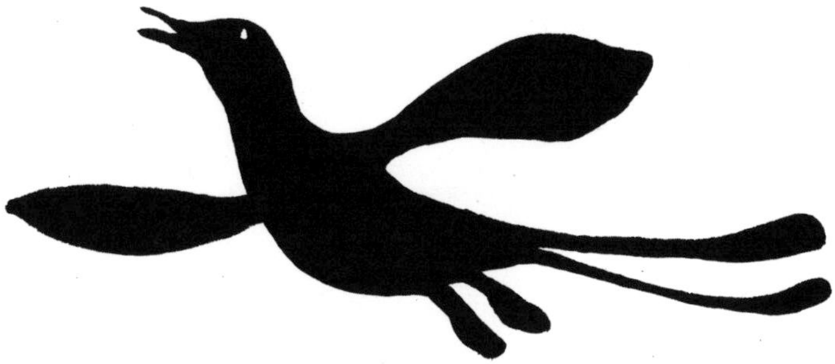

ᓄᓇᕕᒃ

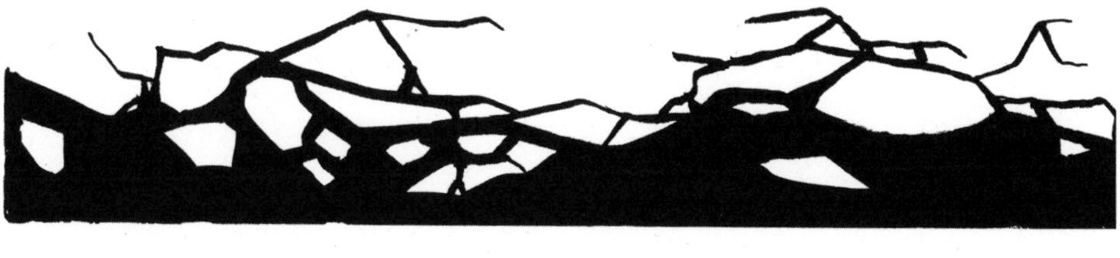

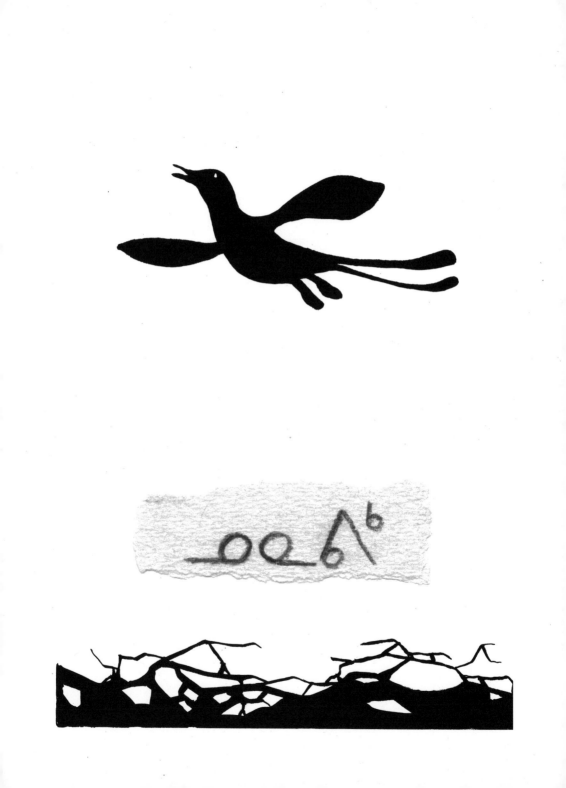

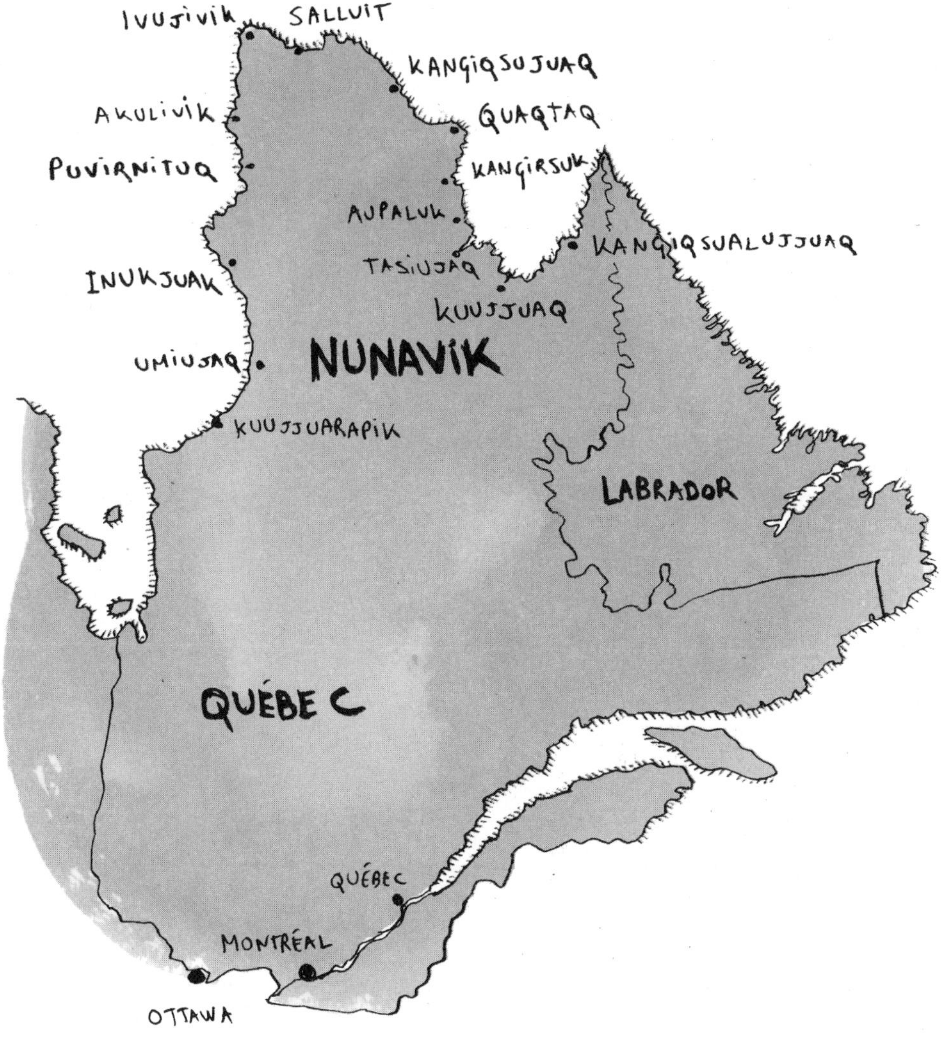
IVUJIVIK
SALLUIT
KANGIQSUJUAQ
AKULIVIK
QUAQTAQ
PUVIRNITUQ
KANGIRSUK
AUPALUK
KANGIQSUALUJJUAQ
TASIUJAQ
INUKJUAK
KUUJJUAQ
UMIUJAQ
NUNAVIK
KUUJJUARAPIK
LABRADOR
QUÉBEC
QUÉBEC
MONTRÉAL
OTTAWA

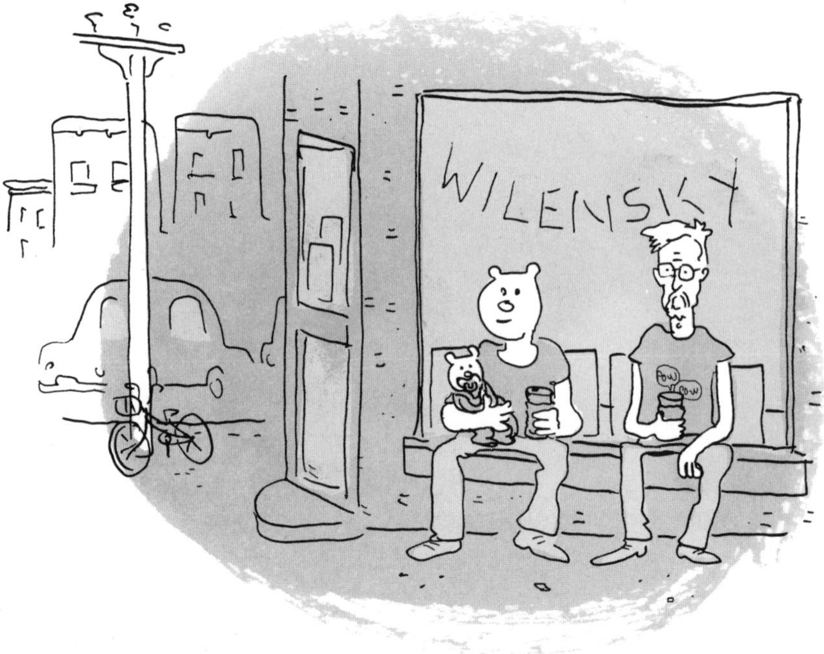
WILENSKY
POW
POW

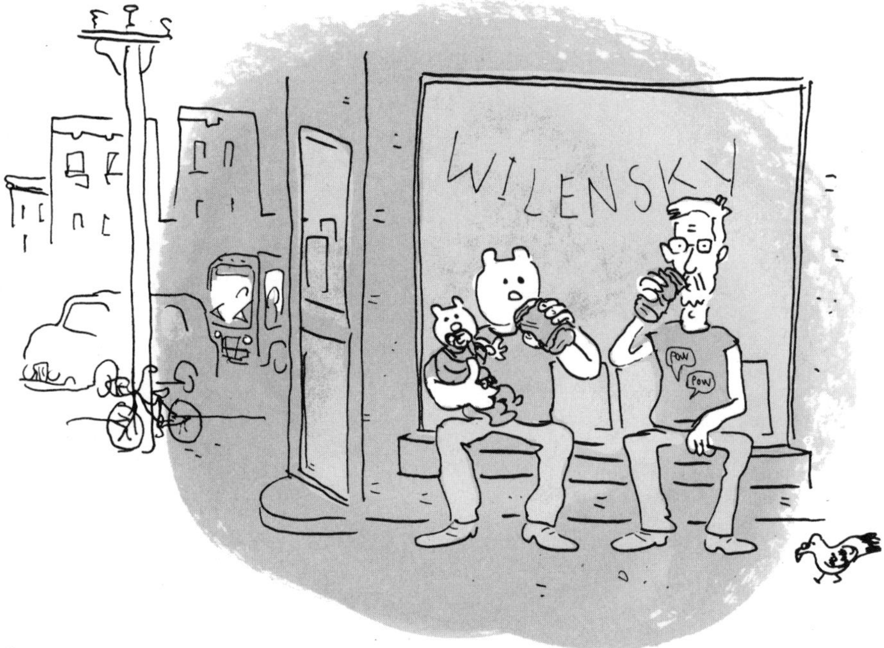
WILENSKY
POW
POW

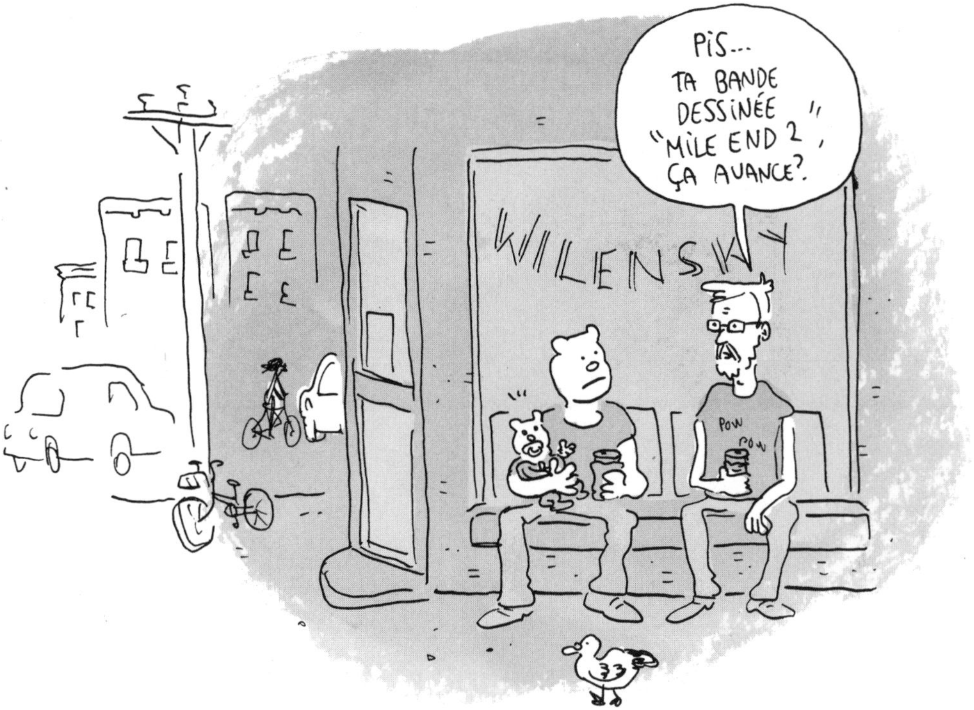
PiS... TA BANDE DESSiNÉE "MiLE END 2", ÇA AVANCE?
WILENSKY

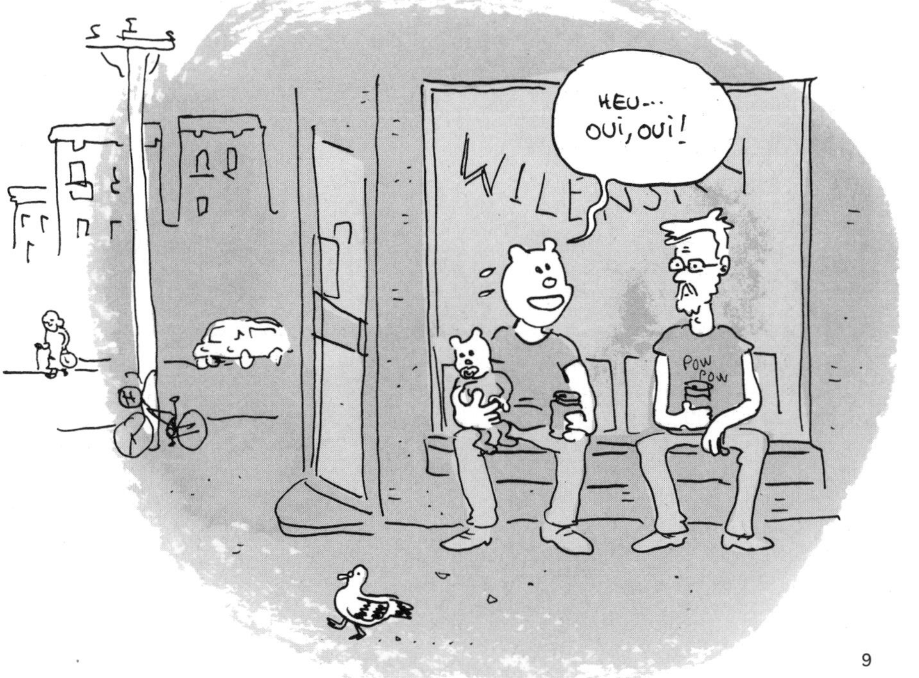
HEU... OUi, OUi!

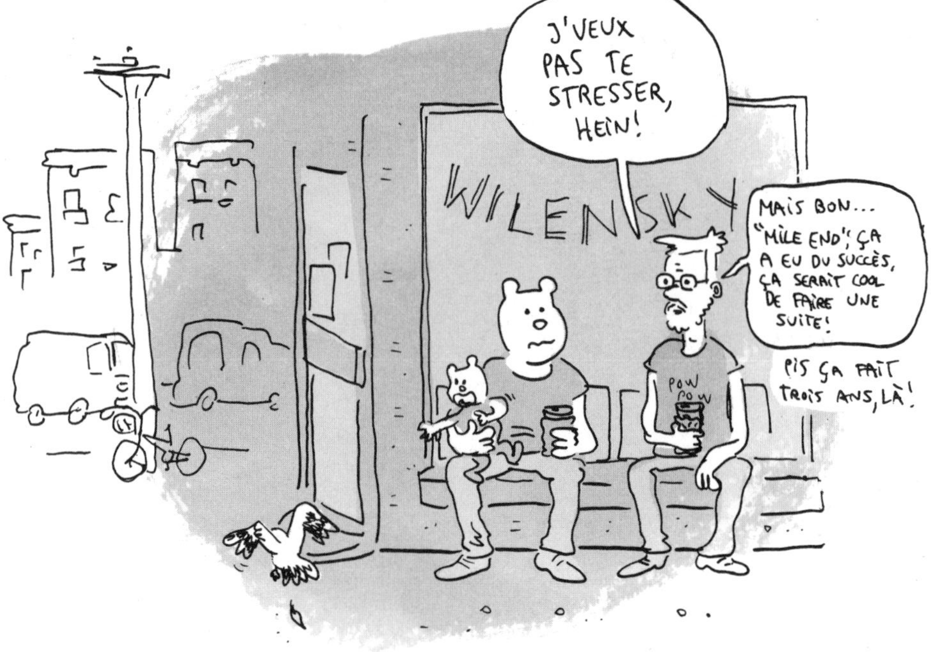
J'VEUX PAS TE STRESSER, HEIN!
WILENSKY
MAIS BON... "MILE END", ÇA A EU DU SUCCÈS, ÇA SERAIT COOL DE FAIRE UNE SUITE!
PIS ÇA FAIT TROIS ANS, LÀ!
POW POW

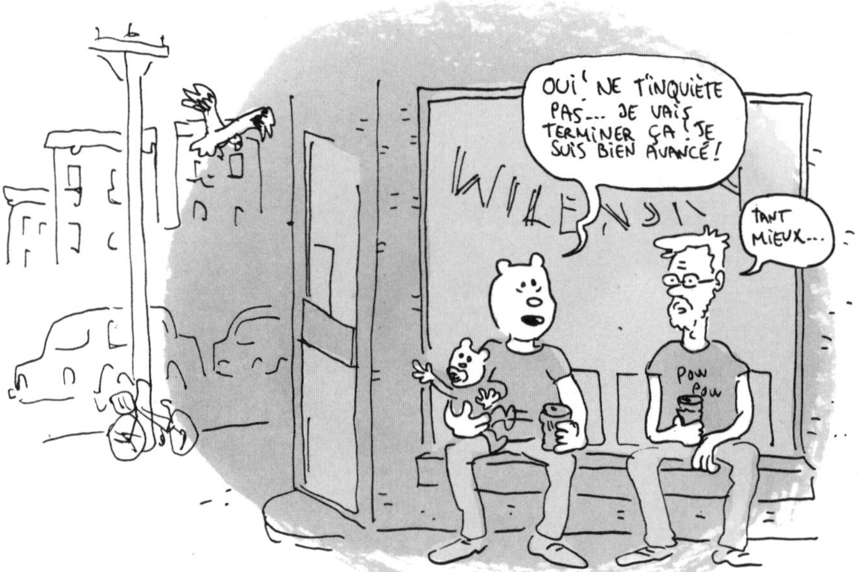
OUI! NE T'INQUIÈTE PAS... JE VAIS TERMINER ÇA! JE SUIS BIEN AVANCÉ!
TANT MIEUX...
POW POW

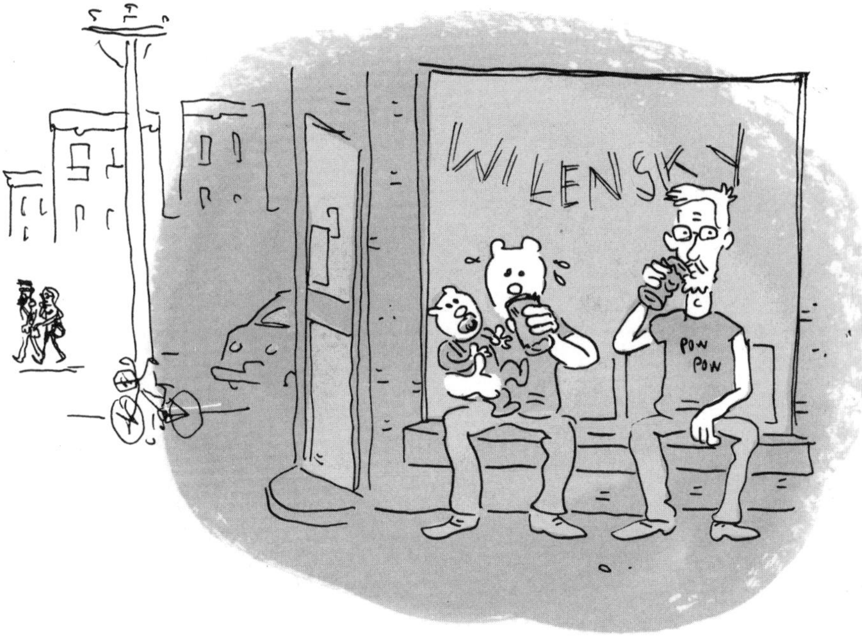
WILENSKY
POW POW

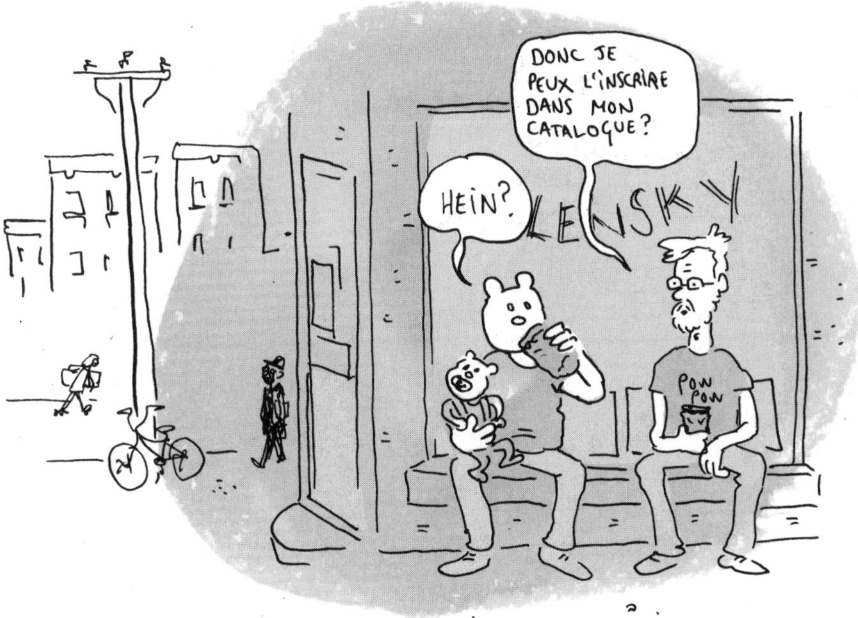
LENSKY
DONC JE PEUX L'INSCRIRE DANS MON CATALOGUE?
HEIN?
POW POW

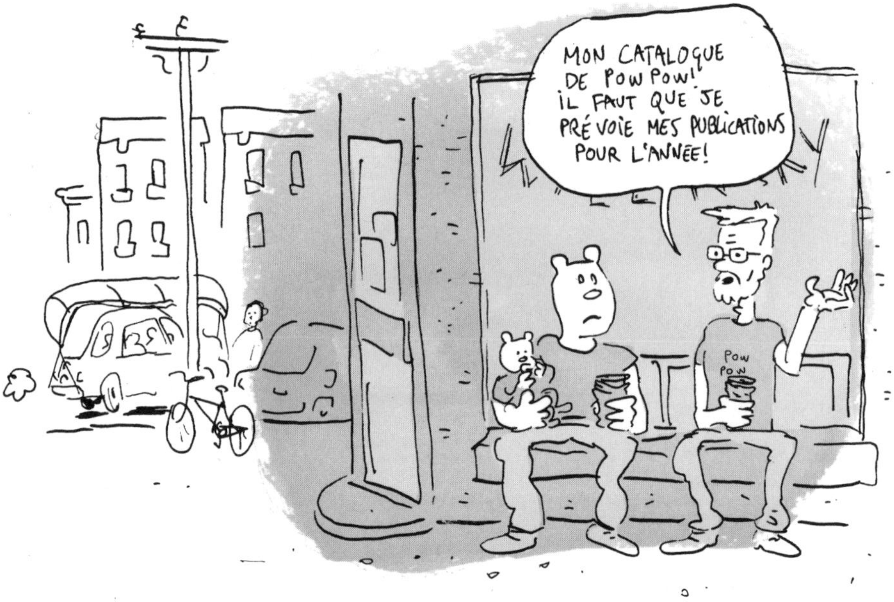
MON CATALOGUE DE POW POW! IL FAUT QUE JE PRÉVOIE MES PUBLICATIONS POUR L'ANNÉE!
POW POW

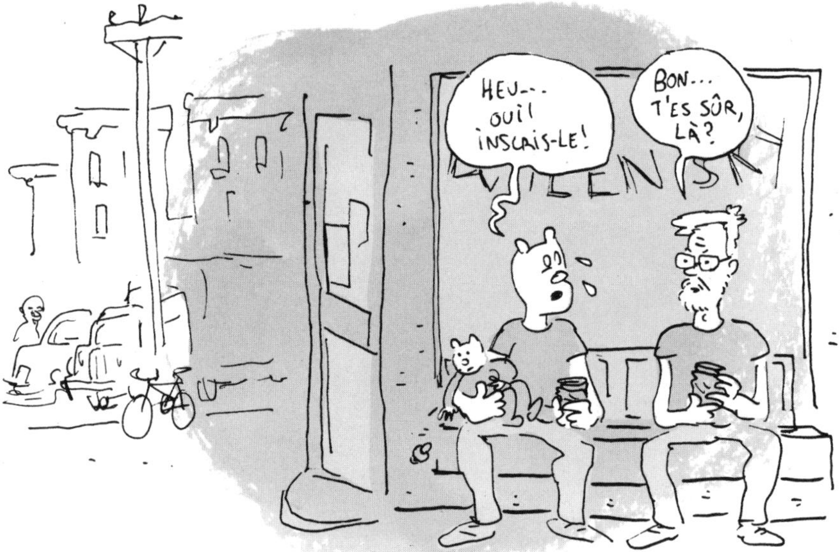
HEU... OUI! INSCRIS-LE!
BON... T'ES SÛR, LÀ?

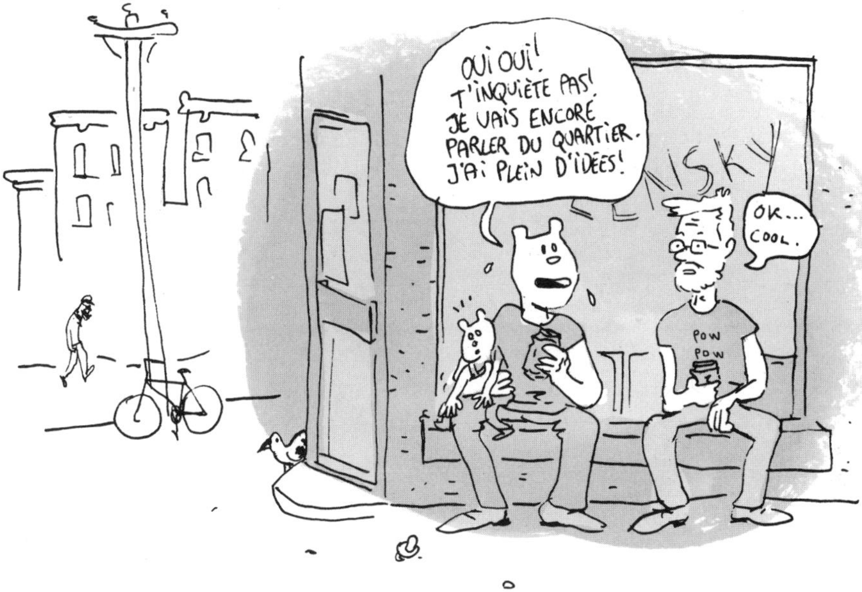
OUI OUI! T'INQUIÈTE PAS! JE VAIS ENCORE PARLER DU QUARTIER. J'AI PLEIN D'IDÉES!
OK... COOL.
POW POW

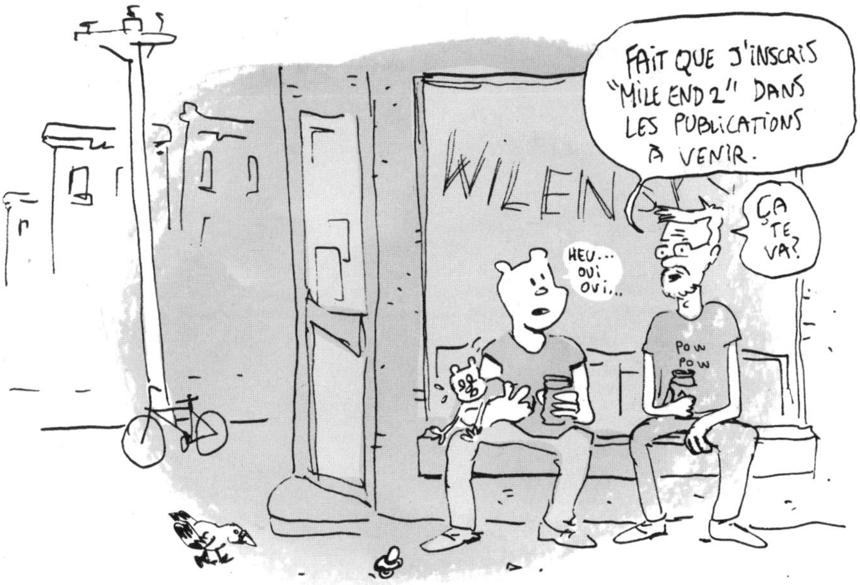
FAIT QUE J'INSCRIS "MILE END 2" DANS LES PUBLICATIONS À VENIR.
ÇA TE VA?
HEU... OUI OUI...
WILEN
POW POW

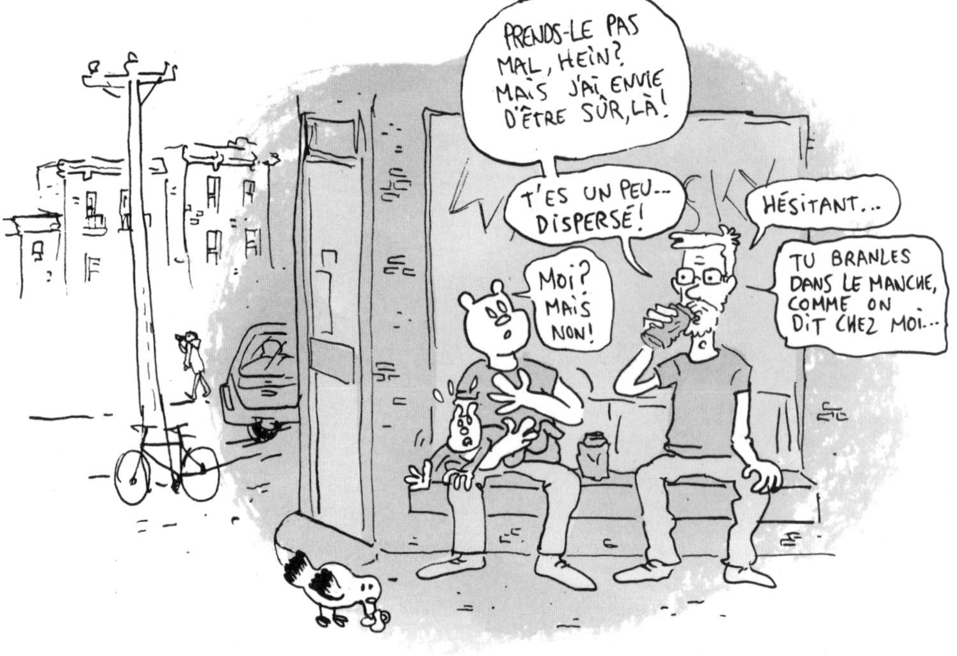
PRENDS-LE PAS MAL, HEIN? MAIS J'AI ENVIE D'ÊTRE SÛR, LÀ!
T'ES UN PEU... DISPERSÉ!
HÉSITANT...
MOI? MAIS NON!
TU BRANLES DANS LE MANCHE, COMME ON DIT CHEZ MOI...

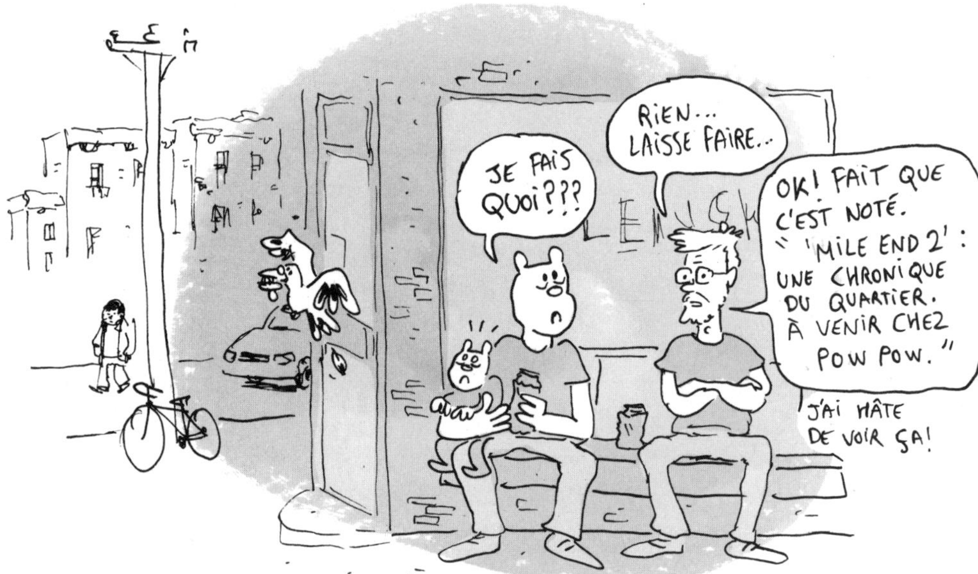
JE FAIS QUOI???
RIEN... LAISSE FAIRE...
OK! FAIT QUE C'EST NOTÉ. " 'MILE END 2' : UNE CHRONIQUE DU QUARTIER. À VENIR CHEZ POW POW."
J'AI HÂTE DE VOIR ÇA!

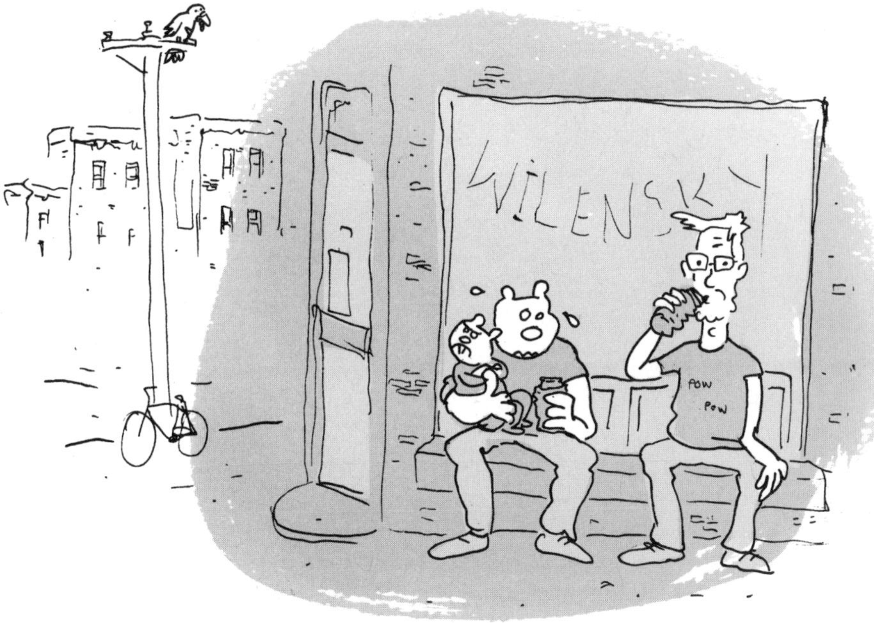
WILENSKY
POW
POW

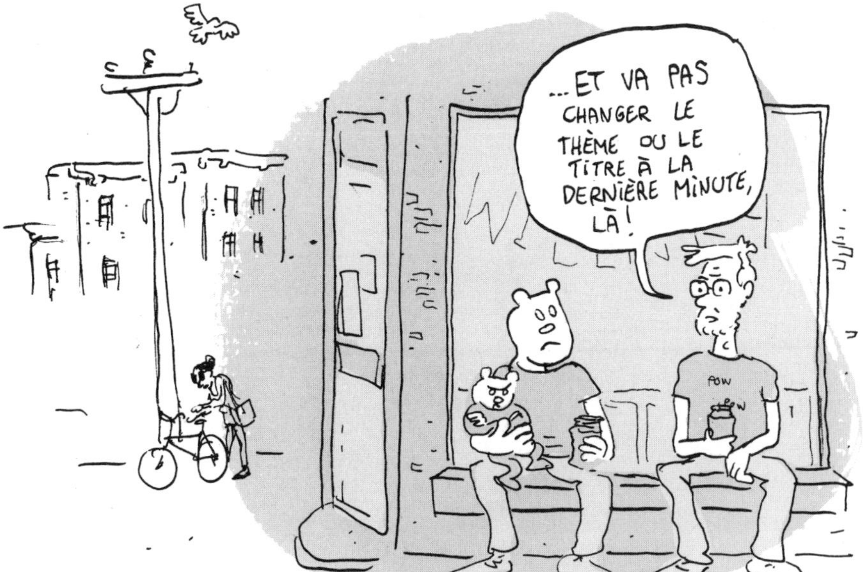
...ET VA PAS CHANGER LE THÈME OU LE TITRE À LA DERNIÈRE MINUTE, LÀ!
POW
POW

ᓄᓇᕕᒃ

NUNAVIK

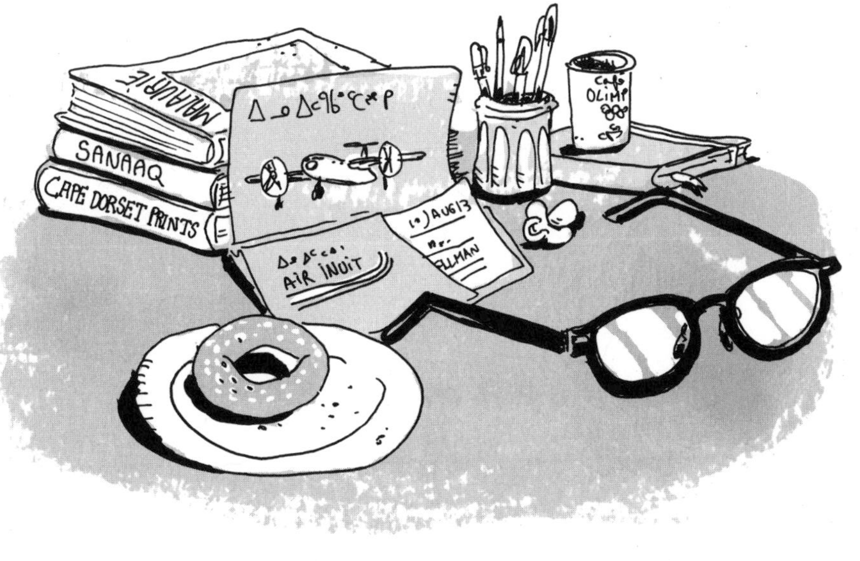
MALAURIE
SANAAQ
CAPE DORSET PRINTS
AIR INUIT
OLIMP

AU CANADA, LE GRAND NORD FAIT PARTIE INTÉGRANTE DE NOTRE IDENTITÉ NATIONALE.

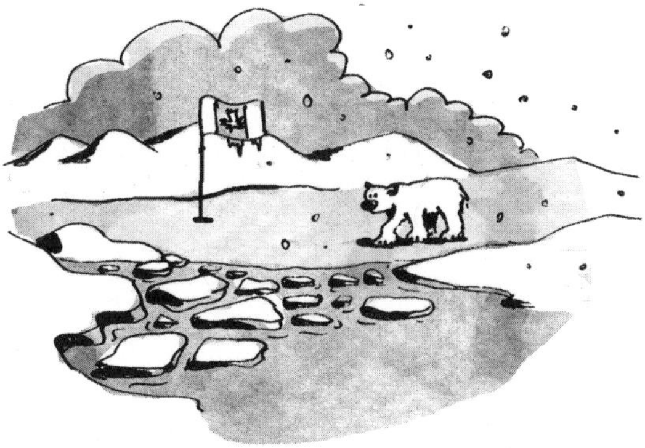

POURTANT, LA GRANDE MAJORITÉ DE LA POPULATION HABITE SUR UNE LONGUE BANDE ÉTROITE QUI LONGE, D'EST EN OUEST, LA FRONTIÈRE DES ÉTATS-UNIS...

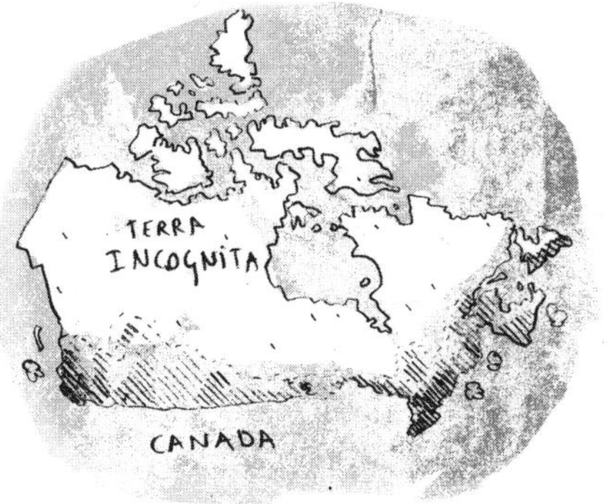
TERRA INCOGNITA
CANADA

ET CES GENS IGNORENT EN RÉALITÉ TOUT DE CES IMMENSES TERRITOIRES ET DE LA VIE DES PEUPLES QUI Y HABITENT...

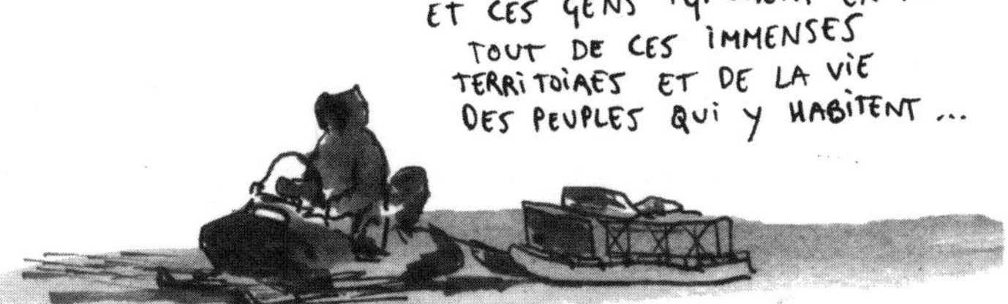

LE NUNAVIK EST UNE RÉGION SITUÉE AU NORD DU QUÉBEC, ET BIEN QU'ELLE OCCUPE UN TIERS DE LA PROVINCE, LORSQU'ON EN PARLE À UN QUÉBÉCOIS, ON ENTEND PRESQUE TOUJOURS CECI :

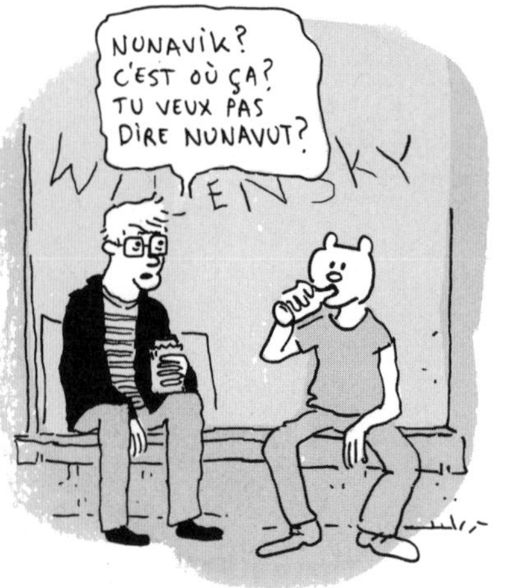
NUNAVIK? C'EST OÙ ÇA? TU VEUX PAS DIRE NUNAVUT?

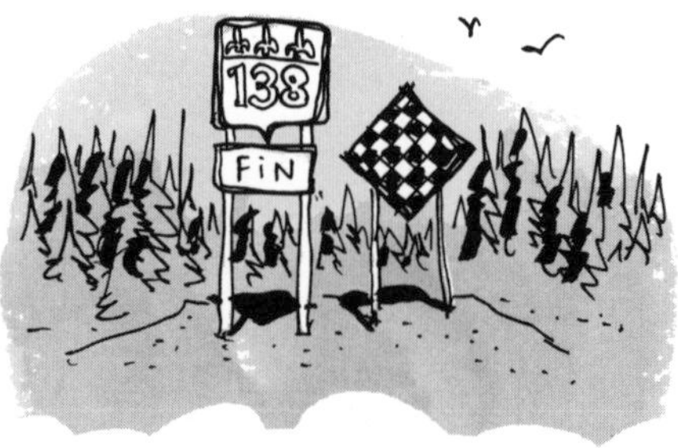
138
FIN

IL FAUT DIRE QUE C'EST UN ENDROIT DIFFICILE D'ACCÈS. LES DISTANCES SONT ÉNORMES, LES ROUTES QUASI INEXISTANTES ET LES COÛTS DE TRANSPORT ASTRONOMIQUES.

LA RÉGION EST PEUPLÉE DEPUIS UN MILLIER D'ANNÉES PAR LES INUIT, QUI ONT SU S'ADAPTER AUX RIGUEURS DE CET ENVIRONNEMENT ET À SON CLIMAT HOSTILE.

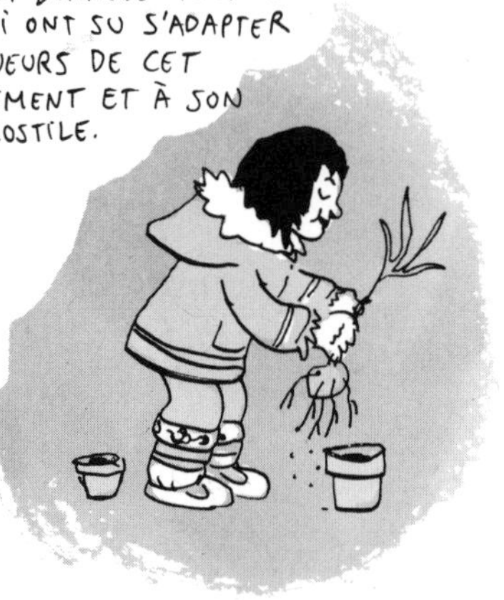

ET QUI SE TROUVENT AUJOURD'HUI À LA CROISÉE DES CHEMINS, DEVANT FAIRE FACE À DE NOMBREUX DÉFIS.

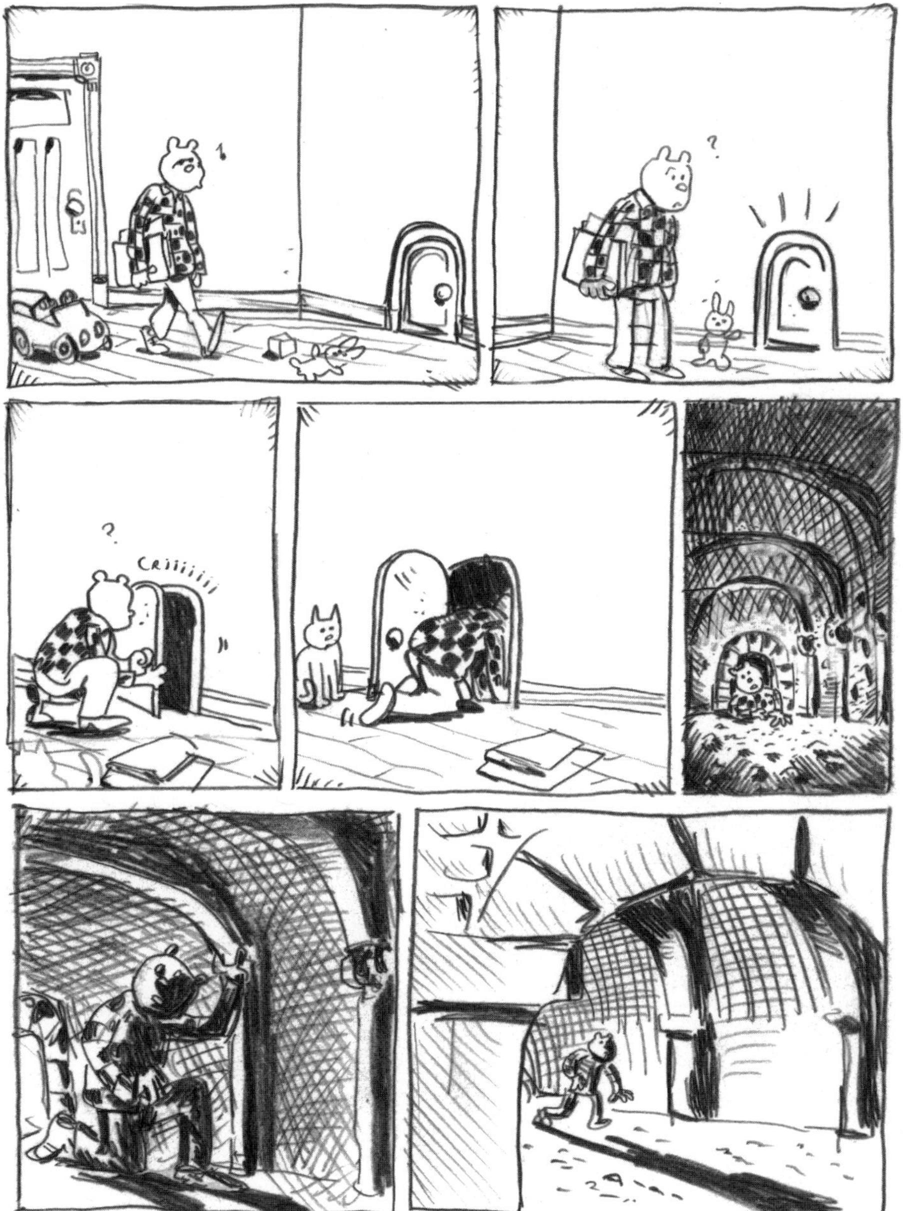
?
?
?
CRiiiiiii

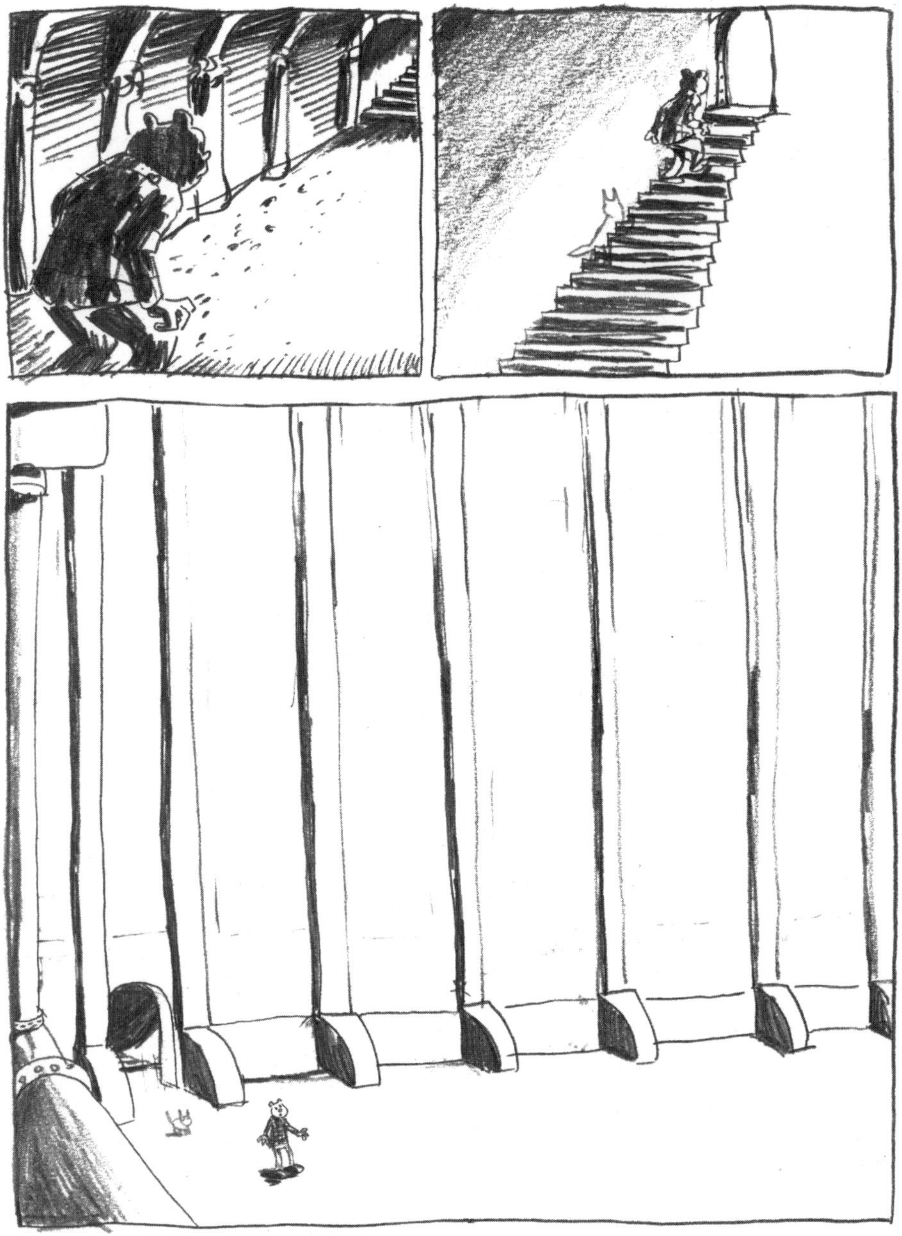

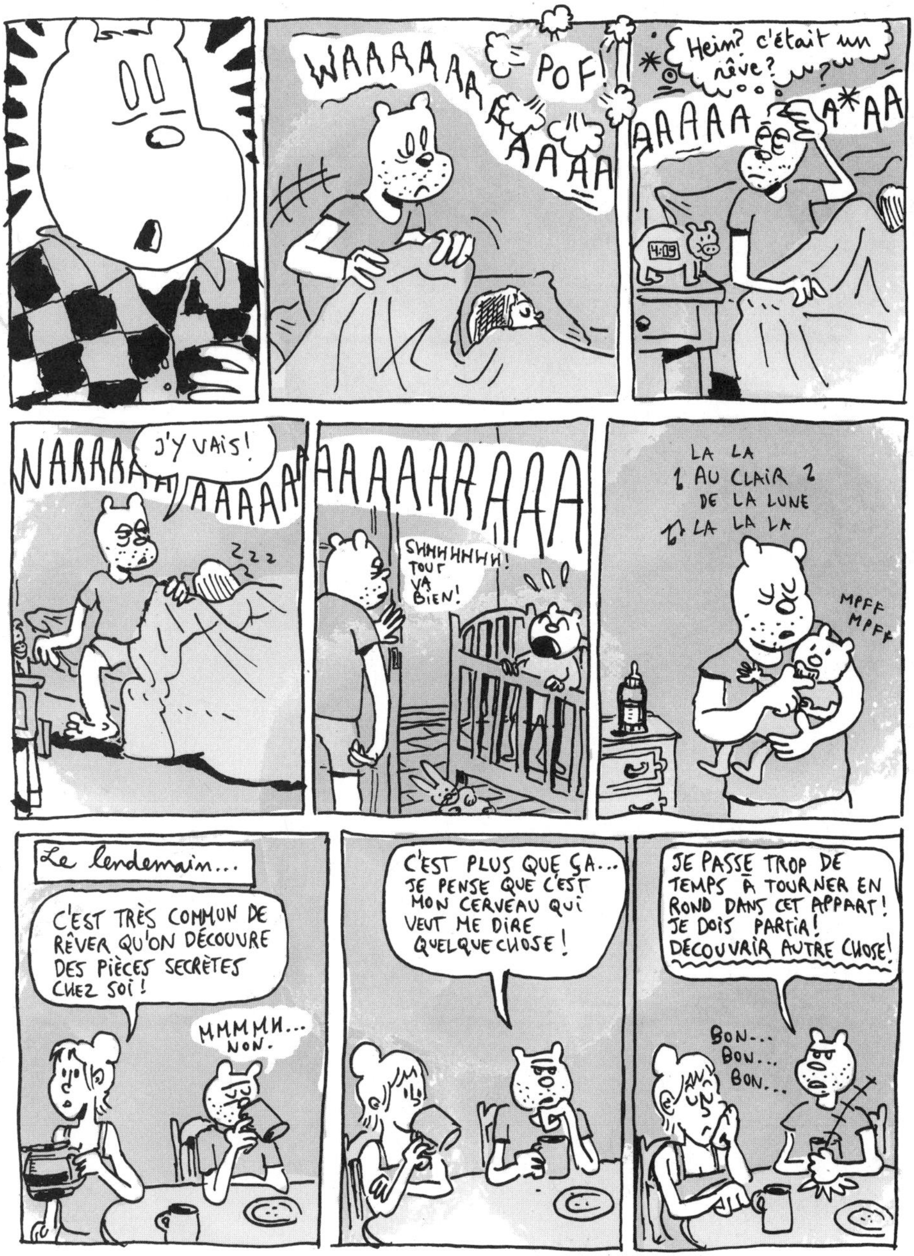
WAAAAAAAAAAAAA
POF!
Heim? c'était un rêve?
AAAAAA*AA
4:09
WAAAAAAAAAAA
J'Y VAIS!
ZZZ
AAAAAAAAAA
SHHHHHHH! TOUT VA BIEN!
LA LA AU CLAIR DE LA LUNE LA LA LA
MPFF MPFF
Le lendemain...
C'EST TRÈS COMMUN DE RÊVER QU'ON DÉCOUVRE DES PIÈCES SECRÈTES CHEZ SOI!
MMMMM... NON.
C'EST PLUS QUE ÇA... JE PENSE QUE C'EST MON CERVEAU QUI VEUT ME DIRE QUELQUE CHOSE!
JE PASSE TROP DE TEMPS À TOURNER EN ROND DANS CET APPART! JE DOIS PARTIR! DÉCOUVRIR AUTRE CHOSE!
BON... BON... BON...

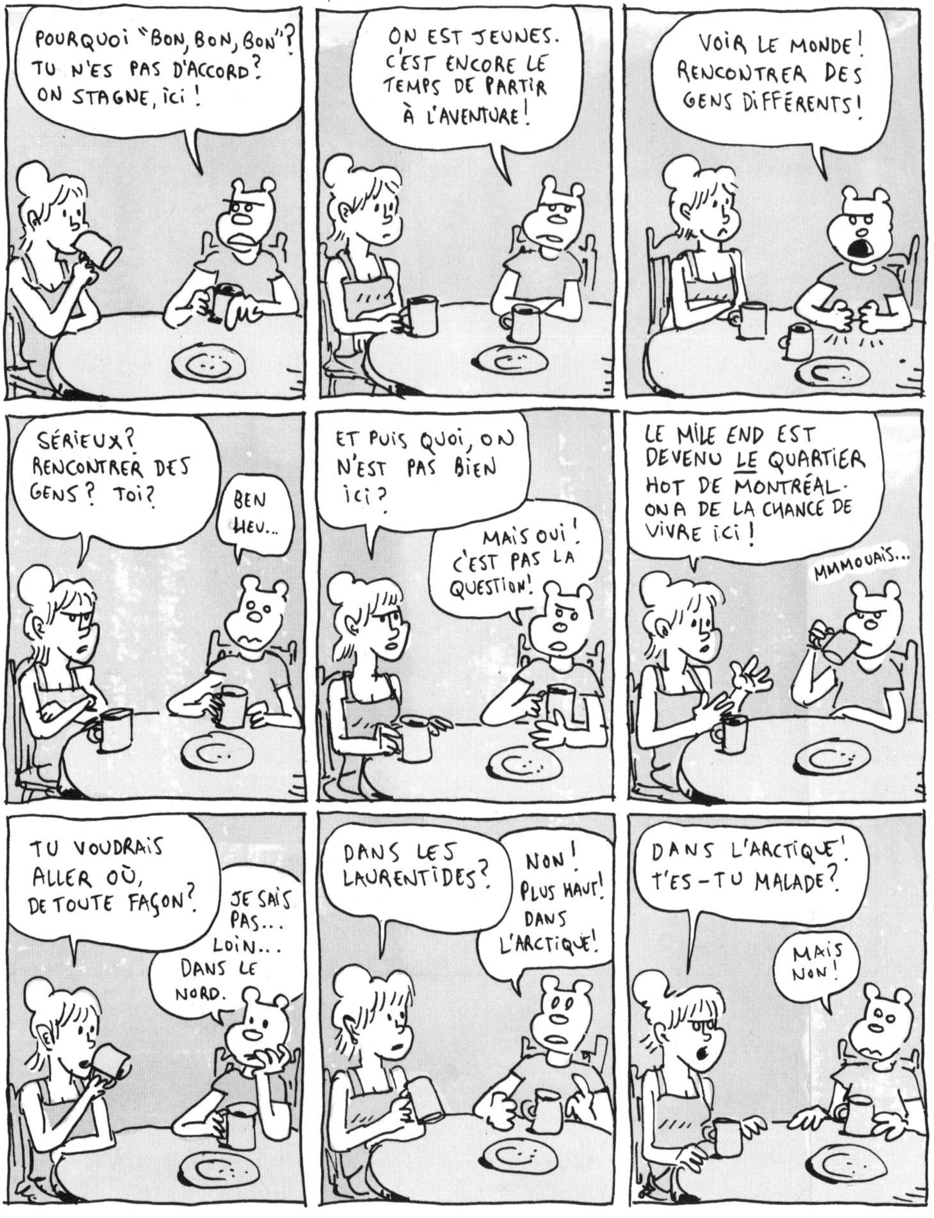
POURQUOI "BON, BON, BON"? TU N'ES PAS D'ACCORD? ON STAGNE, ICI!
ON EST JEUNES. C'EST ENCORE LE TEMPS DE PARTIR À L'AVENTURE!
VOIR LE MONDE! RENCONTRER DES GENS DIFFÉRENTS!
SÉRIEUX? RENCONTRER DES GENS? TOI?
BEN HEU...
ET PUIS QUOI, ON N'EST PAS BIEN ICI?
MAIS OUI! C'EST PAS LA QUESTION!
LE MILE END EST DEVENU LE QUARTIER HOT DE MONTRÉAL. ON A DE LA CHANCE DE VIVRE ICI!
MMMOUAIS...
TU VOUDRAIS ALLER OÙ, DE TOUTE FAÇON?
JE SAIS PAS... LOIN... DANS LE NORD.
DANS LES LAURENTIDES?
NON! PLUS HAUT! DANS L'ARCTIQUE!
DANS L'ARCTIQUE! T'ES-TU MALADE?
MAIS NON!

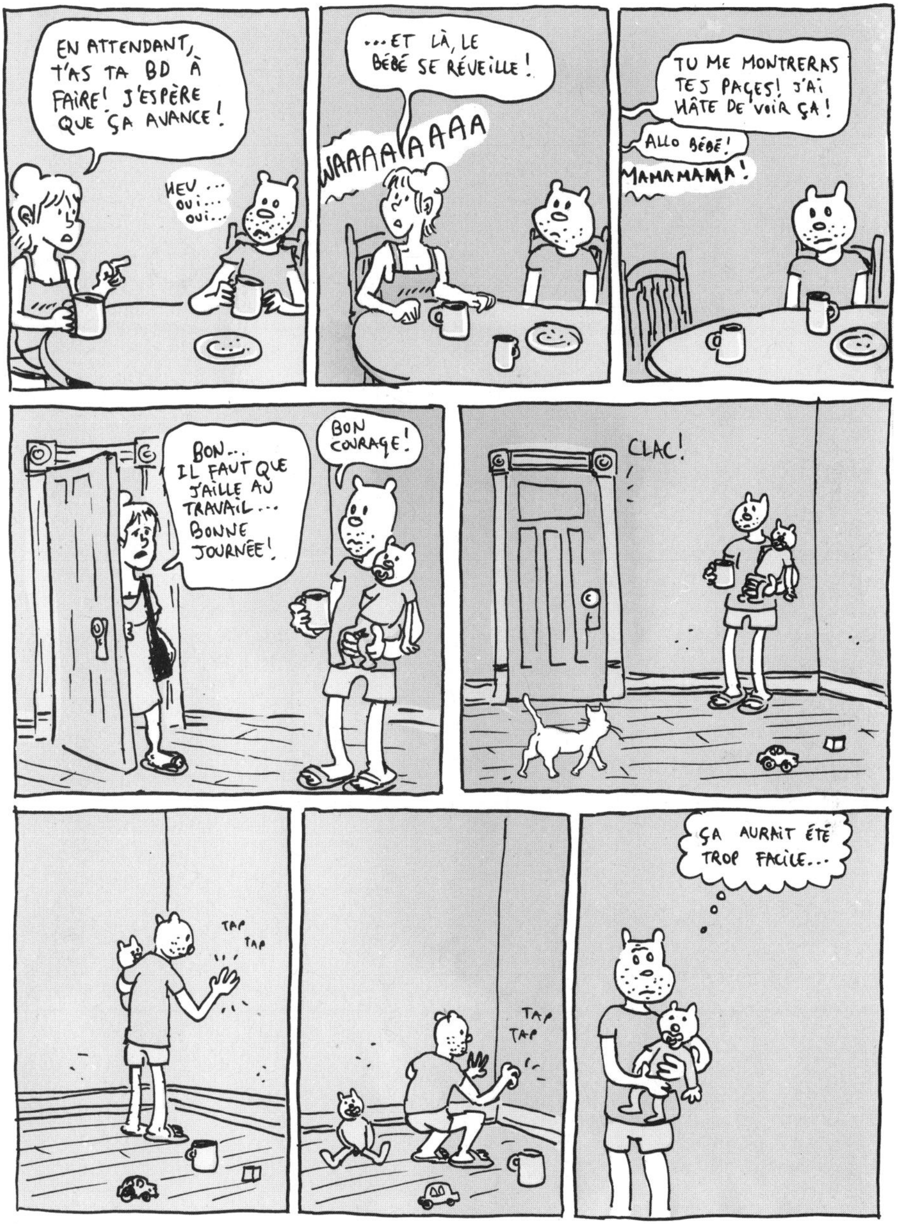
EN ATTENDANT, T'AS TA BD À FAIRE! J'ESPÈRE QUE ÇA AVANCE!
HEU... OUI... OUI...
...ET LÀ, LE BÉBÉ SE RÉVEILLE!
WAAAAAAAAA
TU ME MONTRERAS TES PAGES! J'AI HÂTE DE VOIR ÇA!
ALLO BÉBÉ!
MAMAMAMA!
BON... IL FAUT QUE J'AILLE AU TRAVAIL... BONNE JOURNÉE!
BON COURAGE!
CLAC!
TAP TAP
TAP TAP
ÇA AURAIT ÉTÉ TROP FACILE...

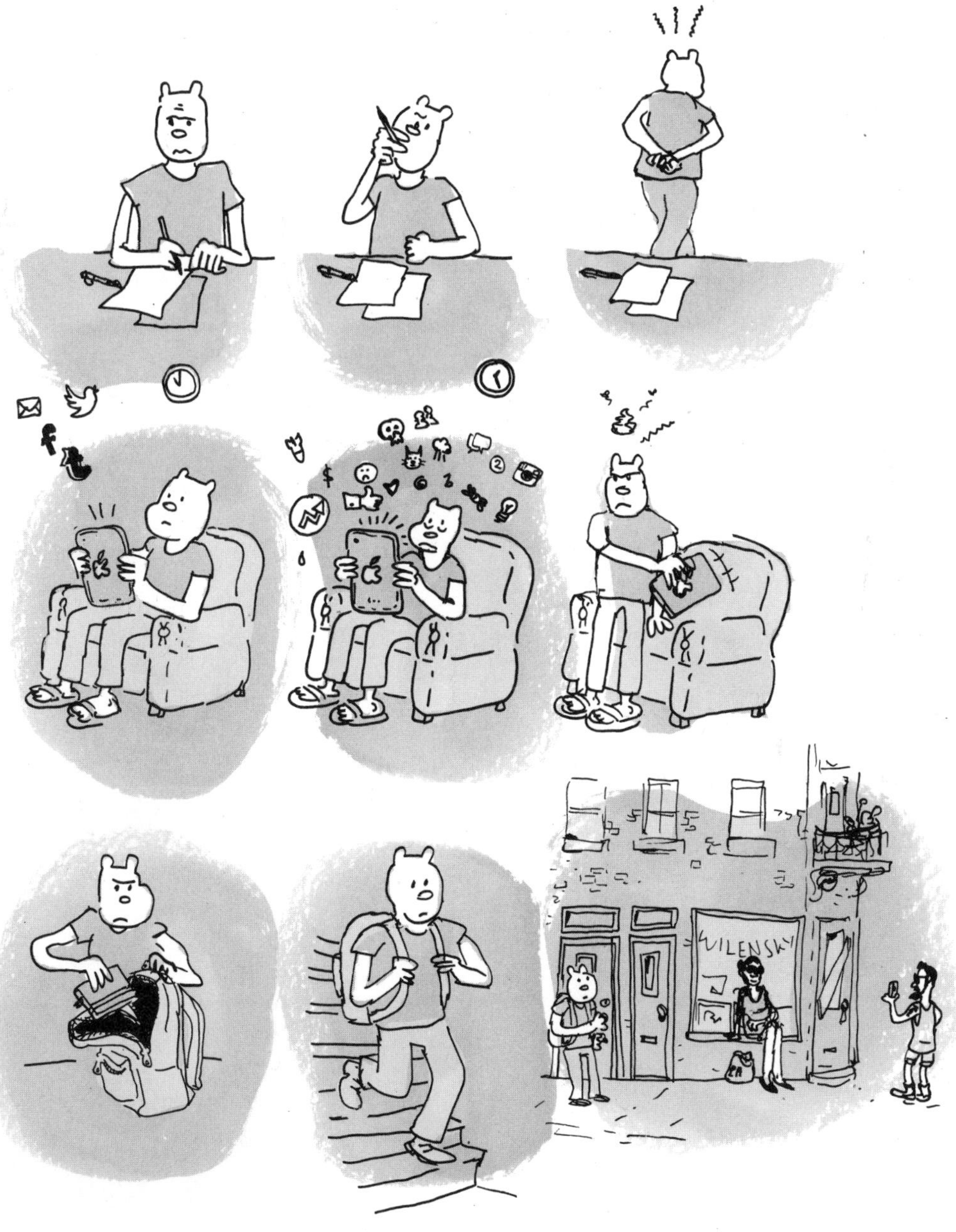
WILENSKY

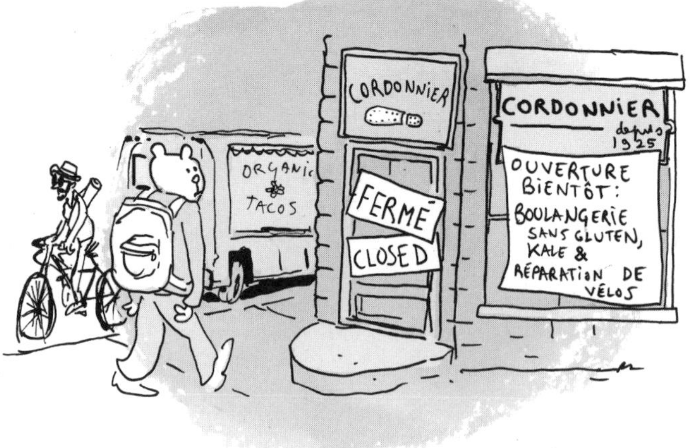
CORDONNIER
ORGANIC TACOS
FERMÉ
CLOSED
CORDONNIER depuis 1925
OUVERTURE BIENTÔT: BOULANGERIE SANS GLUTEN, KALE & RÉPARATION DE VÉLOS

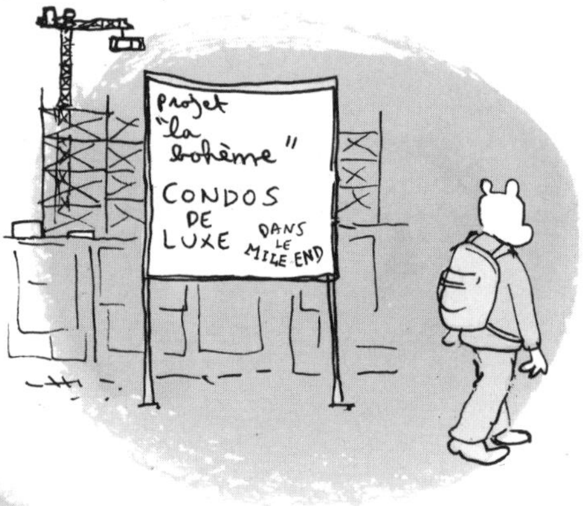
projet "la bohème"
CONDOS DE LUXE DANS LE MILE END

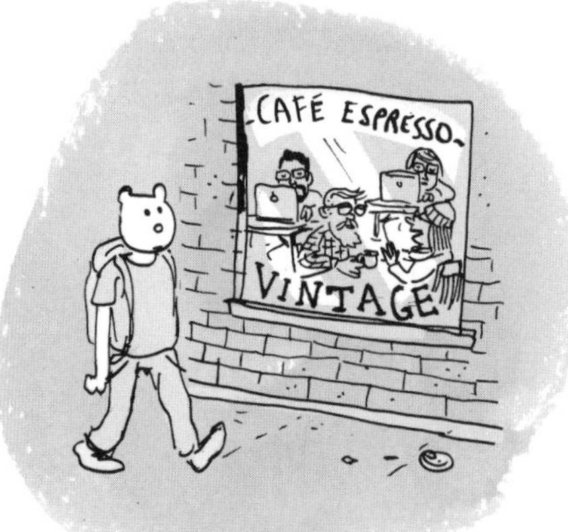
CAFÉ ESPRESSO
VINTAGE

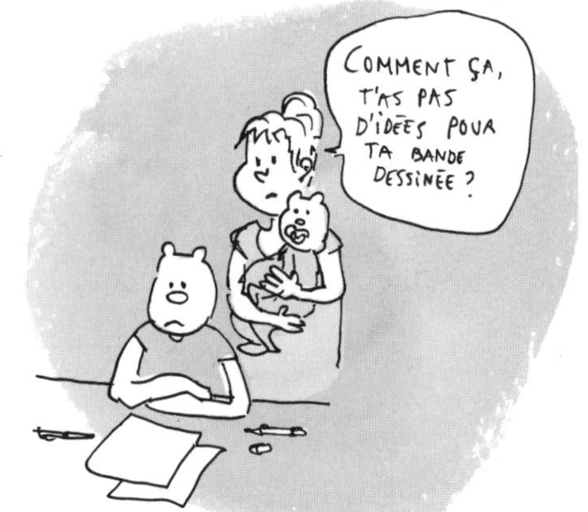
COMMENT ÇA, T'AS PAS D'IDÉES POUR TA BANDE DESSINÉE ?

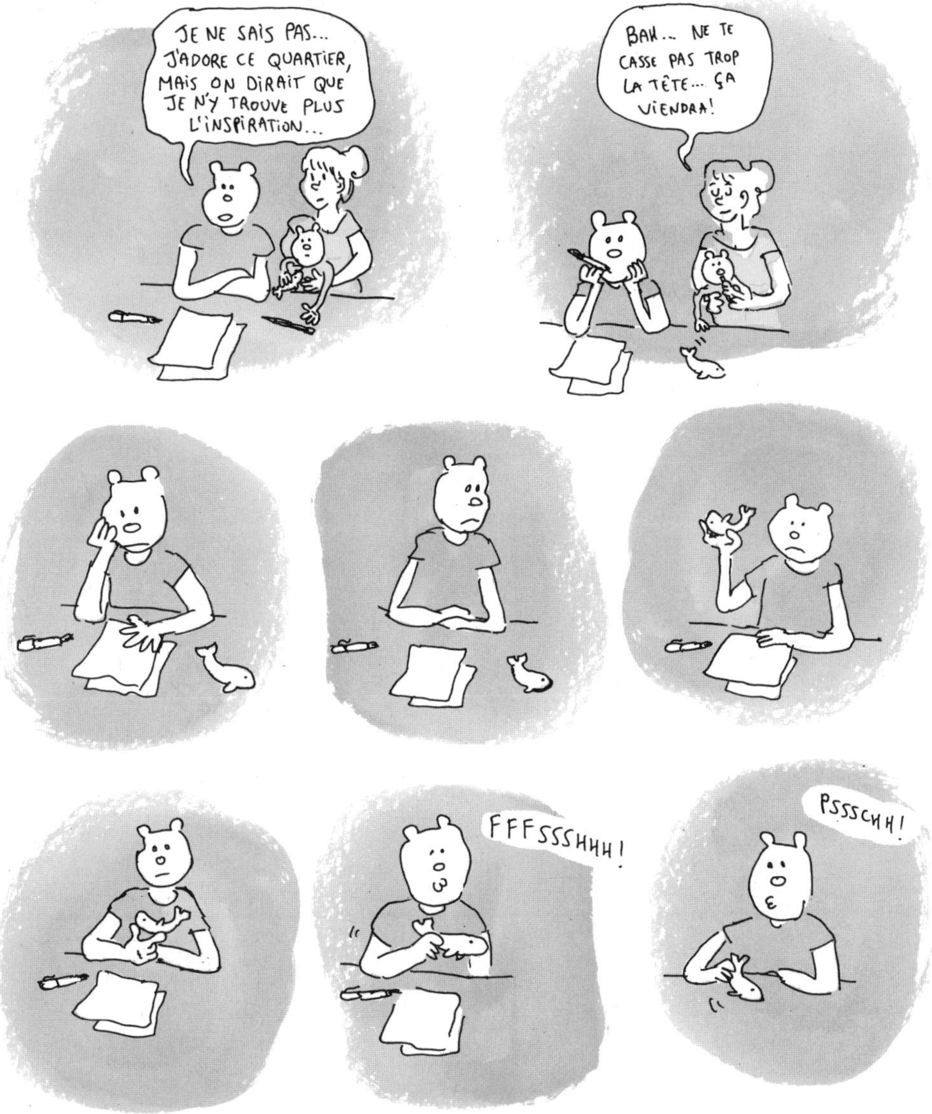
JE NE SAIS PAS... J'ADORE CE QUARTIER, MAIS ON DIRAIT QUE JE N'Y TROUVE PLUS L'INSPIRATION...
BAH... NE TE CASSE PAS TROP LA TÊTE... ÇA VIENDRA!
FFFSSSHHH!
PSSSCHH!

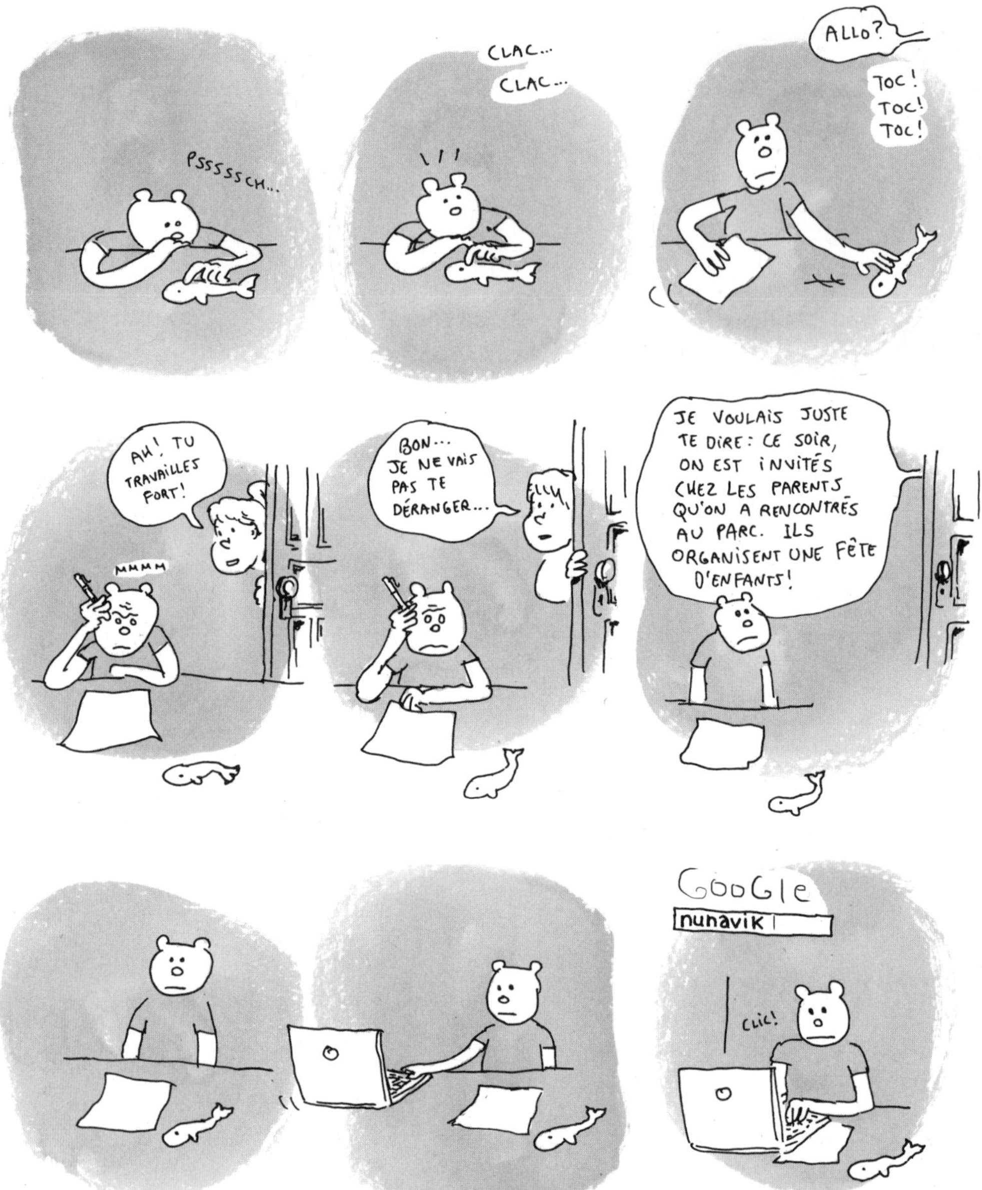
PSSSSSCH...
CLAC...
CLAC...
ALLO?
TOC! TOC! TOC!
AH! TU TRAVAILLES FORT!
MMMM
BON... JE NE VAIS PAS TE DÉRANGER...
JE VOULAIS JUSTE TE DIRE: CE SOIR, ON EST INVITÉS CHEZ LES PARENTS QU'ON A RENCONTRÉS AU PARC. ILS ORGANISENT UNE FÊTE D'ENFANTS!
Google
nunavik
CLIC!

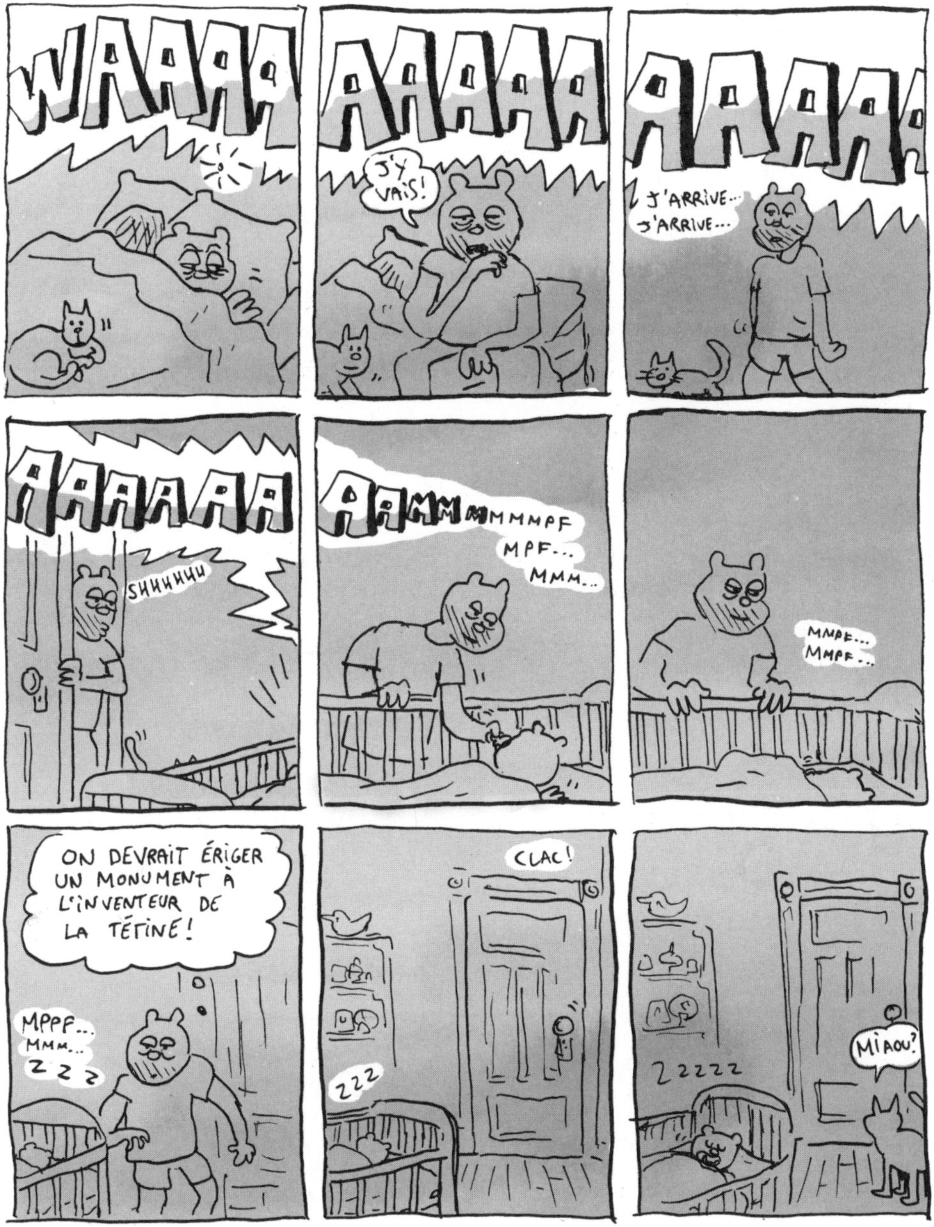
WAAAA
AAAAA
J'Y VAIS!
AAAAA
J'ARRIVE...
J'ARRIVE...
AAAAAA
SHHHHHH
AAMMMMMMMMPF
MPF...
MMM...
MMPF...
MMPF...
ON DEVRAIT ÉRIGER UN MONUMENT À L'INVENTEUR DE LA TÉTINE!
MPPF...
MMM...
Z Z Z
CLAC!
ZZZ
ZZZZZ
MIAOU?

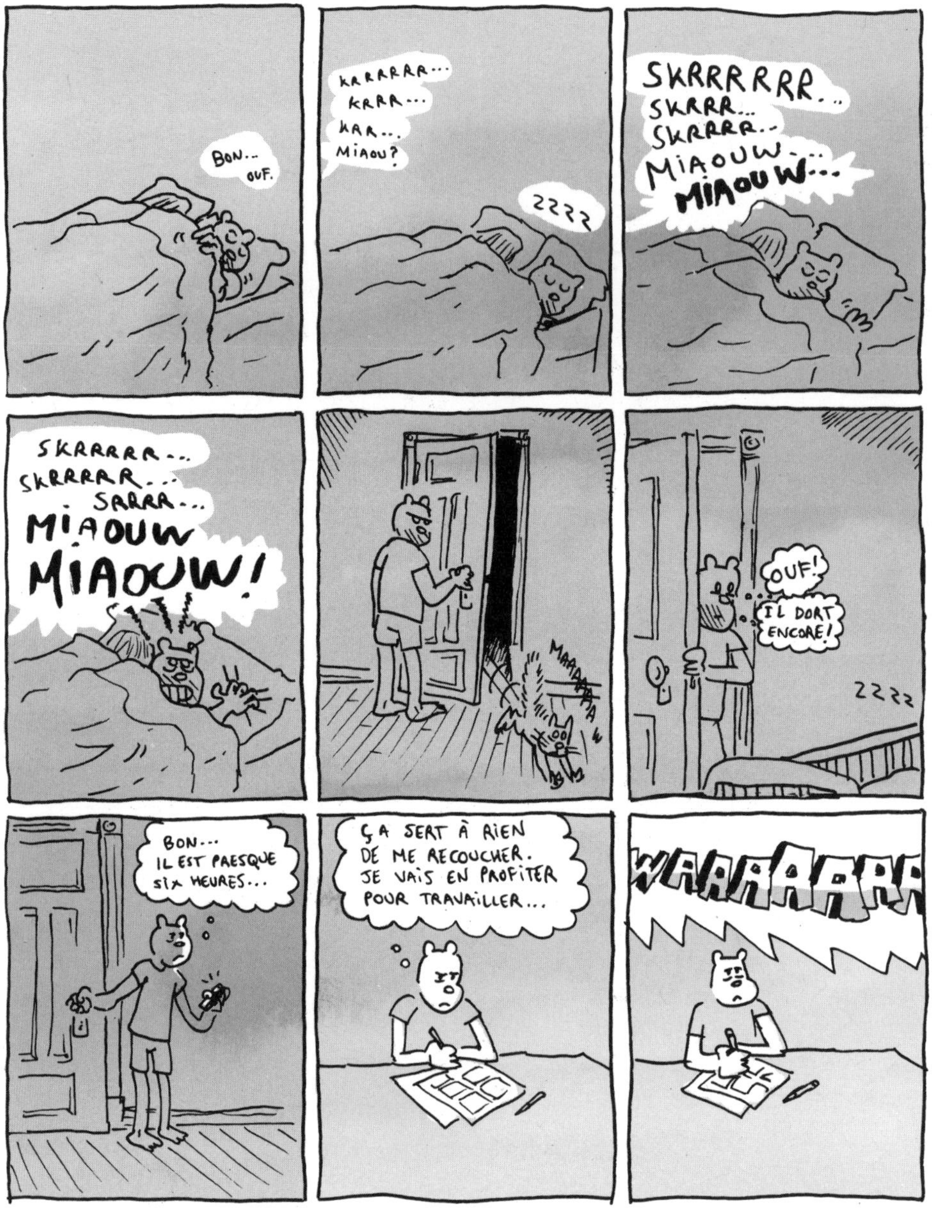
BON... OUF.
KRRRRRR... KRRR... KRR... MIAOU?
ZZZZ
SKRRRRRR... SKRRR... SKRRRR... MIAOUW... MIAOUW...
SKRRRRR... SKRRRRR... SRRRR... MIAOUW MIAOUW!
MAAAAAAAW
OUF!
IL DORT ENCORE!
ZZZZ
BON... IL EST PRESQUE SIX HEURES...
ÇA SERT À RIEN DE ME RECOUCHER. JE VAIS EN PROFITER POUR TRAVAILLER...
WAAAAAAARR

TU SAIS, IL Y EN A, QUAND ILS ATTEIGNENT LA CRISE DE LA QUARANTAINE, QUI S'ACHÈTENT UN NOUVEAU CHAR!
ARCTIC CANADA
PIS, ÇA NOUS COÛTERAIT QUASIMENT MOINS CHER QUE TON VOYAGE DANS LE GRAND NORD!
MAIS... J'AI PAS 40 ANS!
ARCTIC CANADA
ÇA FAIT LONGTEMPS QUE JE VEUX ALLER LÀ-BAS!
PIS LE BÉBÉ?
JE NE PARS PAS LONGTEMPS! ET TU AURAS DE L'AIDE...

PIS TA BD? T'AVAIS PAS ÇA À FINIR?
HEU...
JE SUIS SÛR QUE LUC VA COMPRENDRE... ÇA S'APPELLE RECULER POUR MIEUX SAUTER!
MOUAIS...
JE NE SUIS PAS TRÈS CONTENTE DE CETTE HISTOIRE...
MAIS JE SAIS QUE C'EST IMPORTANT POUR TOI.
J'ESPÈRE QUE TU TROUVERAS CE QUE TU CHERCHES.

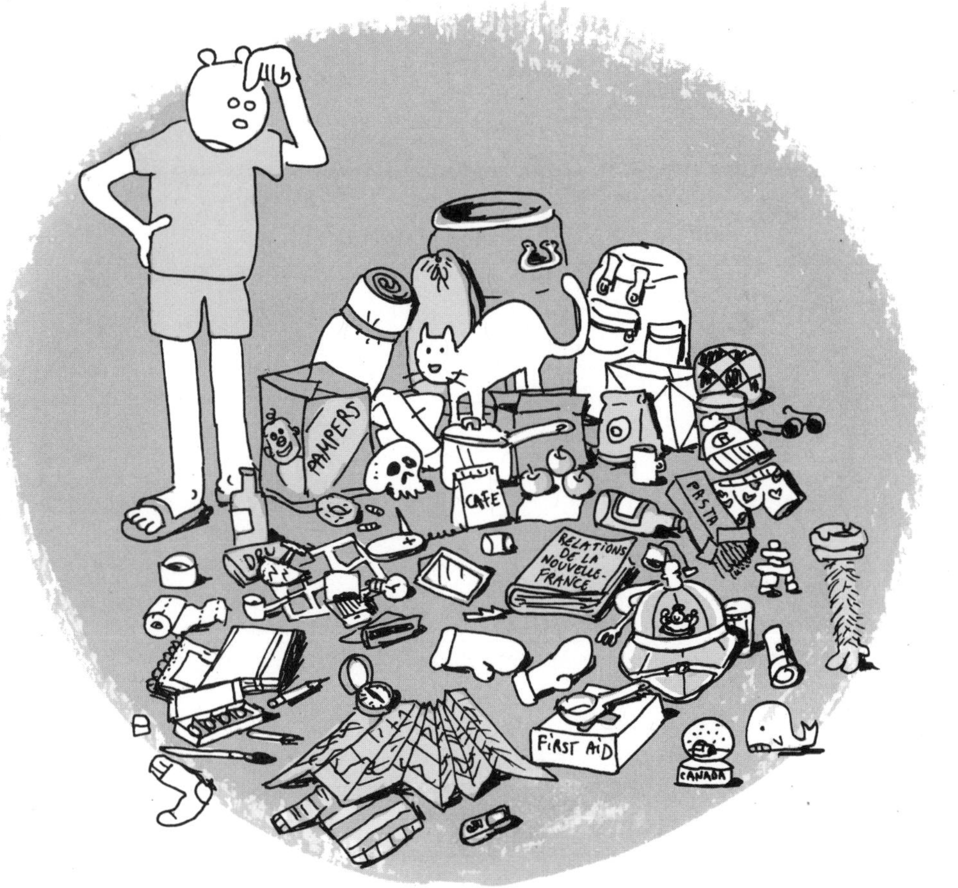
PAMPERS
CAFE
PASTA
DRU
RELATIONS DE LA NOUVELLE-FRANCE
FIRST AID
CANADA

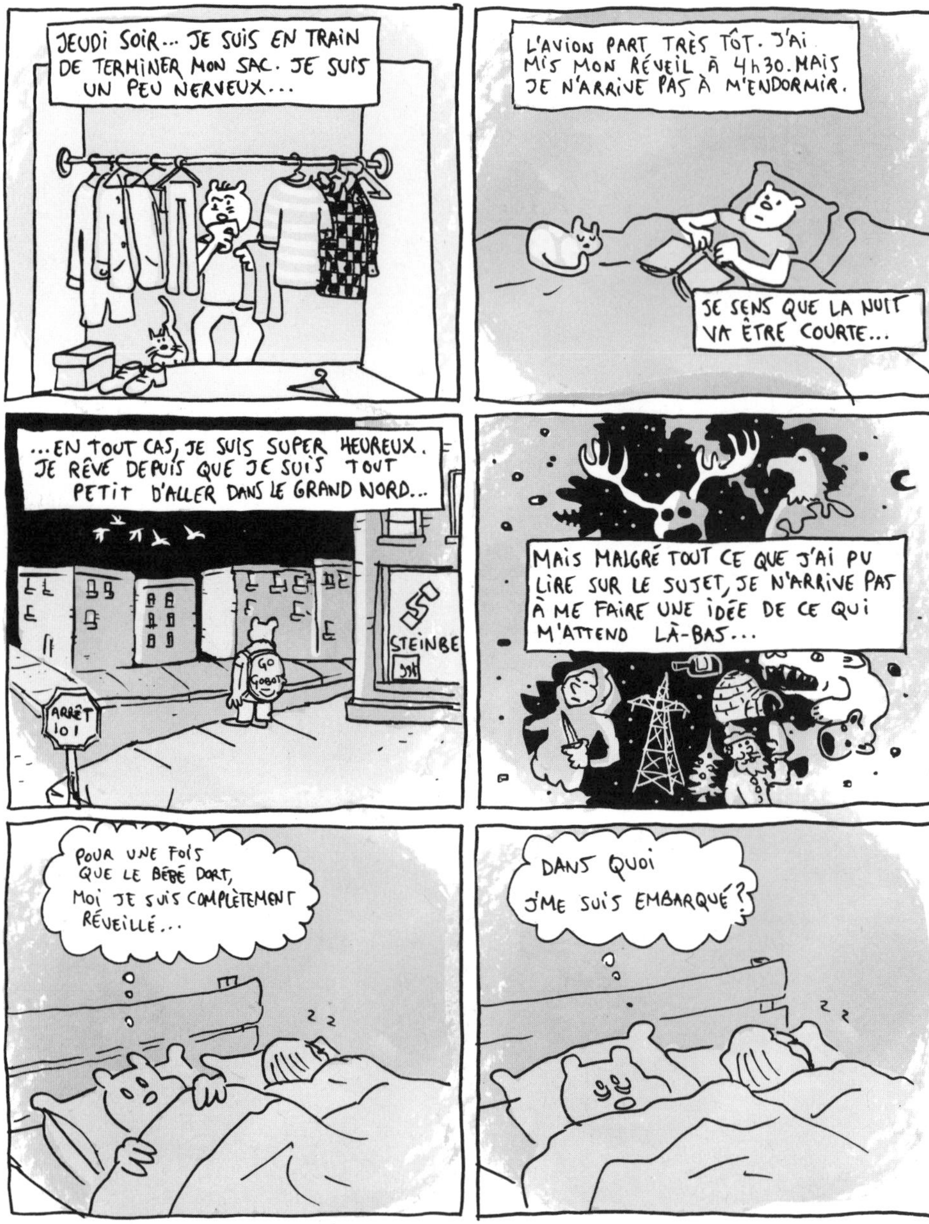
JEUDI SOIR... JE SUIS EN TRAIN DE TERMINER MON SAC. JE SUIS UN PEU NERVEUX...
L'AVION PART TRÈS TÔT. J'AI MIS MON RÉVEIL À 4h30. MAIS JE N'ARRIVE PAS À M'ENDORMIR.
JE SENS QUE LA NUIT VA ÊTRE COURTE...
...EN TOUT CAS, JE SUIS SUPER HEUREUX. JE RÊVE DEPUIS QUE JE SUIS TOUT PETIT D'ALLER DANS LE GRAND NORD...
GO GOBOTS
STEINBE
ARRÊT
MAIS MALGRÉ TOUT CE QUE J'AI PU LIRE SUR LE SUJET, JE N'ARRIVE PAS À ME FAIRE UNE IDÉE DE CE QUI M'ATTEND LÀ-BAS...
POUR UNE FOIS QUE LE BÉBÉ DORT, MOI JE SUIS COMPLÈTEMENT RÉVEILLÉ...
DANS QUOI J'ME SUIS EMBARQUÉ ?

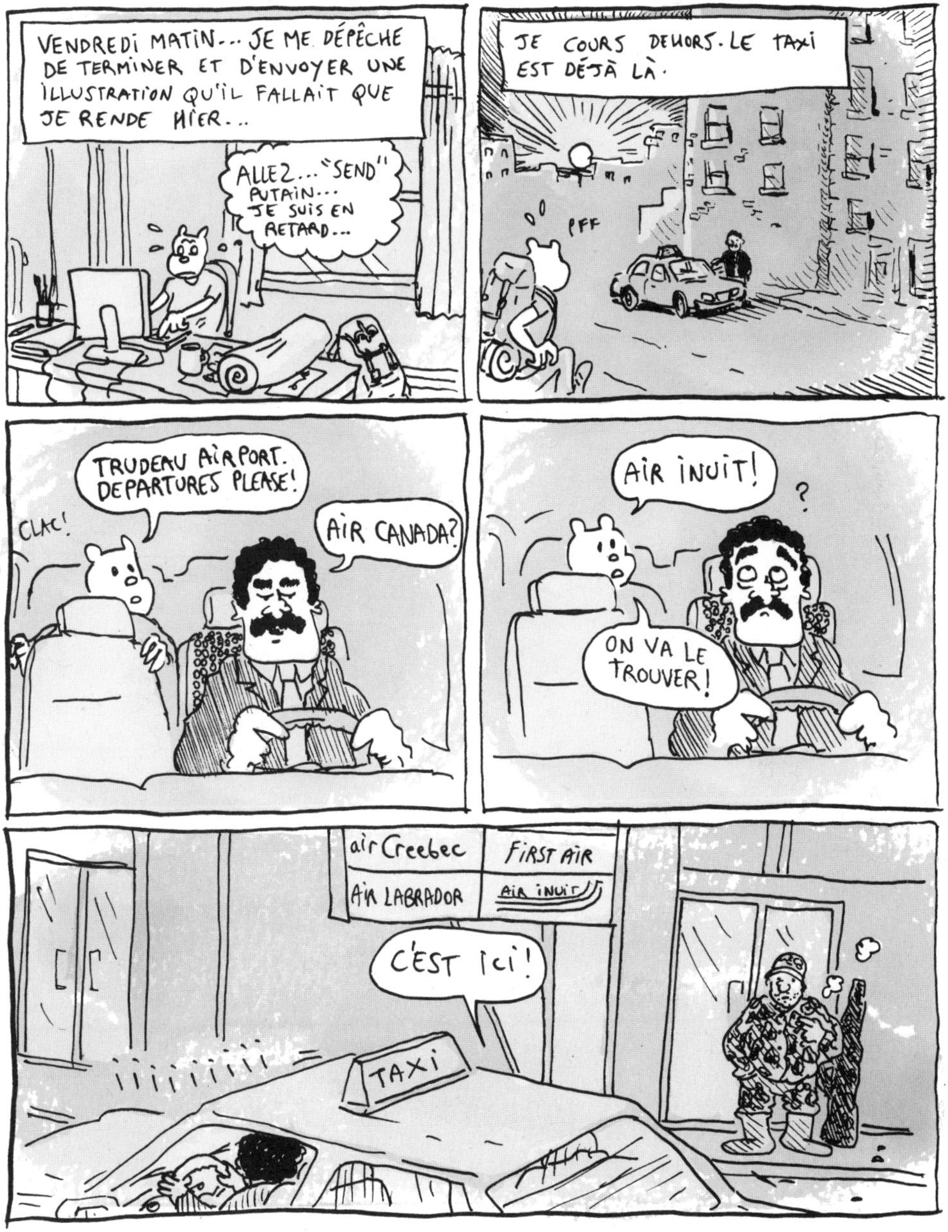
VENDREDI MATIN... JE ME DÉPÊCHE DE TERMINER ET D'ENVOYER UNE ILLUSTRATION QU'IL FALLAIT QUE JE RENDE HIER...
ALLEZ... "SEND" PUTAIN... JE SUIS EN RETARD...
JE COURS DEHORS. LE TAXI EST DÉJÀ LÀ.
PFF
CLAC!
TRUDEAU AIRPORT. DEPARTURES PLEASE!
AIR CANADA?
AIR INUIT!
?
ON VA LE TROUVER!
air Creebec
FIRST AIR
AIR LABRADOR
AIR INUIT
C'EST ICI!
TAXI

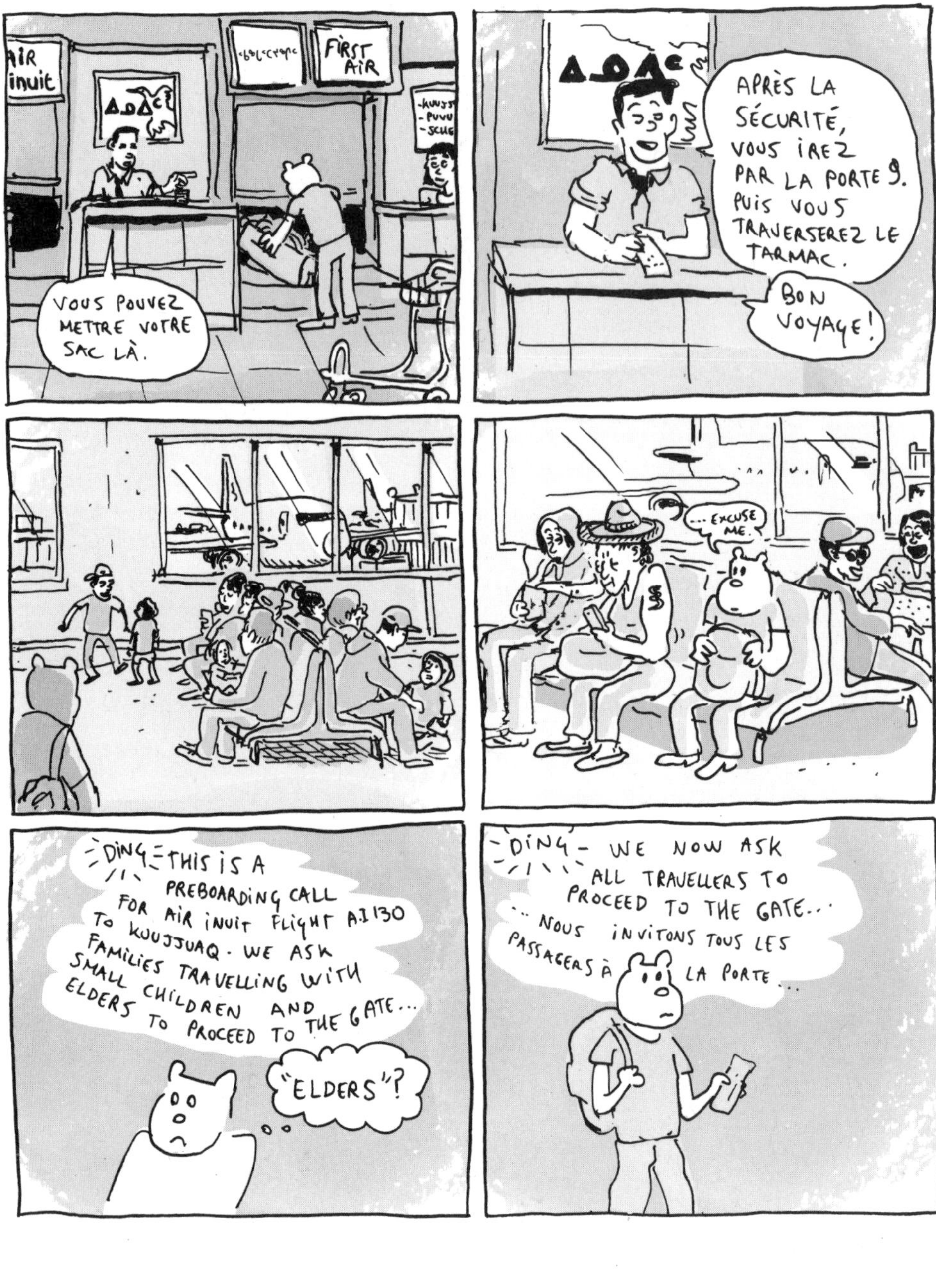
AIR inuit
FIRST AIR
VOUS POUVEZ METTRE VOTRE SAC LÀ.
APRÈS LA SÉCURITÉ, VOUS IREZ PAR LA PORTE 9. PUIS VOUS TRAVERSEREZ LE TARMAC.
BON VOYAGE!
... EXCUSE ME.
DING THIS IS A PREBOARDING CALL FOR AIR INUIT FLIGHT A.I 130 TO KUUJJUAQ. WE ASK FAMILIES TRAVELLING WITH SMALL CHILDREN AND ELDERS TO PROCEED TO THE GATE...
"ELDERS"?
DING WE NOW ASK ALL TRAVELLERS TO PROCEED TO THE GATE...
... NOUS INVITONS TOUS LES PASSAGERS À LA PORTE...

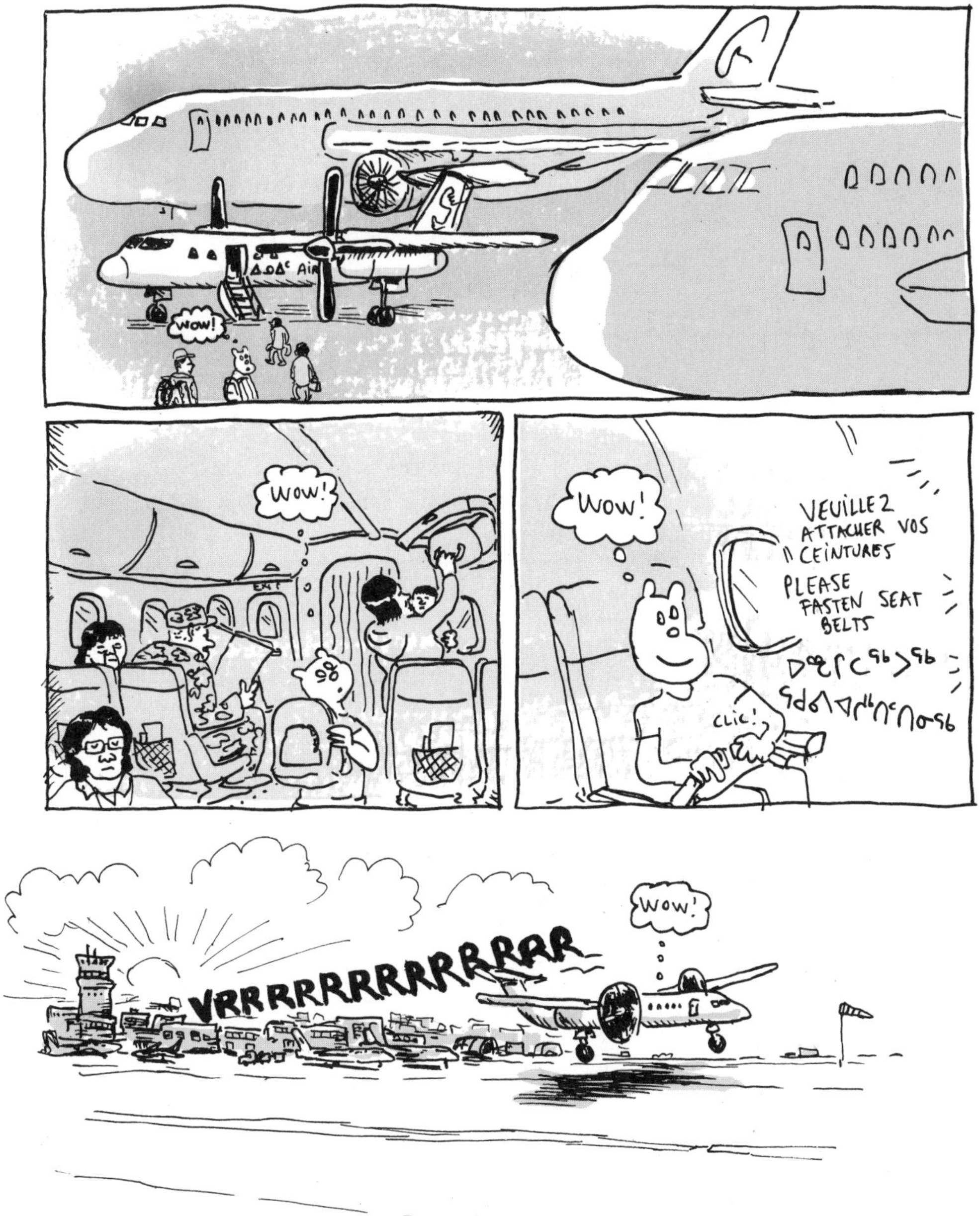
Air
Wow!
Wow!
Wow!
VEUILLEZ ATTACHER VOS CEINTURES
PLEASE FASTEN SEAT BELTS
CLIC!
Wow!
VRRRRRRRRRRRRR

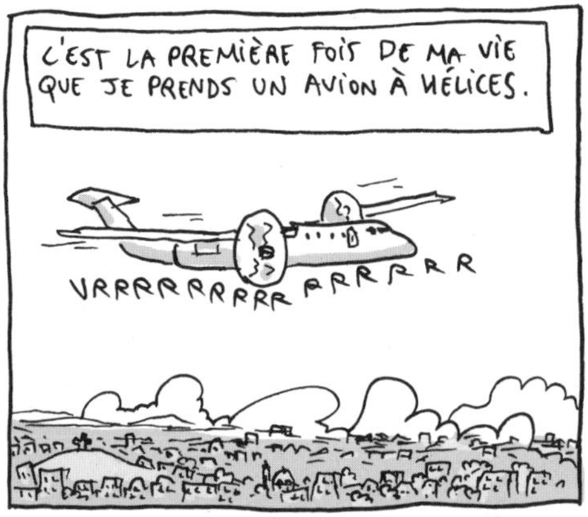
C'EST LA PREMIÈRE FOIS DE MA VIE QUE JE PRENDS UN AVION À HÉLICES.
VRRRRRRRRRR RRRRRR

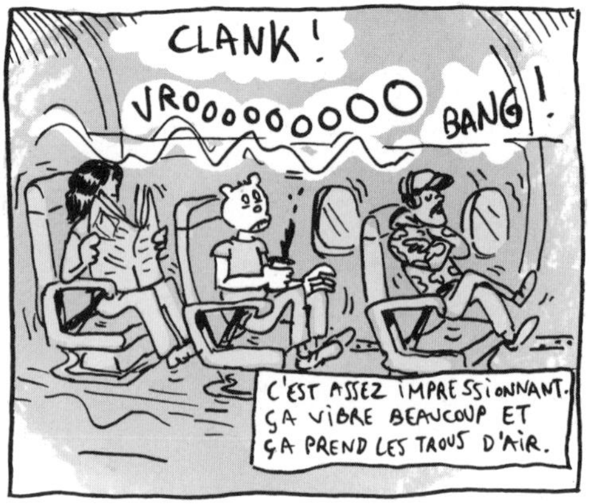
CLANK!
VROOOOOOOOO
BANG!
C'EST ASSEZ IMPRESSIONNANT. ÇA VIBRE BEAUCOUP ET ÇA PREND LES TROUS D'AIR.

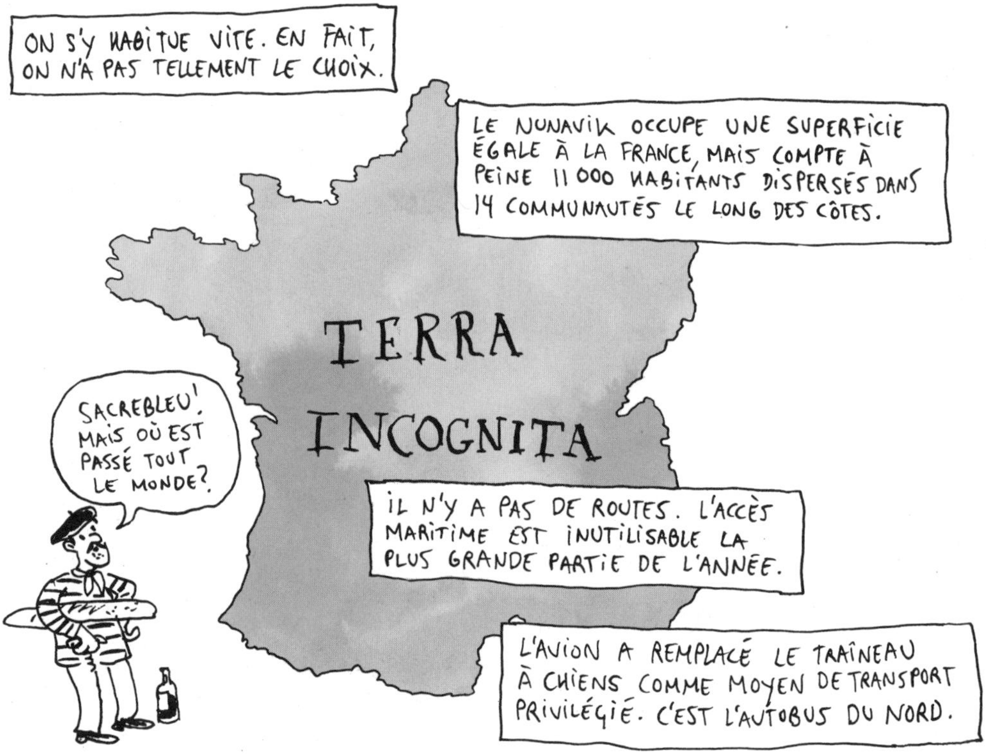
ON S'Y HABITUE VITE. EN FAIT, ON N'A PAS TELLEMENT LE CHOIX.
LE NUNAVIK OCCUPE UNE SUPERFICIE ÉGALE À LA FRANCE, MAIS COMPTE À PEINE 11 000 HABITANTS DISPERSÉS DANS 14 COMMUNAUTÉS LE LONG DES CÔTES.
TERRA INCOGNITA
SACREBLEU! MAIS OÙ EST PASSÉ TOUT LE MONDE?
IL N'Y A PAS DE ROUTES. L'ACCÈS MARITIME EST INUTILISABLE LA PLUS GRANDE PARTIE DE L'ANNÉE.
L'AVION A REMPLACÉ LE TRAÎNEAU À CHIENS COMME MOYEN DE TRANSPORT PRIVILÉGIÉ. C'EST L'AUTOBUS DU NORD.

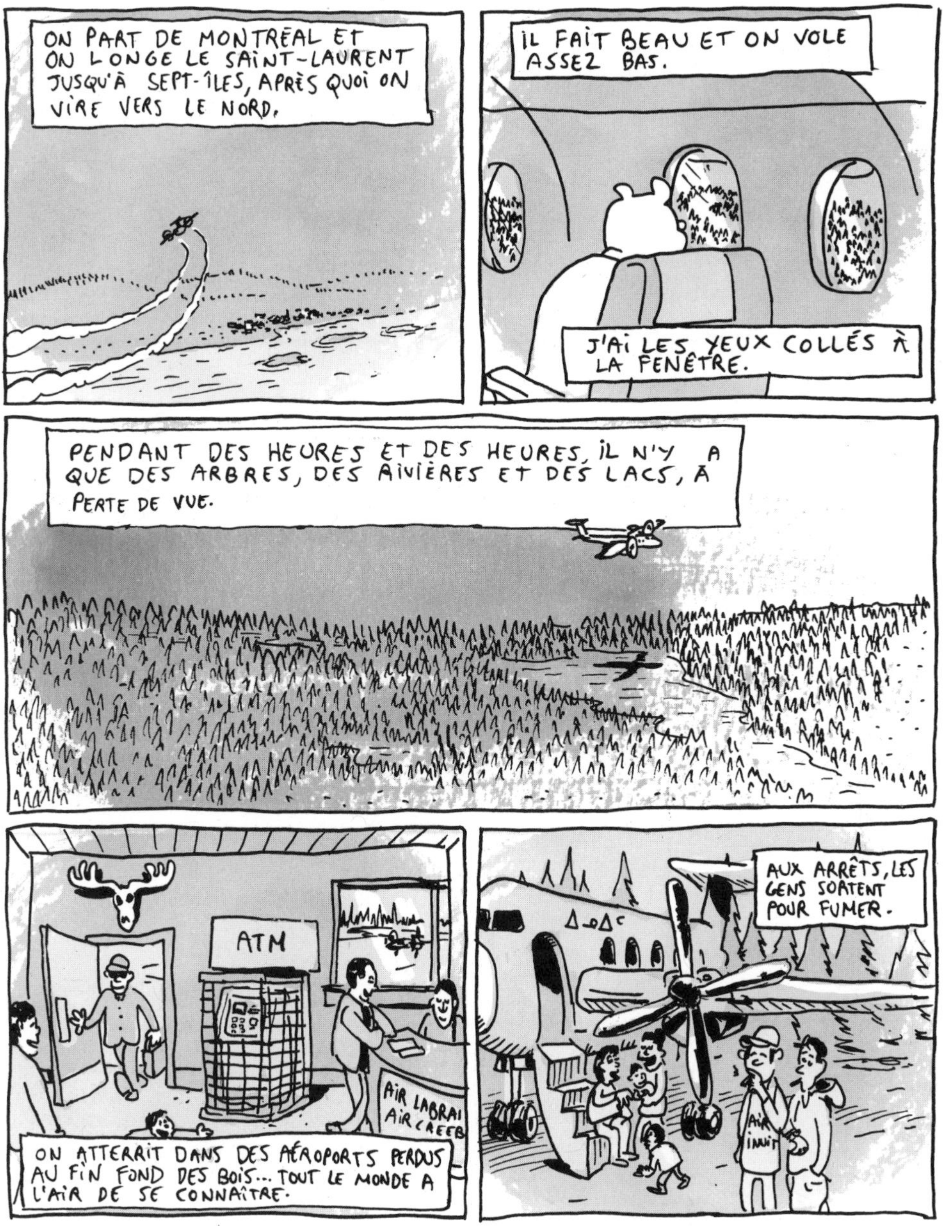
ON PART DE MONTRÉAL ET ON LONGE LE SAINT-LAURENT JUSQU'À SEPT-ÎLES, APRÈS QUOI ON VIRE VERS LE NORD.
IL FAIT BEAU ET ON VOLE ASSEZ BAS.
J'AI LES YEUX COLLÉS À LA FENÊTRE.
PENDANT DES HEURES ET DES HEURES, IL N'Y A QUE DES ARBRES, DES RIVIÈRES ET DES LACS, À PERTE DE VUE.
ATM
ON ATTERRIT DANS DES AÉROPORTS PERDUS AU FIN FOND DES BOIS... TOUT LE MONDE A L'AIR DE SE CONNAÎTRE.
AUX ARRÊTS, LES GENS SORTENT POUR FUMER.
AIR INUIT

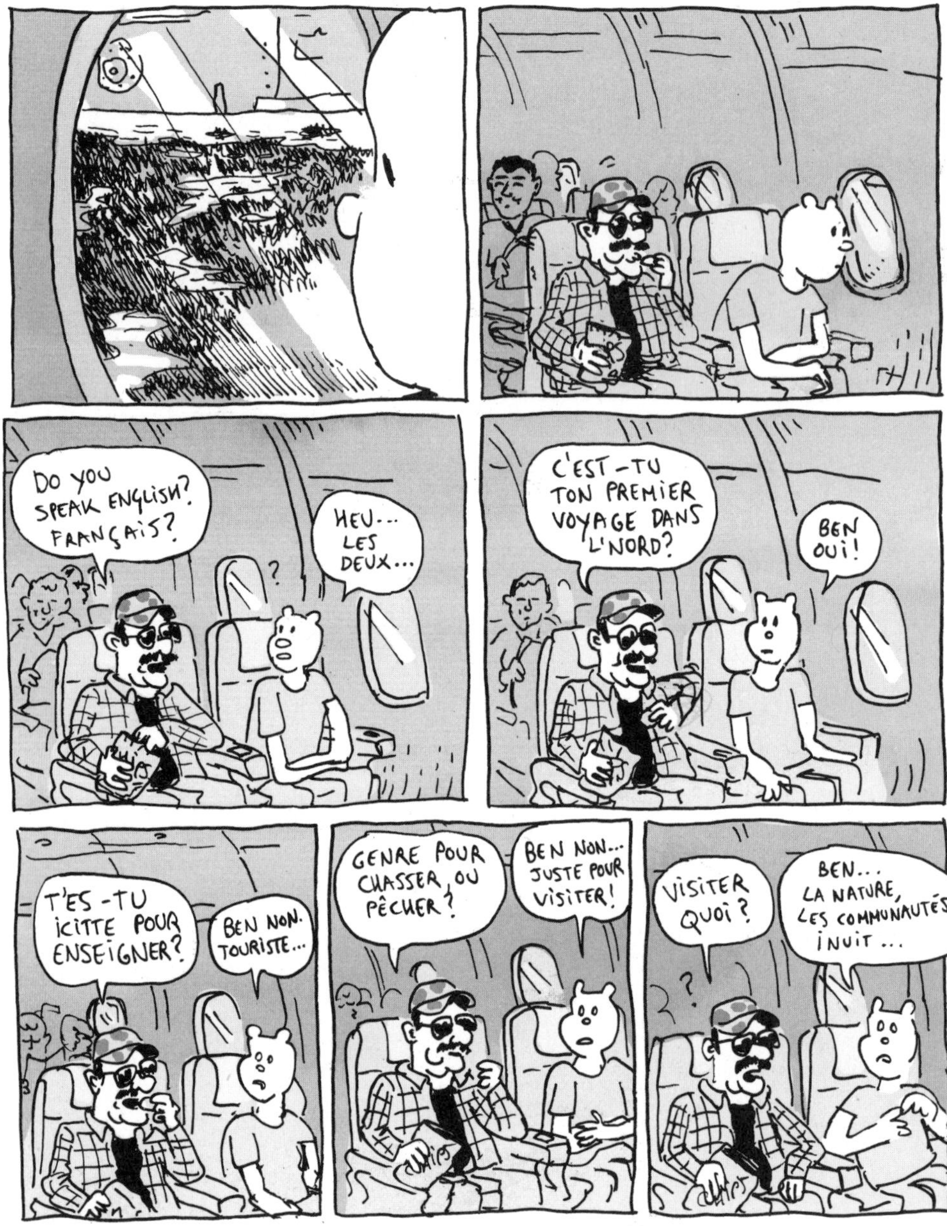
DO YOU SPEAK ENGLISH? FRANÇAIS?
HEU... LES DEUX...
C'EST-TU TON PREMIER VOYAGE DANS L'NORD?
BEN OUI!
T'ES-TU ICITTE POUR ENSEIGNER?
BEN NON. TOURISTE...
GENRE POUR CHASSER OU PÊCHER?
BEN NON... JUSTE POUR VISITER!
VISITER QUOI?
BEN... LA NATURE, LES COMMUNAUTÉS INUIT...

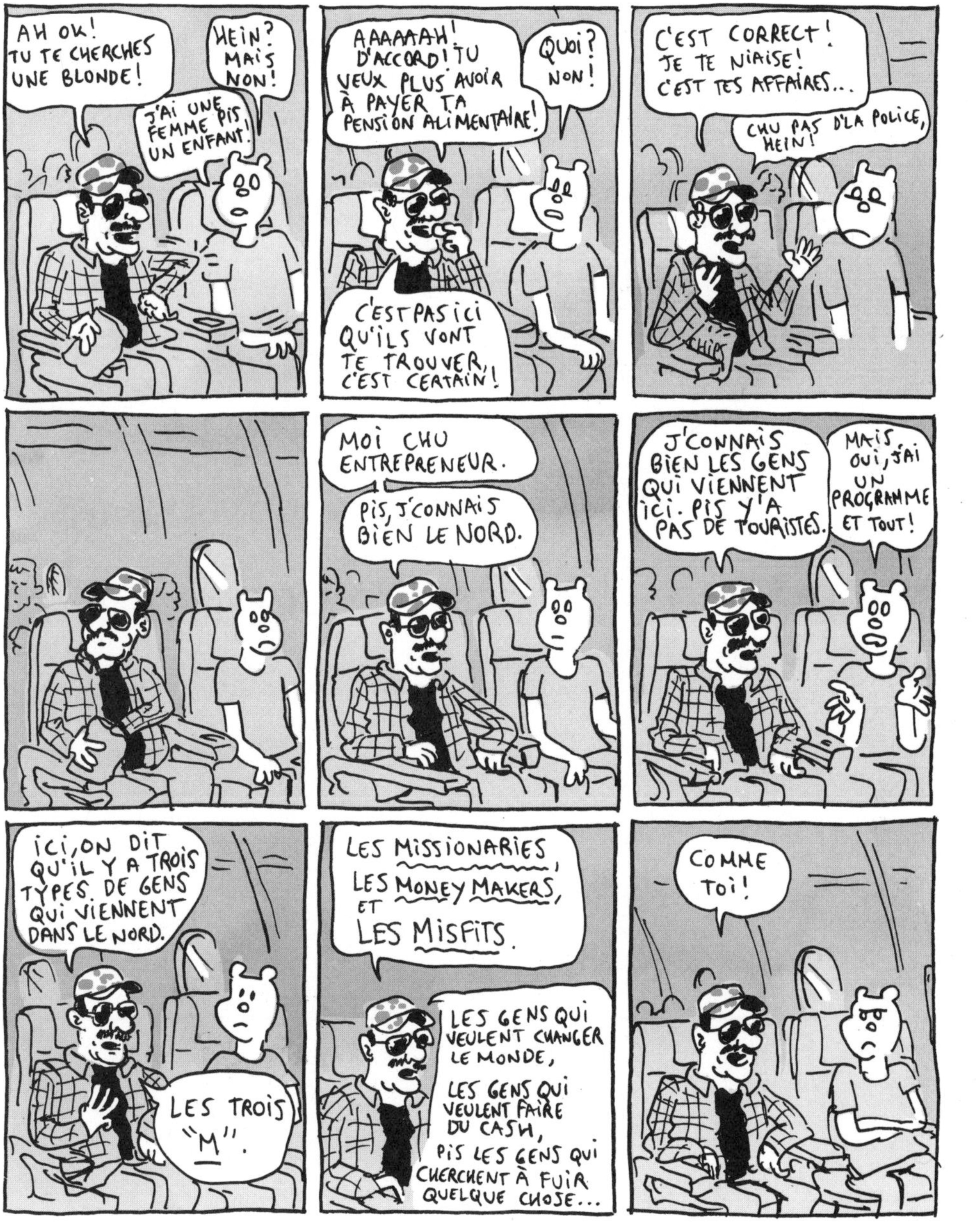
AH OK! TU TE CHERCHES UNE BLONDE!
HEIN? MAIS NON!
J'AI UNE FEMME PIS UN ENFANT!
AAAAAAH! D'ACCORD! TU VEUX PLUS AVOIR À PAYER TA PENSION ALIMENTAIRE!
QUOI? NON!
C'EST PAS ICI QU'ILS VONT TE TROUVER, C'EST CERTAIN!
C'EST CORRECT! JE TE NIAISE! C'EST TES AFFAIRES...
CHU PAS D'LA POLICE, HEIN!
CHIPS
MOI CHU ENTREPRENEUR.
PIS, J'CONNAIS BIEN LE NORD.
J'CONNAIS BIEN LES GENS QUI VIENNENT ICI. PIS Y'A PAS DE TOURISTES.
MAIS, OUI, J'AI UN PROGRAMME ET TOUT!
ICI, ON DIT QU'IL Y A TROIS TYPES DE GENS QUI VIENNENT DANS LE NORD.
LES TROIS "M".
LES MISSIONARIES, LES MONEY MAKERS, ET LES MISFITS.
LES GENS QUI VEULENT CHANGER LE MONDE,
LES GENS QUI VEULENT FAIRE DU CASH,
PIS LES GENS QUI CHERCHENT À FUIR QUELQUE CHOSE...
COMME TOI!

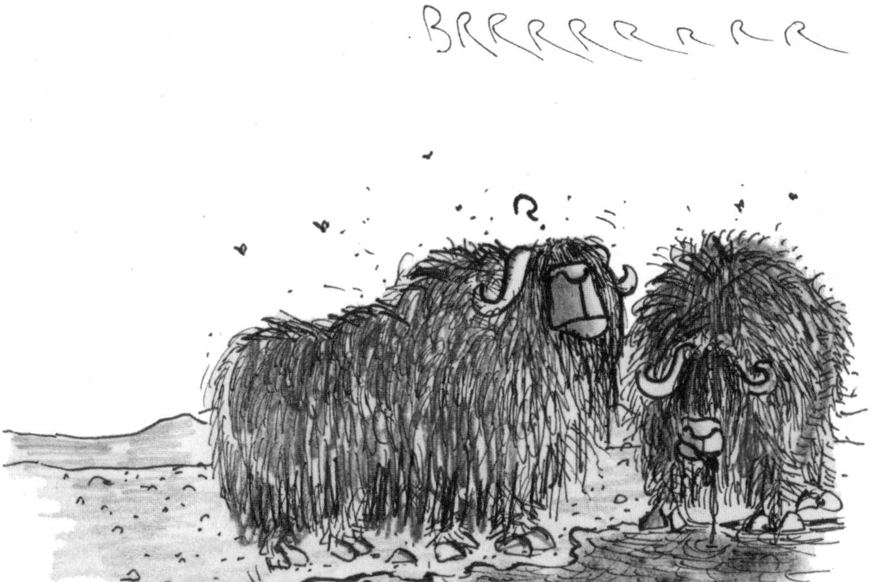
BRRRRRRRRR

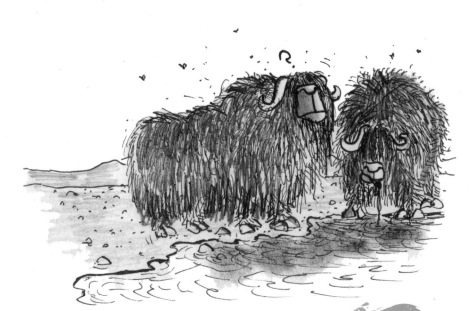

ᑰᔾᔪᐊᖅ
Kuujjuaq

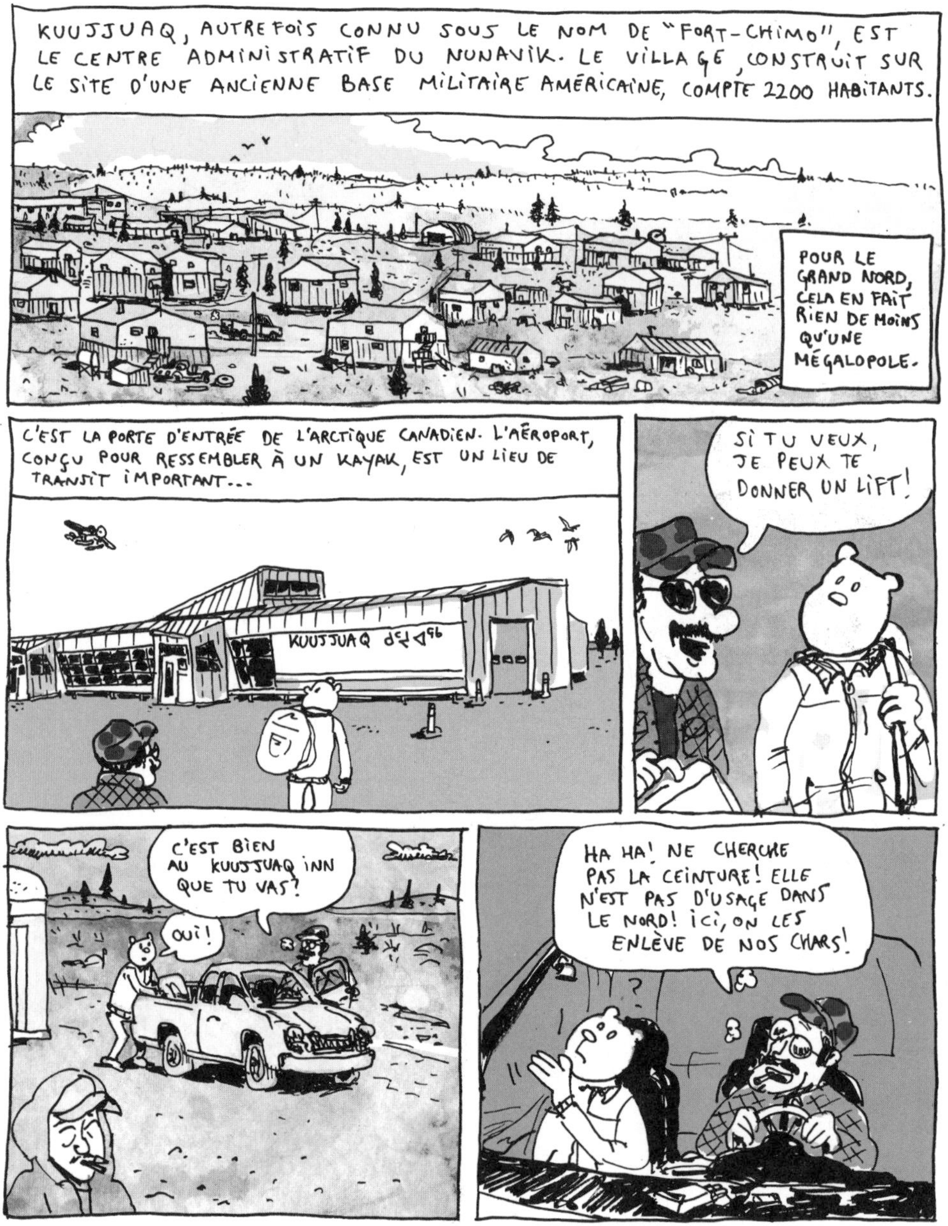
KUUJJUAQ, AUTREFOIS CONNU SOUS LE NOM DE "FORT-CHIMO", EST LE CENTRE ADMINISTRATIF DU NUNAVIK. LE VILLAGE, CONSTRUIT SUR LE SITE D'UNE ANCIENNE BASE MILITAIRE AMÉRICAINE, COMPTE 2200 HABITANTS.
POUR LE GRAND NORD, CELA EN FAIT RIEN DE MOINS QU'UNE MÉGALOPOLE.
C'EST LA PORTE D'ENTRÉE DE L'ARCTIQUE CANADIEN. L'AÉROPORT, CONÇU POUR RESSEMBLER À UN KAYAK, EST UN LIEU DE TRANSIT IMPORTANT...
KUUJJUAQ
SI TU VEUX, JE PEUX TE DONNER UN LIFT!
C'EST BIEN AU KUUJJUAQ INN QUE TU VAS?
OUI!
HA HA! NE CHERCHE PAS LA CEINTURE! ELLE N'EST PAS D'USAGE DANS LE NORD! ICI, ON LES ENLÈVE DE NOS CHARS!
?

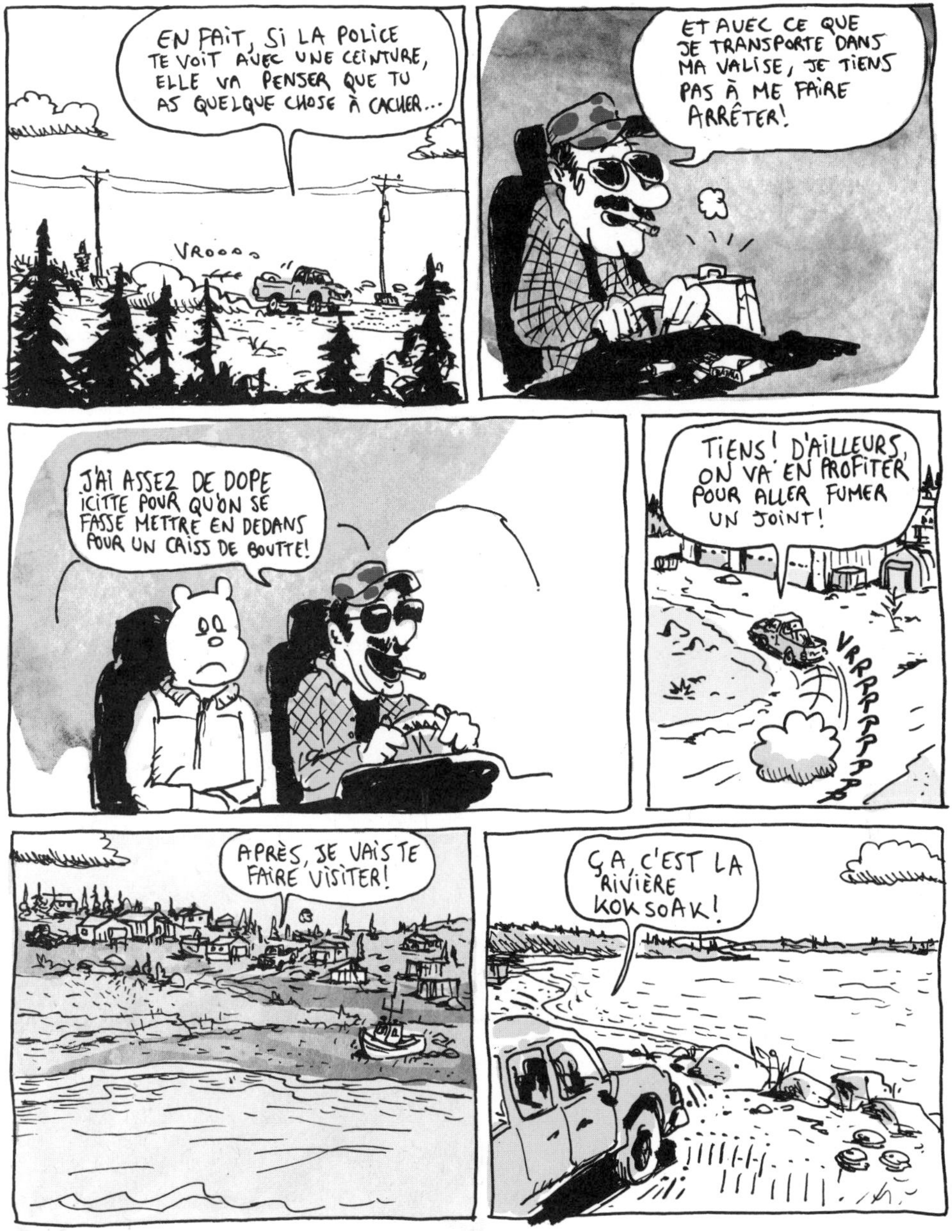
EN FAIT, SI LA POLICE TE VOIT AVEC UNE CEINTURE, ELLE VA PENSER QUE TU AS QUELQUE CHOSE À CACHER...
VROOOO
ET AVEC CE QUE JE TRANSPORTE DANS MA VALISE, JE TIENS PAS À ME FAIRE ARRÊTER!
J'AI ASSEZ DE DOPE ICITTE POUR QU'ON SE FASSE METTRE EN DEDANS POUR UN CAISS DE BOUTTE!
TIENS! D'AILLEURS, ON VA EN PROFITER POUR ALLER FUMER UN JOINT!
VRRRRRRRRR
APRÈS, JE VAIS TE FAIRE VISITER!
ÇA, C'EST LA RIVIÈRE KOKSOAK!

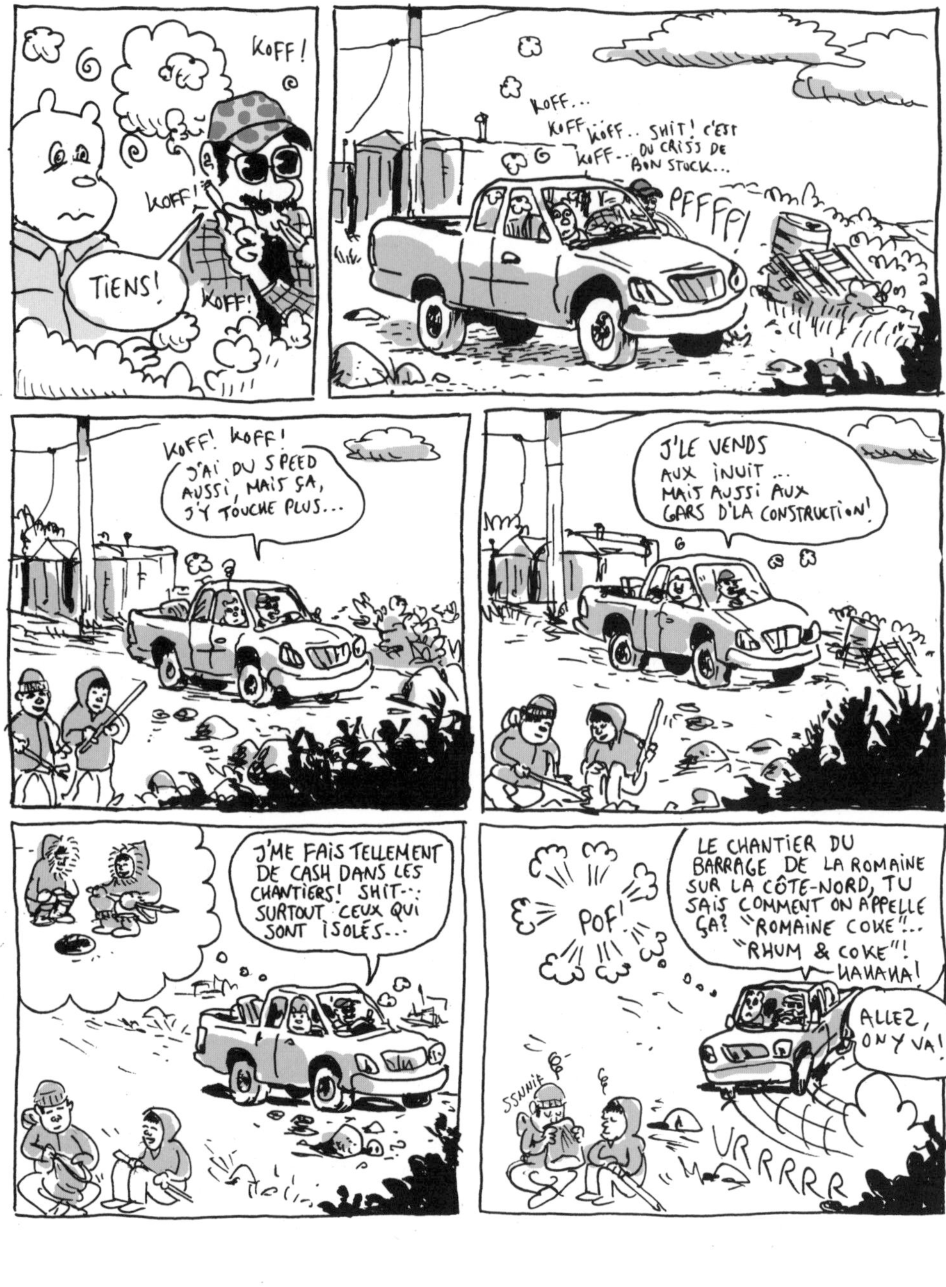
KOFF!
KOFF!
TIENS!
KOFF!
KOFF...
KOFF
KOFF... SHIT! C'EST
KOFF... DU CRISS DE
BON STOCK...
PFFFF!
KOFF! KOFF!
J'AI DU SPEED
AUSSI, MAIS ÇA,
J'Y TOUCHE PLUS...
J'LE VENDS
AUX INUIT...
MAIS AUSSI AUX
GARS D'LA CONSTRUCTION!
J'ME FAIS TELLEMENT
DE CASH DANS LES
CHANTIERS! SHIT...
SURTOUT CEUX QUI
SONT ISOLÉS...
POF!
LE CHANTIER DU
BARRAGE DE LA ROMAINE
SUR LA CÔTE-NORD, TU
SAIS COMMENT ON APPELLE
ÇA? "ROMAINE COKE"...
"RHUM & COKE"!
HAHAHA!
ALLEZ,
ON Y VA!
SSNIIF
VRRRRR

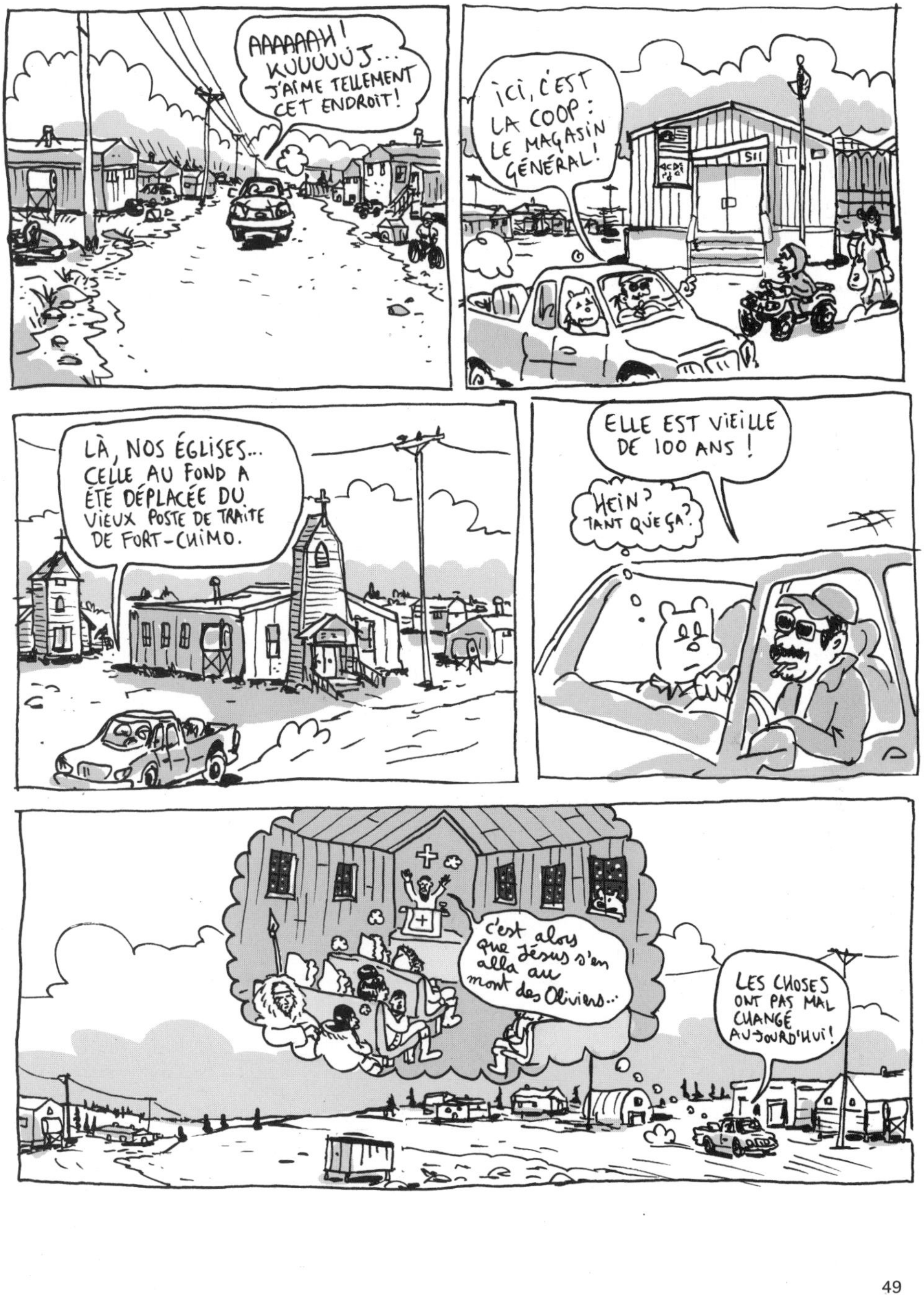
AAAAAAH! KUUUUUJ... J'AIME TELLEMENT CET ENDROIT!
ICI, C'EST LA COOP : LE MAGASIN GÉNÉRAL!
LÀ, NOS ÉGLISES... CELLE AU FOND A ÉTÉ DÉPLACÉE DU VIEUX POSTE DE TRAITE DE FORT-CHIMO.
ELLE EST VIEILLE DE 100 ANS!
HEIN? TANT QUE ÇA?
C'est alors que Jésus s'en alla au mont des Oliviers...
LES CHOSES ONT PAS MAL CHANGÉ AUJOURD'HUI!

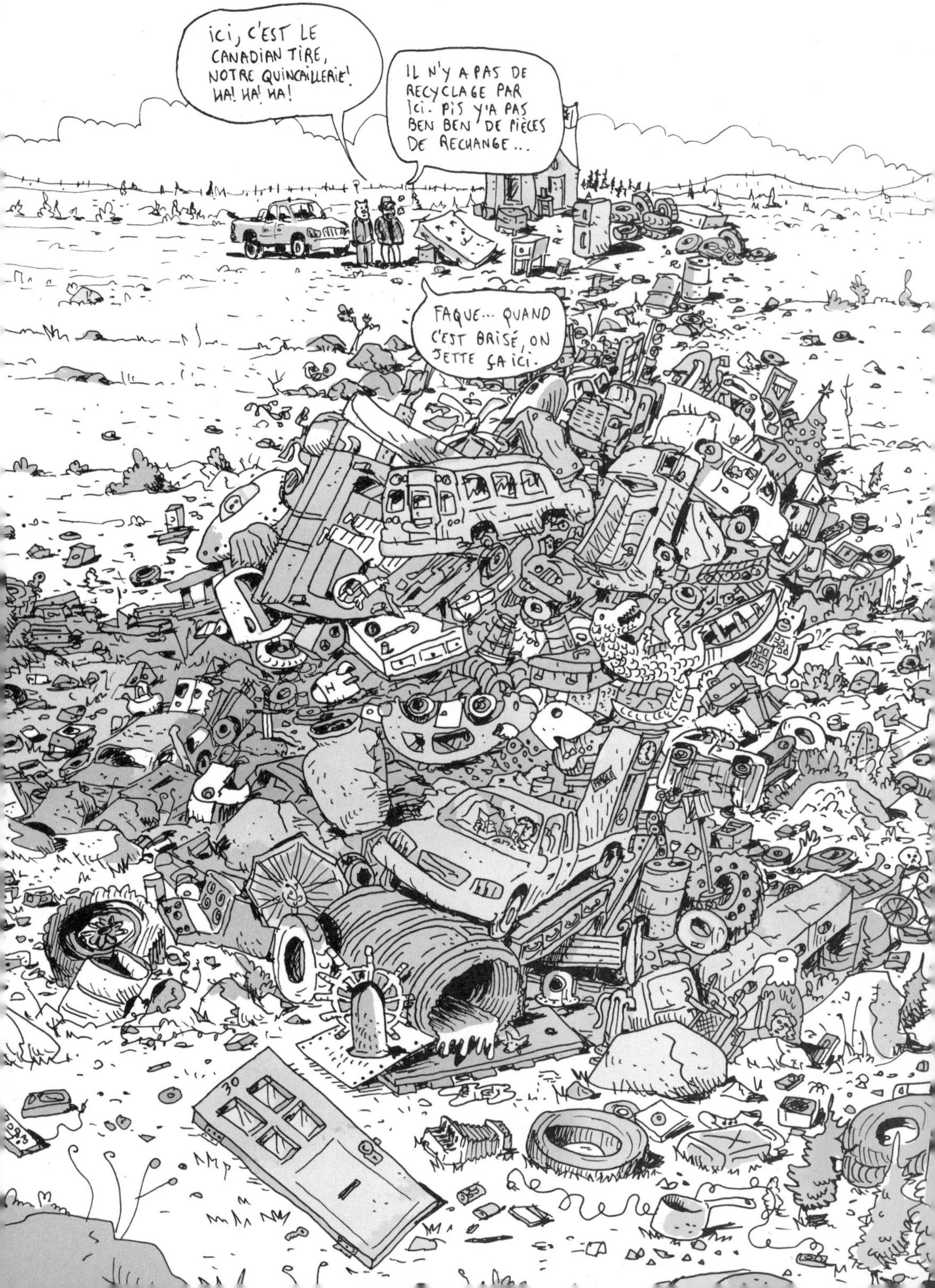
ICI, C'EST LE CANADIAN TIRE, NOTRE QUINCAILLERIE! HA! HA! HA!
IL N'Y A PAS DE RECYCLAGE PAR ICI. PIS Y'A PAS BEN BEN DE PIÈCES DE RECHANGE...
FAQUE... QUAND C'EST BRISÉ, ON JETTE ÇA ICI.

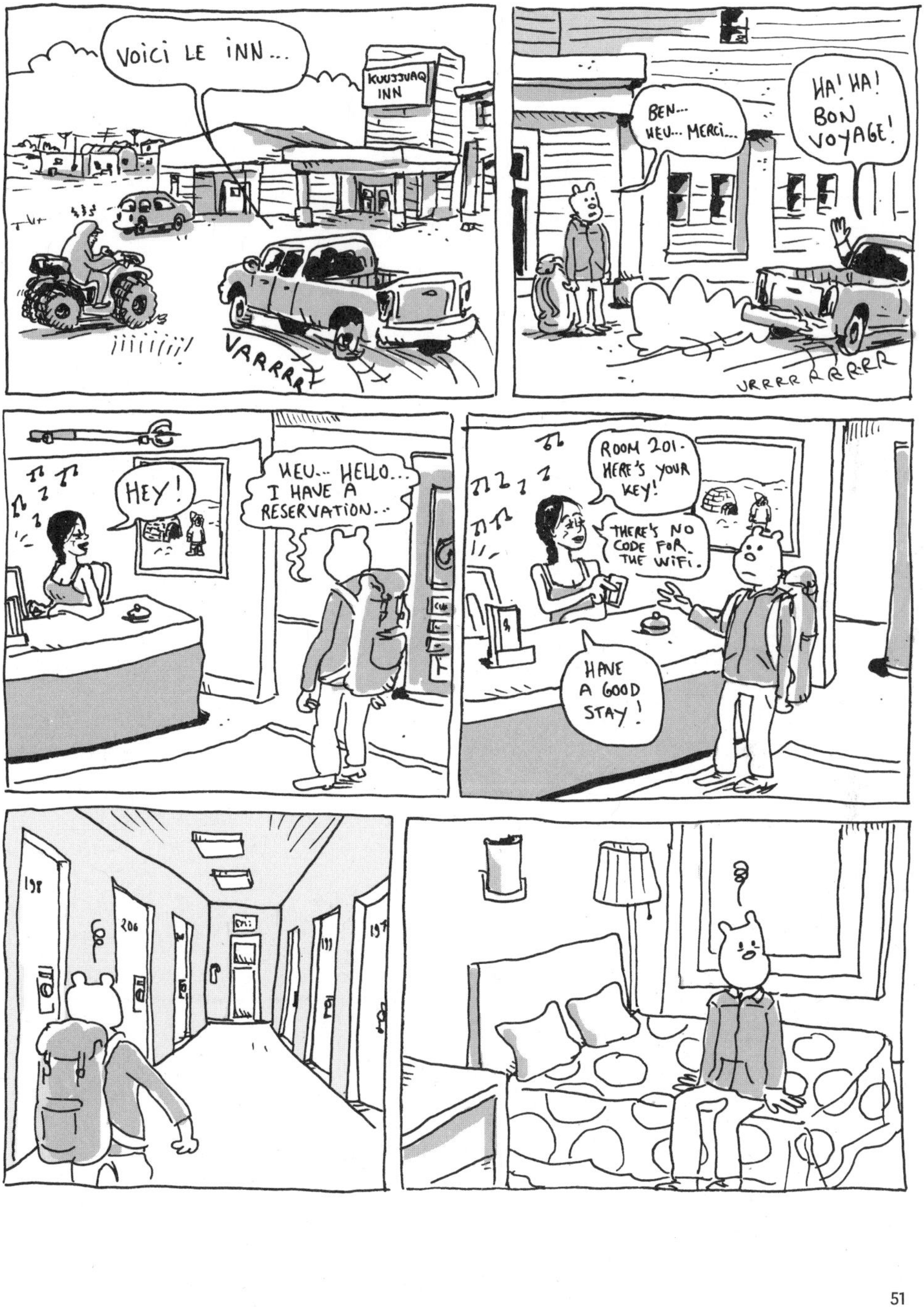
VOICI LE INN...
KUUJJUAQ INN
VARRRRR
BEN... HEU... MERCI...
HA! HA! BON VOYAGE!
URRRRRRRRR
HEY!
HEU... HELLO... I HAVE A RESERVATION...
ROOM 201. HERE'S YOUR KEY!
THERE'S NO CODE FOR THE WIFI.
HAVE A GOOD STAY!
198
206
199
197

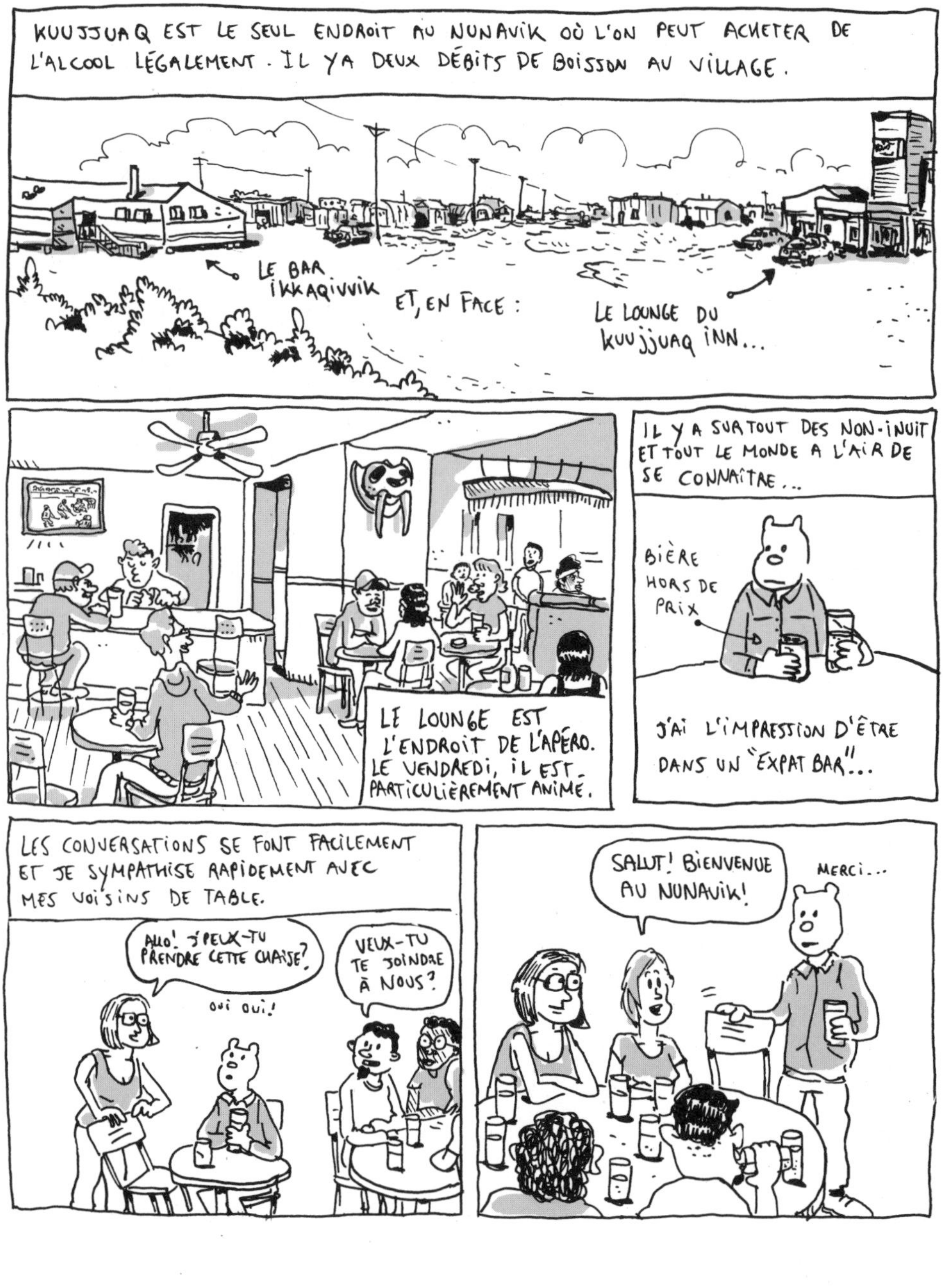
KUUJJUAQ EST LE SEUL ENDROIT AU NUNAVIK OÙ L'ON PEUT ACHETER DE L'ALCOOL LÉGALEMENT. IL YA DEUX DÉBITS DE BOISSON AU VILLAGE.
LE BAR IKKAQIVVIK
ET, EN FACE :
LE LOUNGE DU KUUJJUAQ INN...
LE LOUNGE EST L'ENDROIT DE L'APÉRO. LE VENDREDI, IL EST PARTICULIÈREMENT ANIMÉ.
IL Y A SURTOUT DES NON-INUIT ET TOUT LE MONDE A L'AIR DE SE CONNAÎTRE...
BIÈRE HORS DE PRIX
J'AI L'IMPRESSION D'ÊTRE DANS UN "EXPAT BAR"...
LES CONVERSATIONS SE FONT FACILEMENT ET JE SYMPATHISE RAPIDEMENT AVEC MES VOISINS DE TABLE.
ALLO! J'PEUX-TU PRENDRE CETTE CHAISE?
OUI OUI!
VEUX-TU TE JOINDRE À NOUS?
SALUT! BIENVENUE AU NUNAVIK!
MERCI...

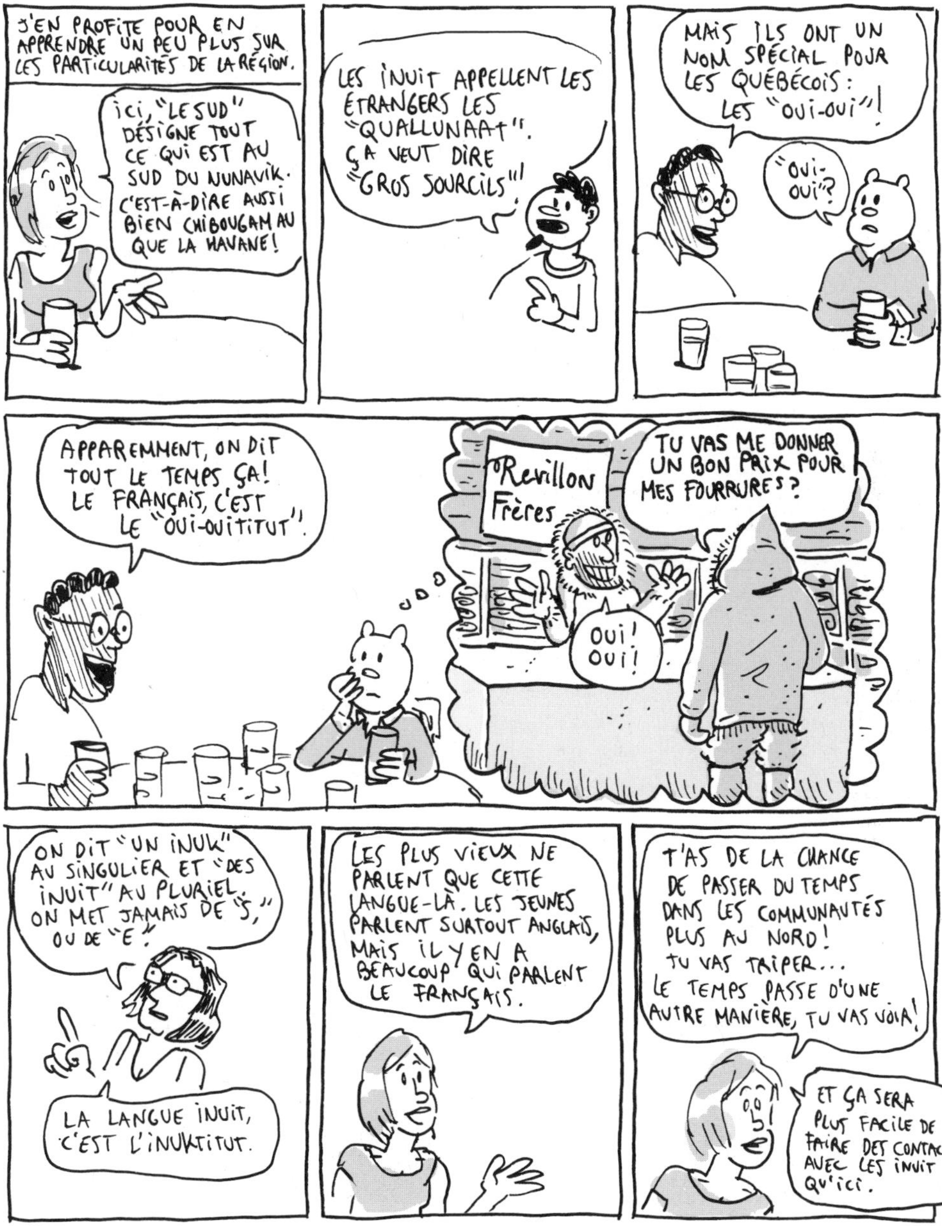
J'EN PROFITE POUR EN APPRENDRE UN PEU PLUS SUR LES PARTICULARITÉS DE LA RÉGION.
ICI, "LE SUD" DÉSIGNE TOUT CE QUI EST AU SUD DU NUNAVIK. C'EST-À-DIRE AUSSI BIEN CHIBOUGAMAU QUE LA HAVANE!
LES INUIT APPELLENT LES ÉTRANGERS LES "QUALLUNAAT". ÇA VEUT DIRE "GROS SOURCILS".
MAIS ILS ONT UN NOM SPÉCIAL POUR LES QUÉBÉCOIS: LES "OUI-OUI"!
"OUI-OUI"?
APPAREMMENT, ON DIT TOUT LE TEMPS ÇA! LE FRANÇAIS, C'EST LE "OUI-OUITITUT".
Revillon Frères
TU VAS ME DONNER UN BON PRIX POUR MES FOURRURES?
OUI! OUI!
ON DIT "UN INUK" AU SINGULIER ET "DES INUIT" AU PLURIEL. ON MET JAMAIS DE "S" OU DE "E".
LA LANGUE INUIT, C'EST L'INUKTITUT.
LES PLUS VIEUX NE PARLENT QUE CETTE LANGUE-LÀ. LES JEUNES PARLENT SURTOUT ANGLAIS, MAIS IL Y EN A BEAUCOUP QUI PARLENT LE FRANÇAIS.
T'AS DE LA CHANCE DE PASSER DU TEMPS DANS LES COMMUNAUTÉS PLUS AU NORD! TU VAS TRIPER... LE TEMPS PASSE D'UNE AUTRE MANIÈRE, TU VAS VOIR!
ET ÇA SERA PLUS FACILE DE FAIRE DES CONTACTS AVEC LES INUIT QU'ICI.

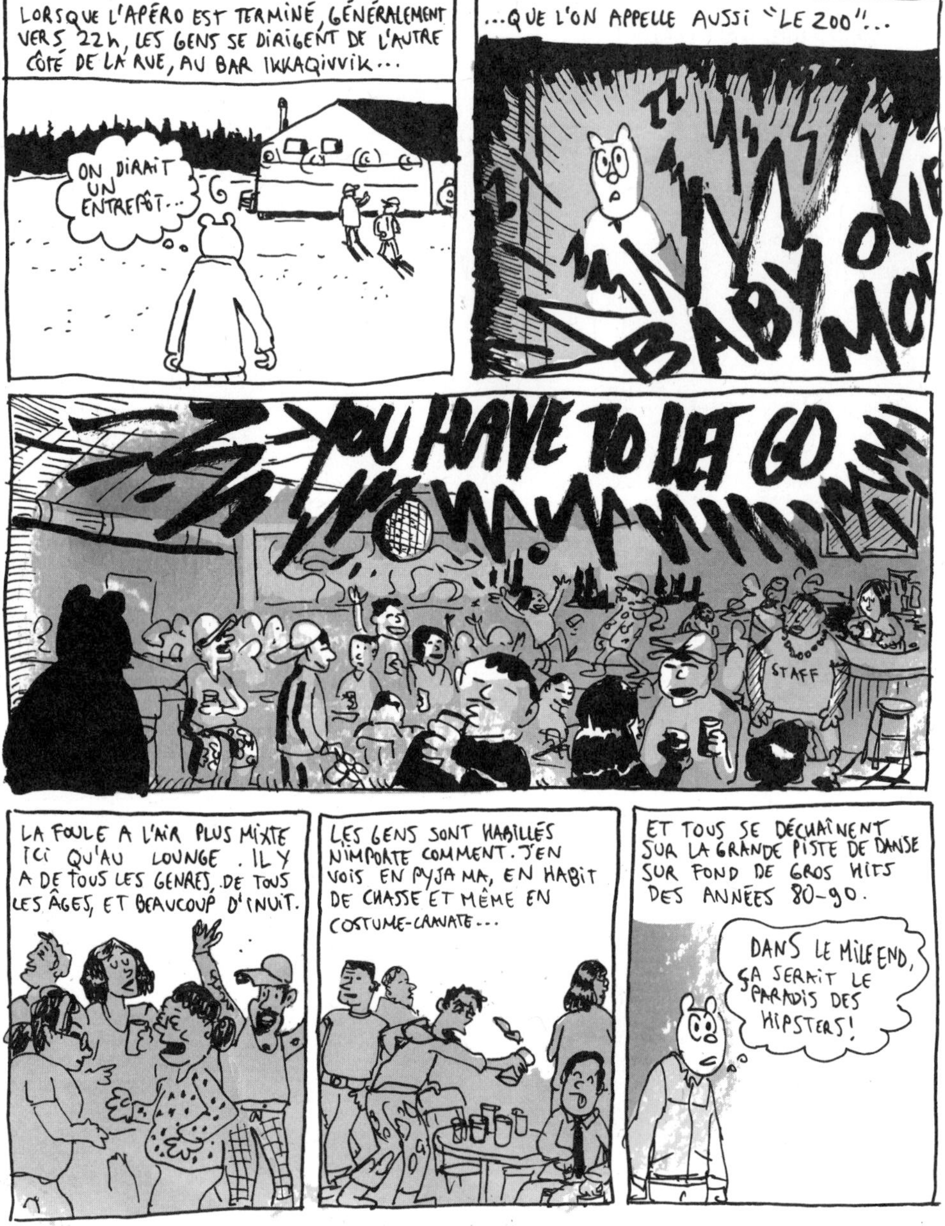
LORSQUE L'APÉRO EST TERMINÉ, GÉNÉRALEMENT VERS 22h, LES GENS SE DIRIGENT DE L'AUTRE CÔTÉ DE LA RUE, AU BAR IKKAQIVVIK...
ON DIRAIT UN ENTREPÔT...
...QUE L'ON APPELLE AUSSI "LE ZOO"...
BABY ONE MO
YOU HAVE TO LET GO
STAFF
LA FOULE A L'AIR PLUS MIXTE ICI QU'AU LOUNGE. IL Y A DE TOUS LES GENRES, DE TOUS LES ÂGES, ET BEAUCOUP D'INUIT.
LES GENS SONT HABILLÉS NIMPORTE COMMENT. J'EN VOIS EN PYJAMA, EN HABIT DE CHASSE ET MÊME EN COSTUME-CRAVATE...
ET TOUS SE DÉCHAÎNENT SUR LA GRANDE PISTE DE DANSE SUR FOND DE GROS HITS DES ANNÉES 80-90.
DANS LE MILE END, ÇA SERAIT LE PARADIS DES HIPSTERS!

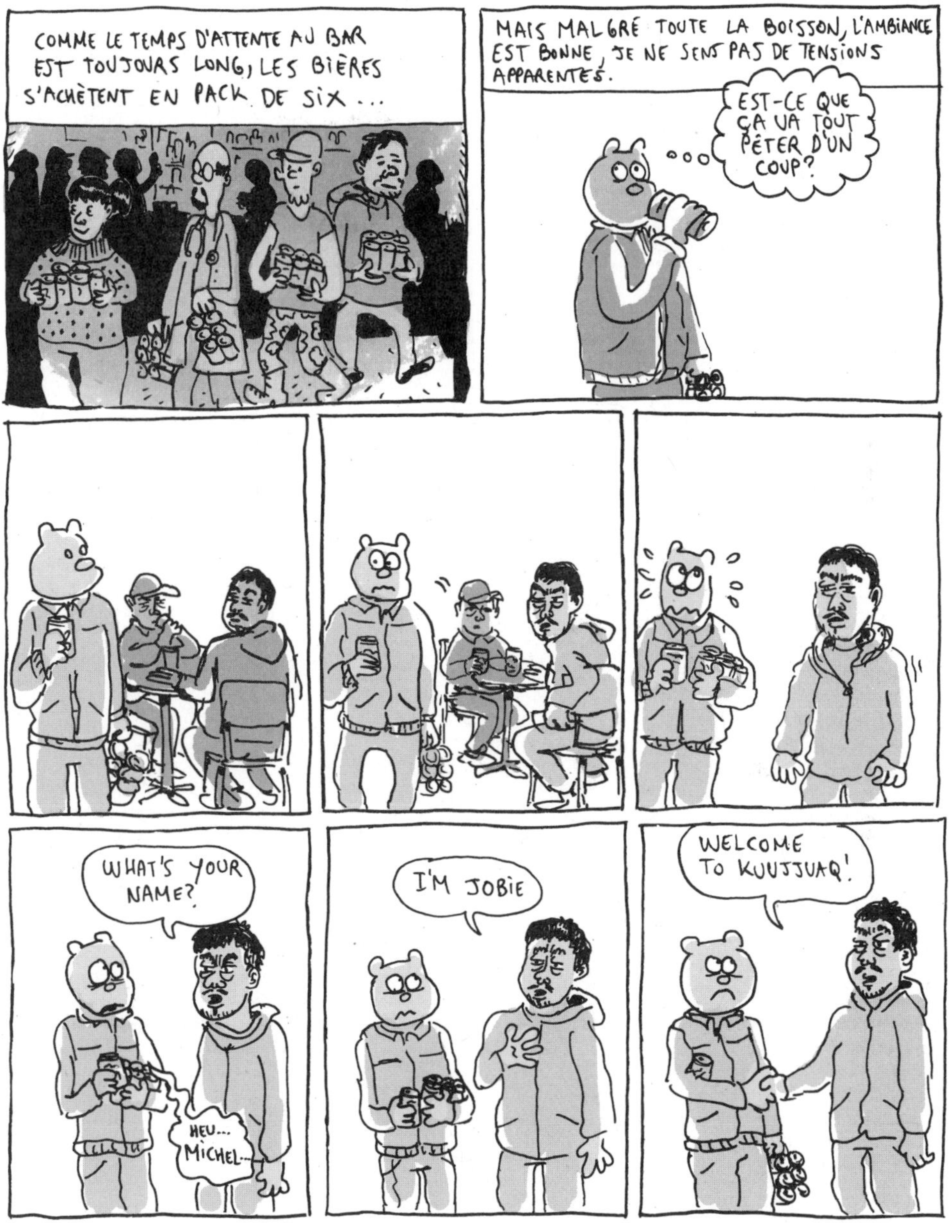
COMME LE TEMPS D'ATTENTE AU BAR EST TOUJOURS LONG, LES BIÈRES S'ACHÈTENT EN PACK DE SIX...
MAIS MALGRÉ TOUTE LA BOISSON, L'AMBIANCE EST BONNE, JE NE SENS PAS DE TENSIONS APPARENTES.
EST-CE QUE ÇA VA TOUT PÉTER D'UN COUP?
WHAT'S YOUR NAME?
HEU... MICHEL...
I'M JOBIE
WELCOME TO KUUJJUAQ!

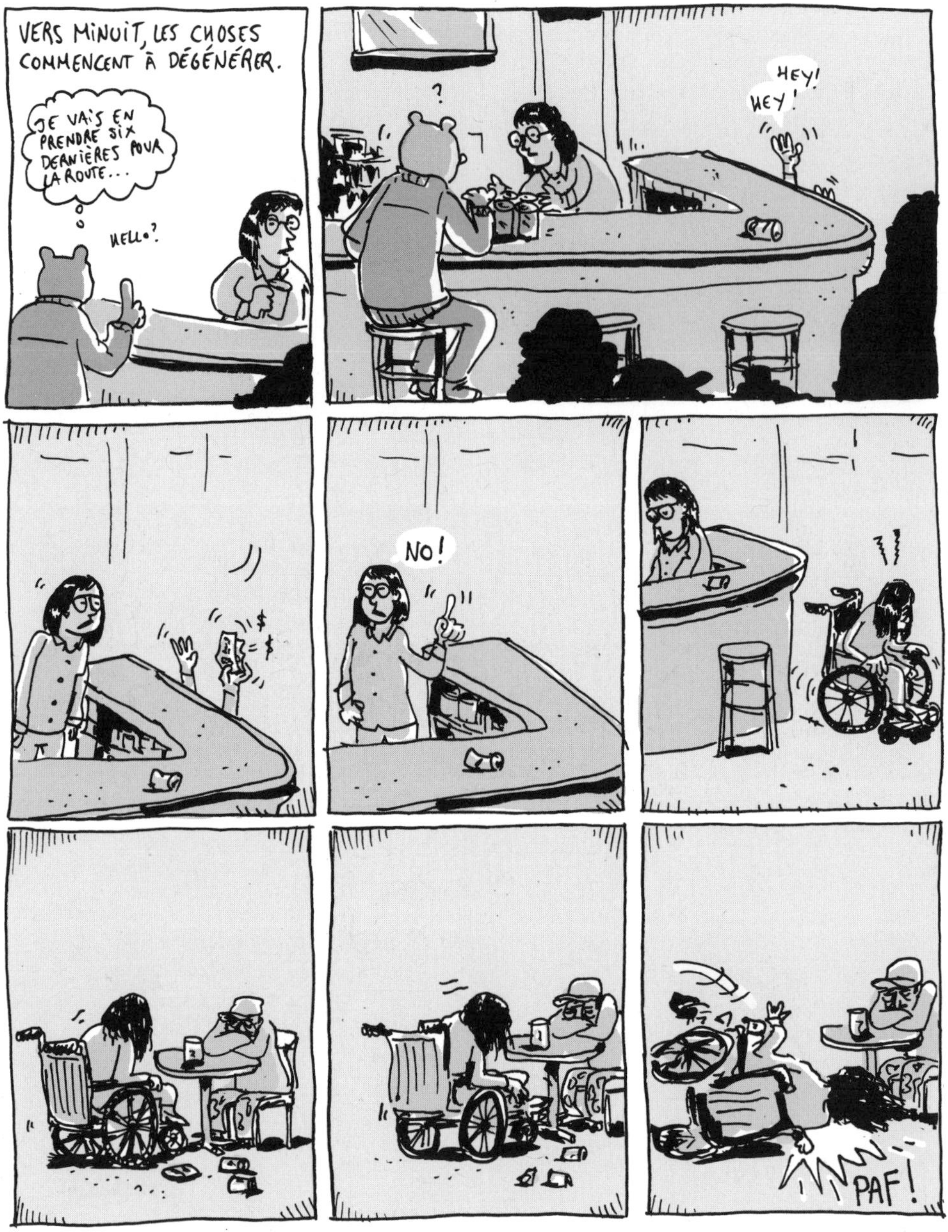
VERS MINUIT, LES CHOSES COMMENCENT À DÉGÉNÉRER.
JE VAIS EN PRENDRE SIX DERNIÈRES POUR LA ROUTE...
HELLO?
?
HEY!
HEY!
NO!
PAF!

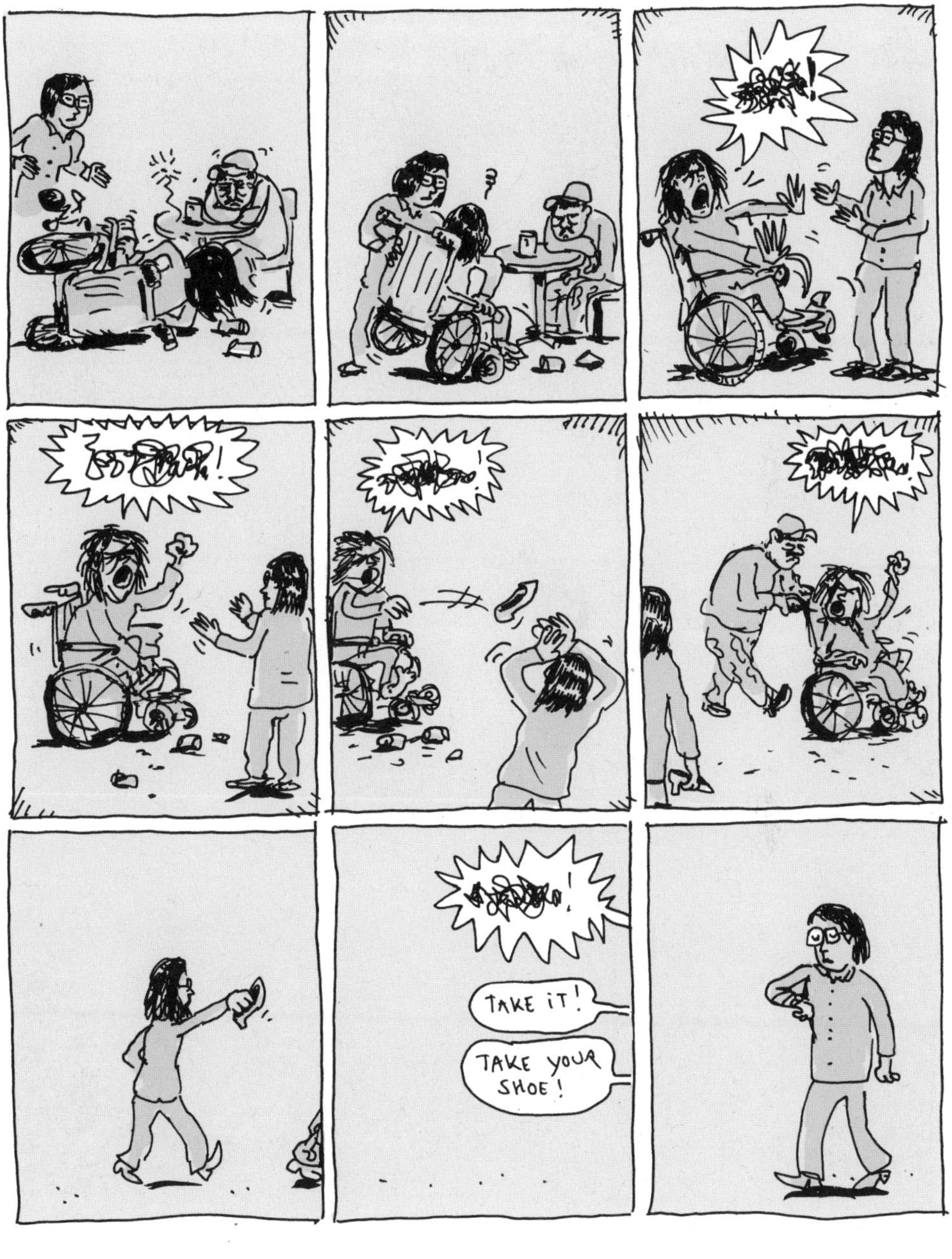
TAKE IT!
TAKE YOUR SHOE!

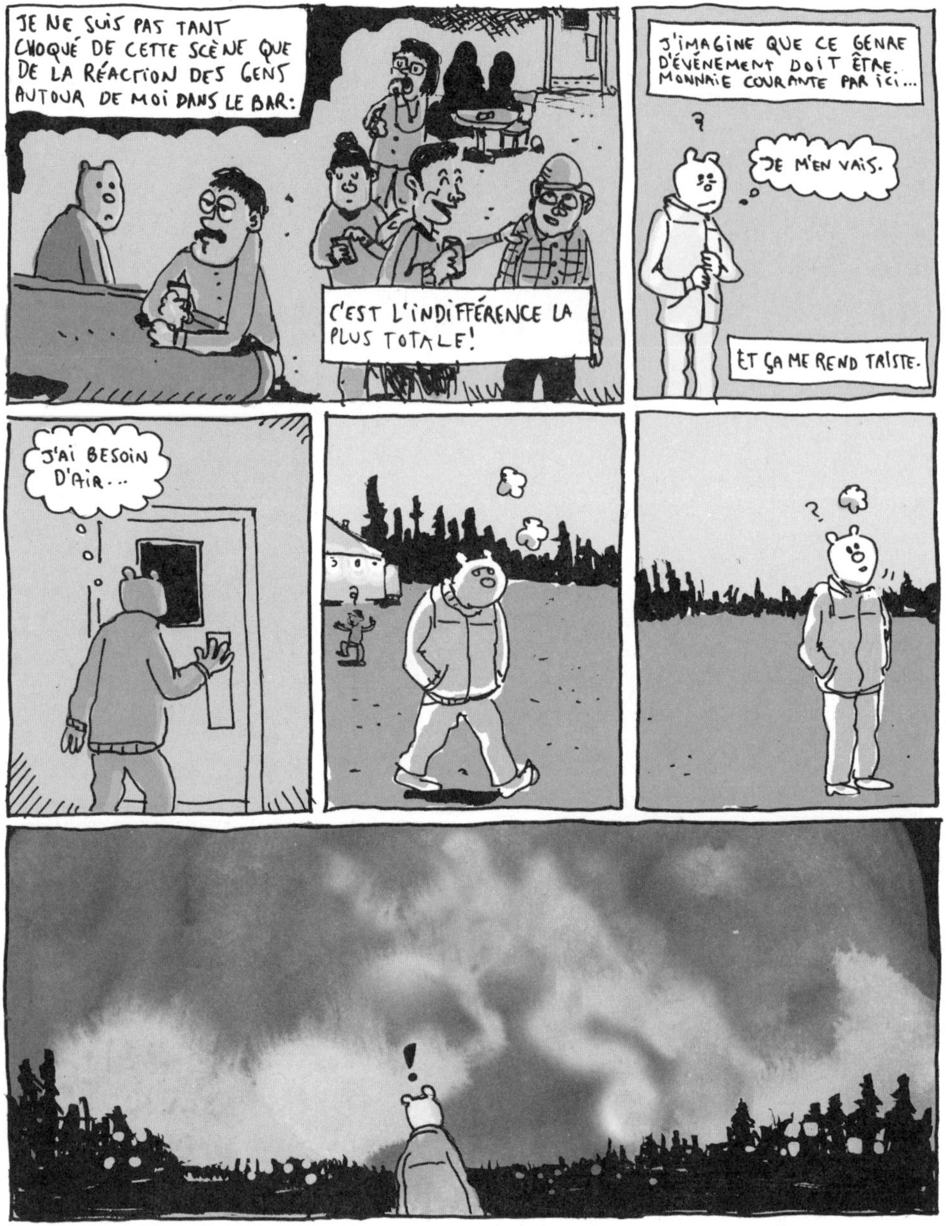
JE NE SUIS PAS TANT CHOQUÉ DE CETTE SCÈNE QUE DE LA RÉACTION DES GENS AUTOUR DE MOI DANS LE BAR:
C'EST L'INDIFFÉRENCE LA PLUS TOTALE!
J'IMAGINE QUE CE GENRE D'ÉVÉNEMENT DOIT ÊTRE MONNAIE COURANTE PAR ICI...
JE M'EN VAIS.
ET ÇA ME REND TRISTE.
J'AI BESOIN D'AIR...

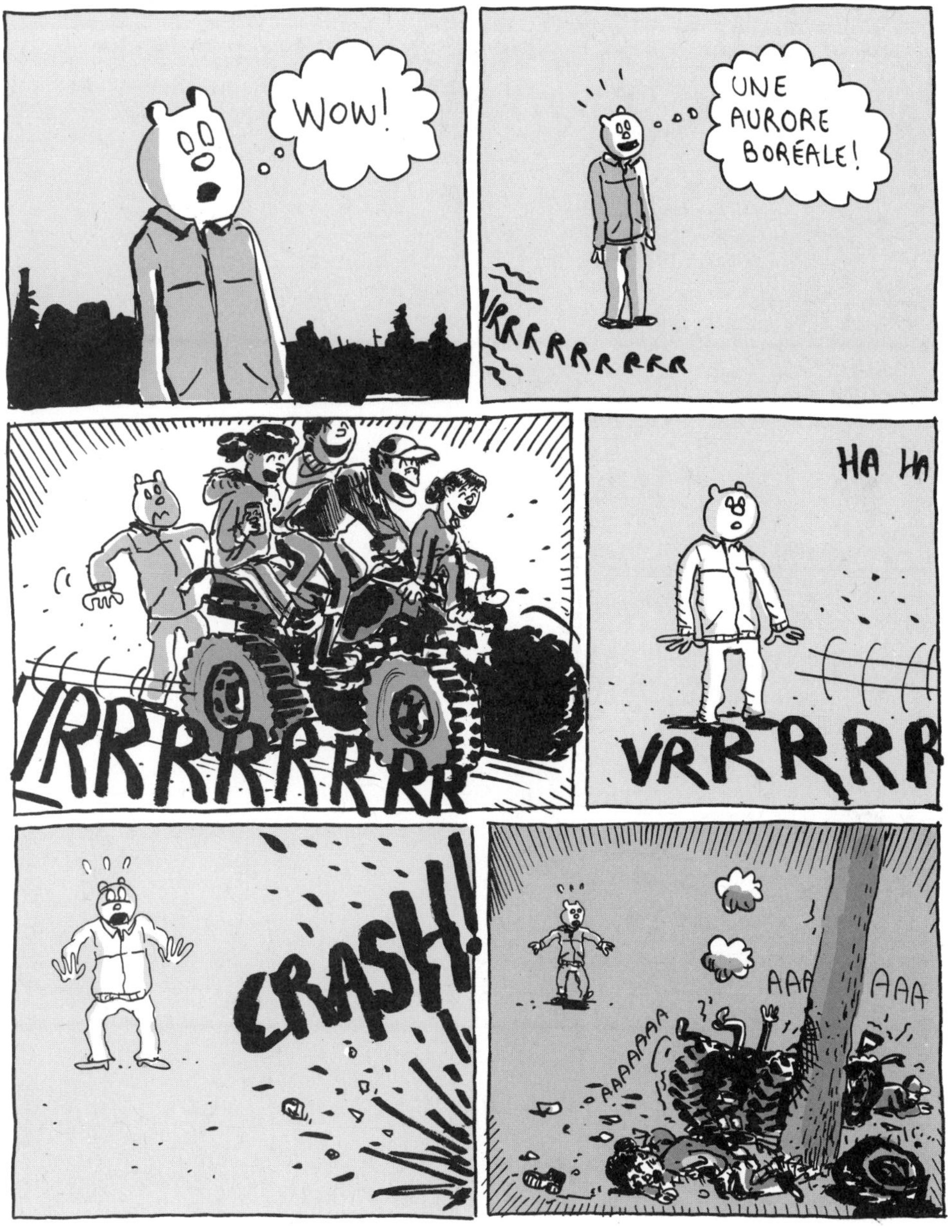
WOW!
UNE AURORE BORÉALE!
VRRRRRRRRRR
VRRRRRRRRRR
HA HA
VRRRRRR
CRASH!
AAA
AAA
AAAAAAA
AAAAA

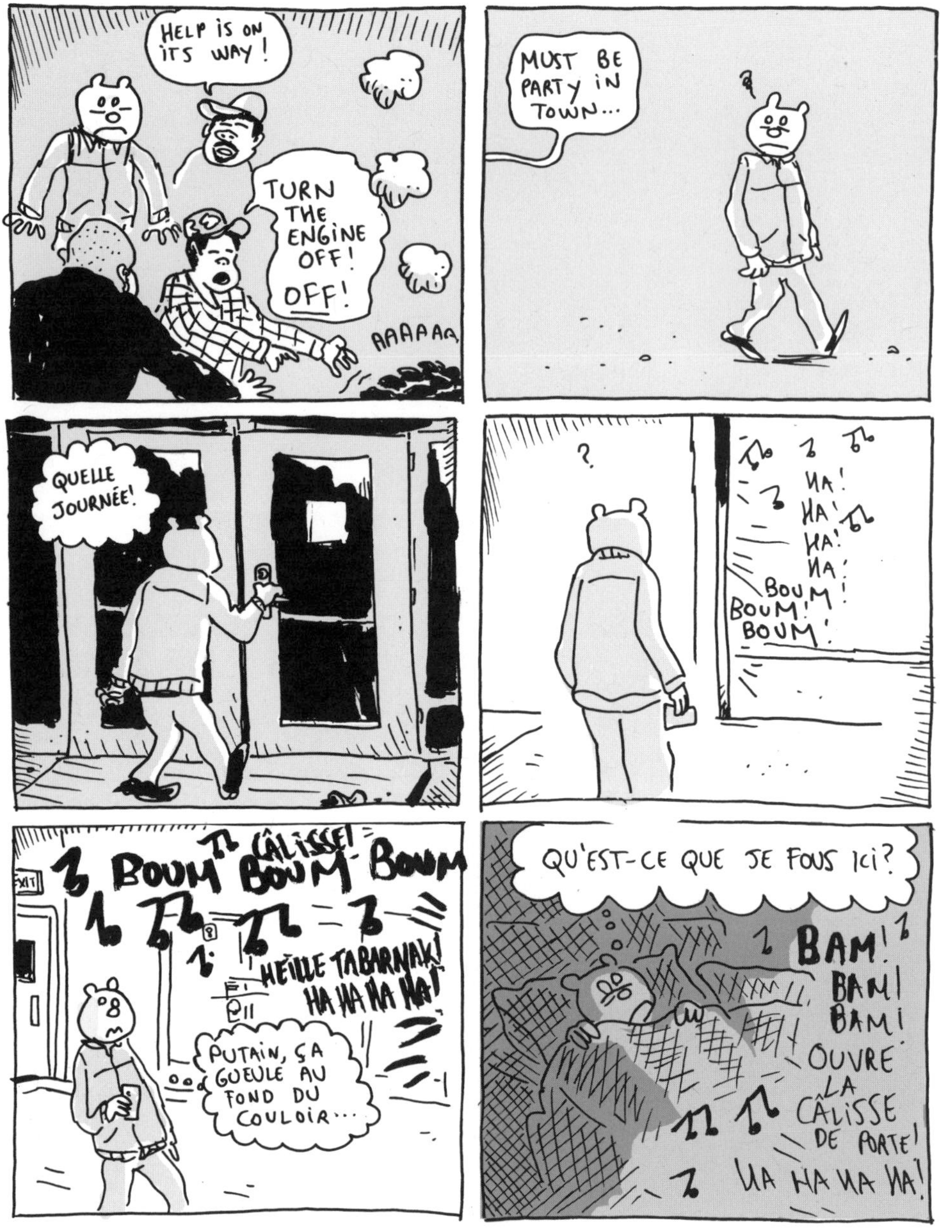
HELP IS ON ITS WAY!
TURN THE ENGINE OFF! OFF!
AAAAAA
MUST BE PARTY IN TOWN...
QUELLE JOURNÉE!
?
HA! HA! HA! HA!
BOUM! BOUM! BOUM!
BOUM BOUM BOUM
CÂLISSE!
HEILLE TABARNAK! HA HA HA HA!
PUTAIN, ÇA GUEULE AU FOND DU COULOIR...
QU'EST-CE QUE JE FOUS ICI?
BAM! BAM! BAM!
OUVRE LA CÂLISSE DE PORTE!
HA HA HA HA!

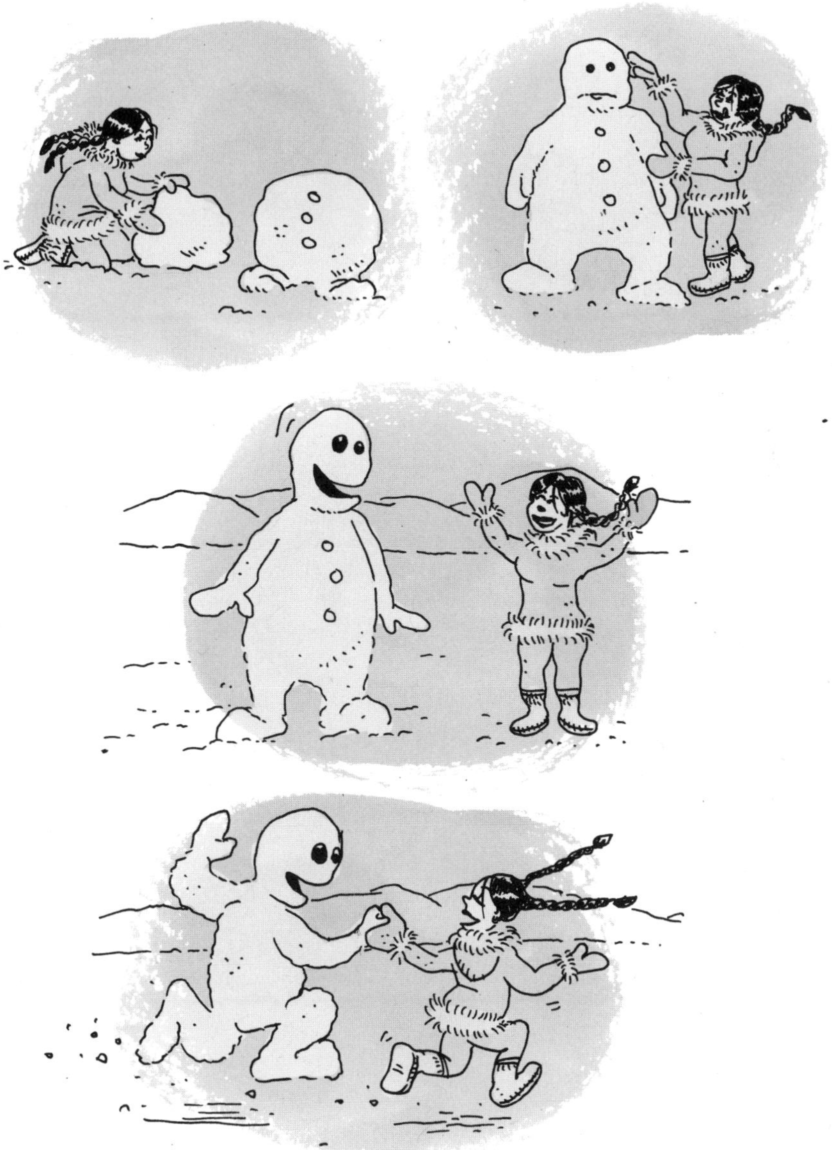

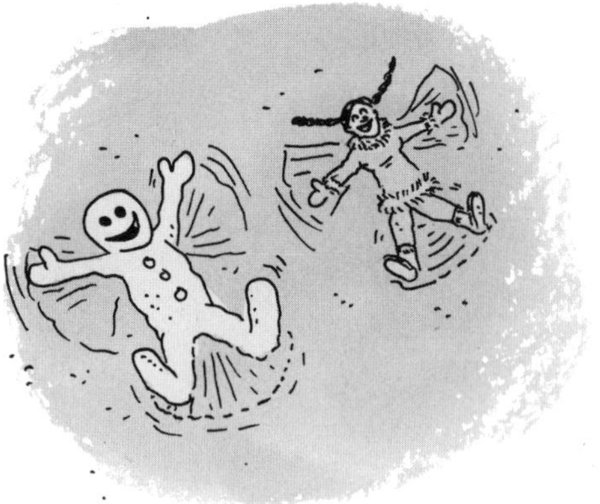

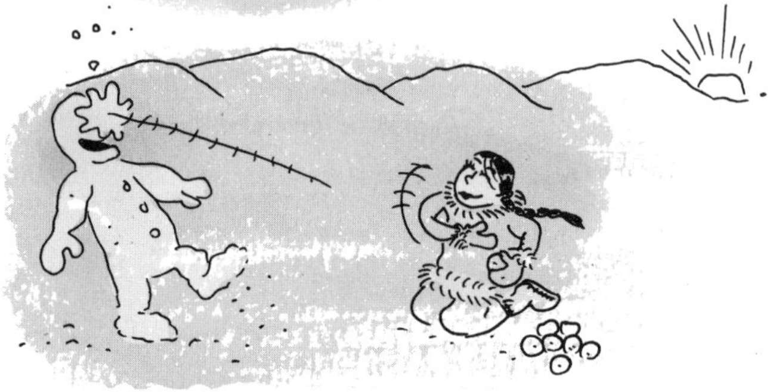

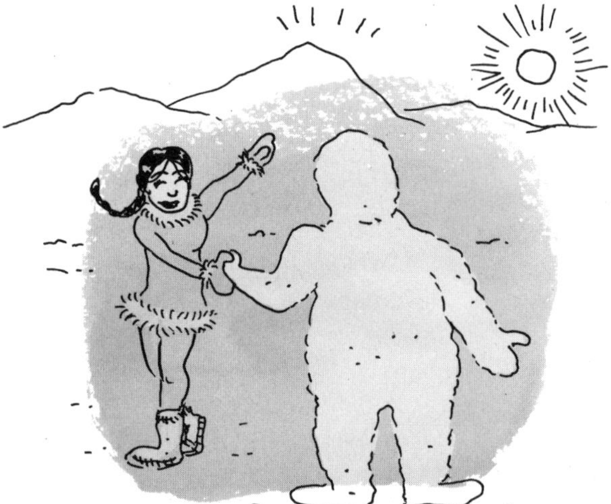

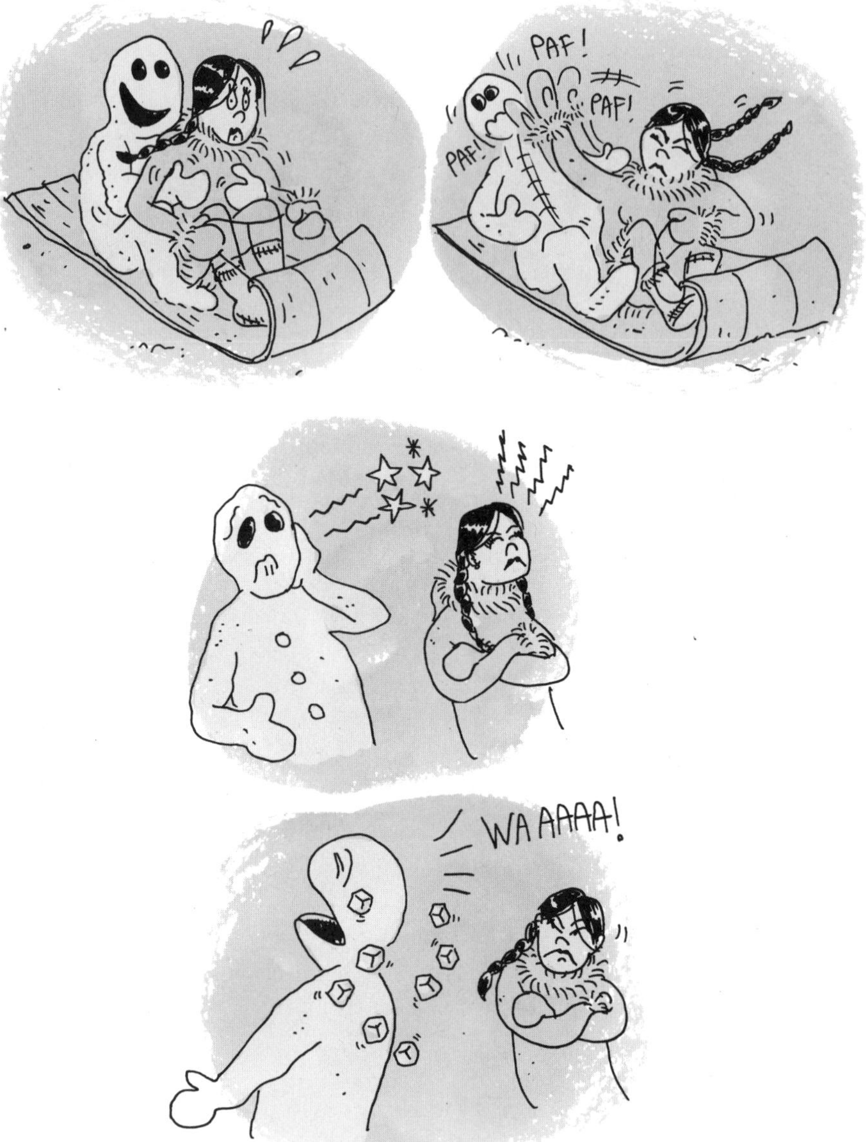
PAF!
PAF!
PAF!
WAAAAA!

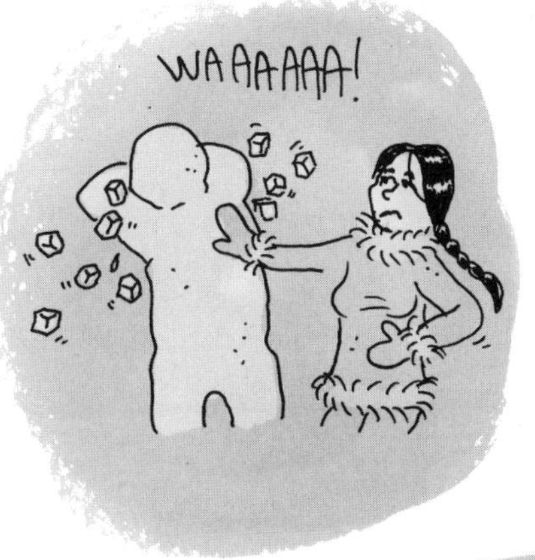
WAAAAAA!
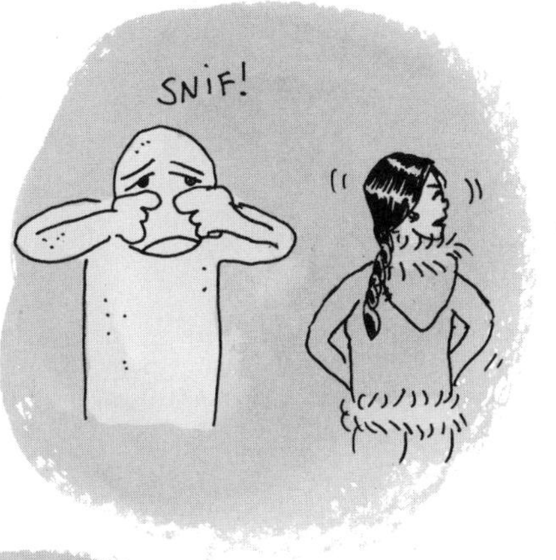
SNIF!
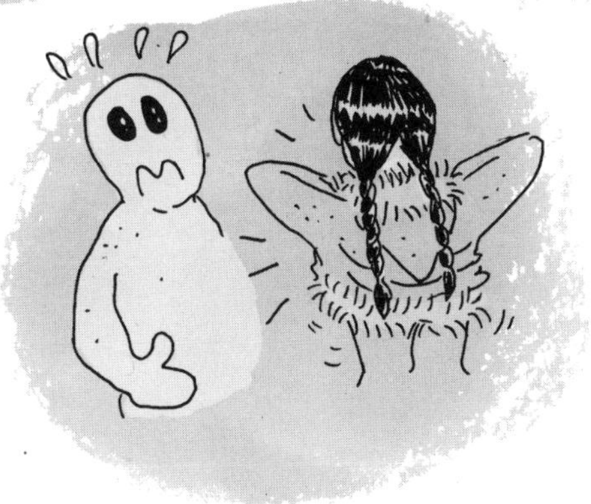
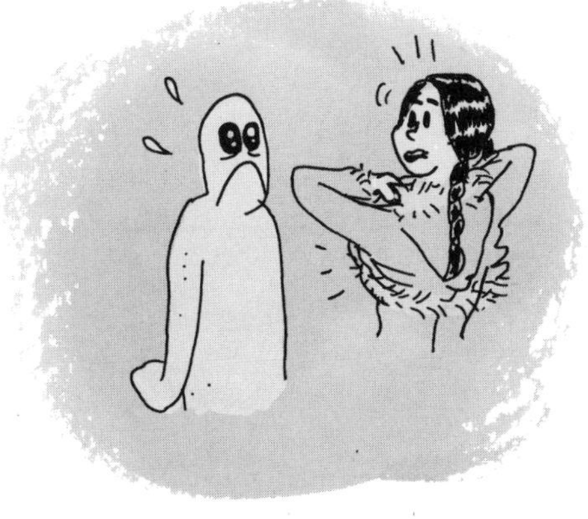

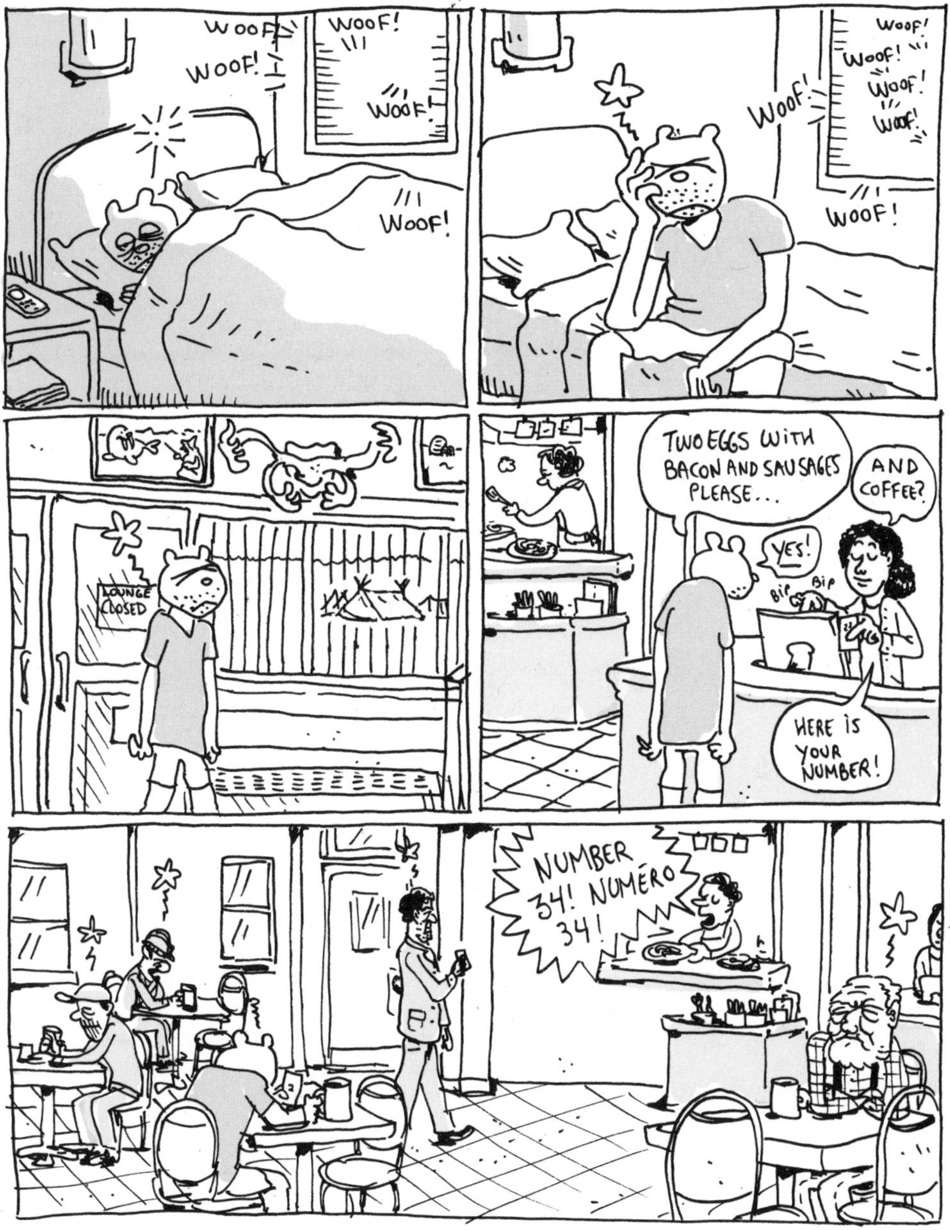
WOOF!
WOOF!
WOOF!
WOOF!
WOOF!
WOOF!
WOOF!
WOOF!
WOOF!
WOOF!
WOOF!
LOUNGE CLOSED
TWO EGGS WITH BACON AND SAUSAGES PLEASE...
AND COFFEE?
YES!
BIP BIP
HERE IS YOUR NUMBER!
NUMBER 34! NUMÉRO 34!

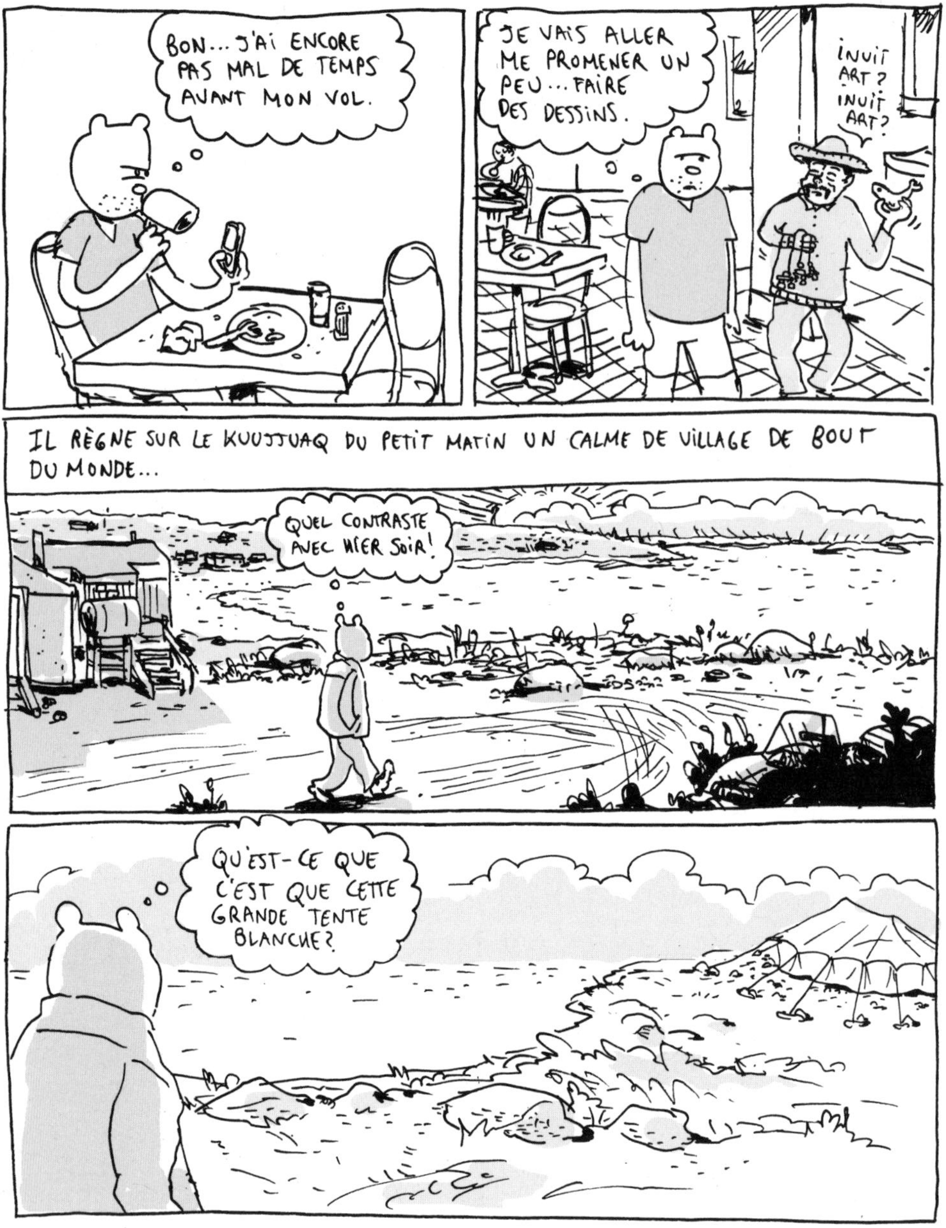
BON... J'AI ENCORE PAS MAL DE TEMPS AVANT MON VOL.
JE VAIS ALLER ME PROMENER UN PEU... FAIRE DES DESSINS.
INUIT ART? INUIT ART?
IL RÈGNE SUR LE KUUJJUAQ DU PETIT MATIN UN CALME DE VILLAGE DE BOUT DU MONDE...
QUEL CONTRASTE AVEC HIER SOIR!
QU'EST-CE QUE C'EST QUE CETTE GRANDE TENTE BLANCHE?

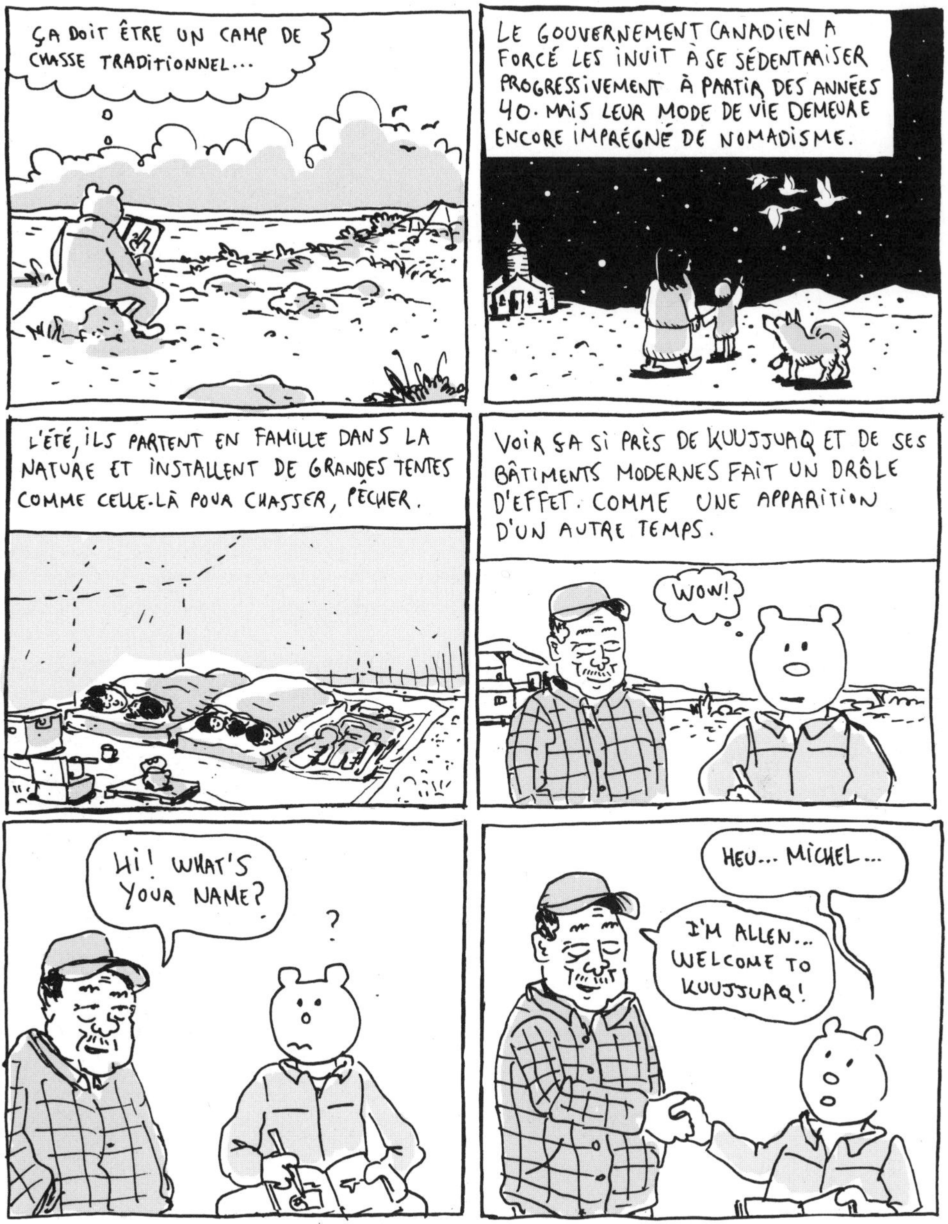
ÇA DOIT ÊTRE UN CAMP DE CHASSE TRADITIONNEL...
LE GOUVERNEMENT CANADIEN A FORCÉ LES INUIT À SE SÉDENTARISER PROGRESSIVEMENT À PARTIR DES ANNÉES 40. MAIS LEUR MODE DE VIE DEMEURE ENCORE IMPRÉGNÉ DE NOMADISME.
L'ÉTÉ, ILS PARTENT EN FAMILLE DANS LA NATURE ET INSTALLENT DE GRANDES TENTES COMME CELLE-LÀ POUR CHASSER, PÊCHER.
VOIR ÇA SI PRÈS DE KUUJJUAQ ET DE SES BÂTIMENTS MODERNES FAIT UN DRÔLE D'EFFET. COMME UNE APPARITION D'UN AUTRE TEMPS.
WOW!
HI! WHAT'S YOUR NAME?
?
HEU... MICHEL...
I'M ALLEN... WELCOME TO KUUJJUAQ!

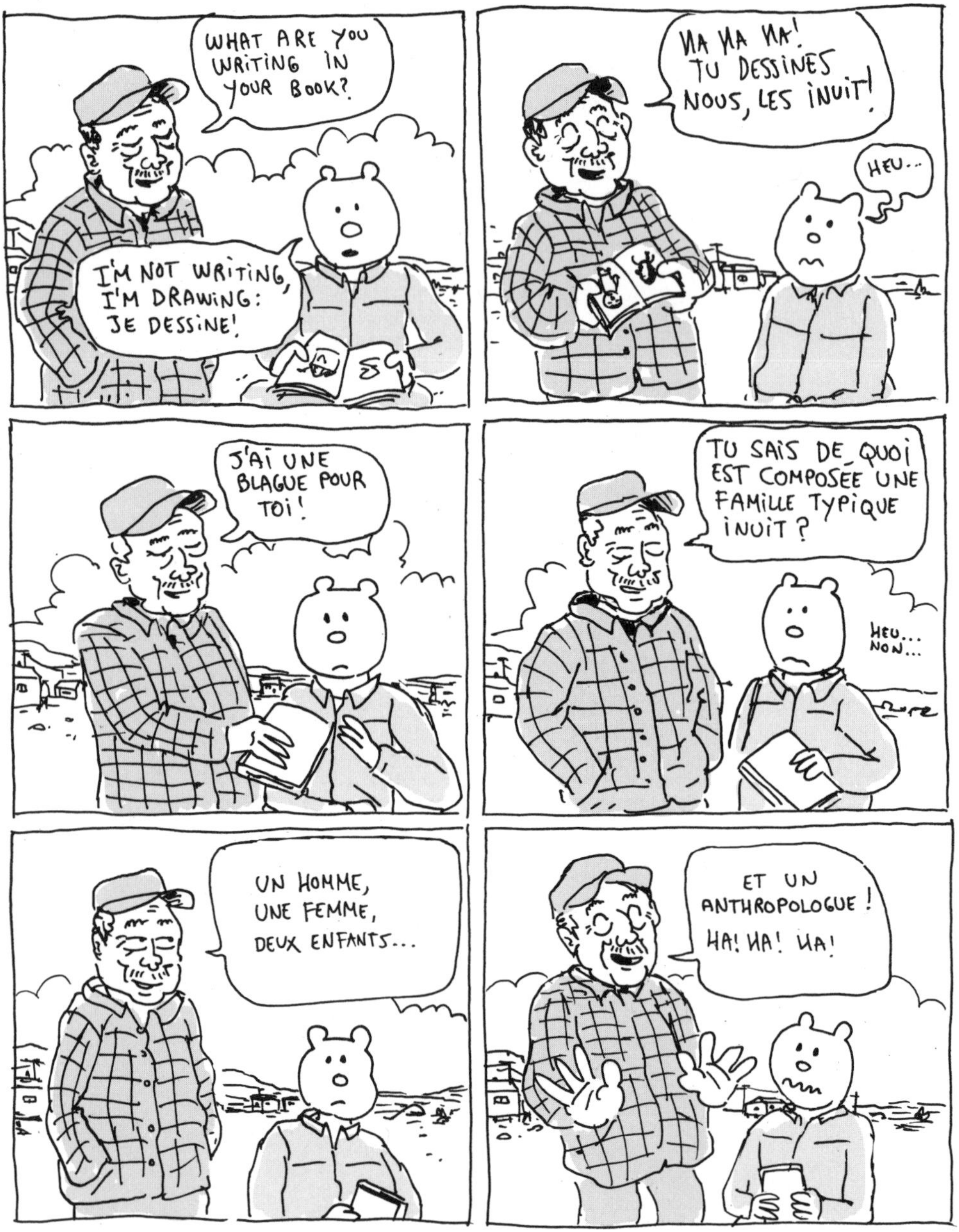
WHAT ARE YOU WRITING IN YOUR BOOK?
I'M NOT WRITING, I'M DRAWING: JE DESSINE!
HA HA HA! TU DESSINES NOUS, LES INUIT!
HEU...
J'AI UNE BLAGUE POUR TOI!
TU SAIS DE QUOI EST COMPOSÉE UNE FAMILLE TYPIQUE INUIT?
HEU... NON...
UN HOMME, UNE FEMME, DEUX ENFANTS...
ET UN ANTHROPOLOGUE! HA! HA! HA!

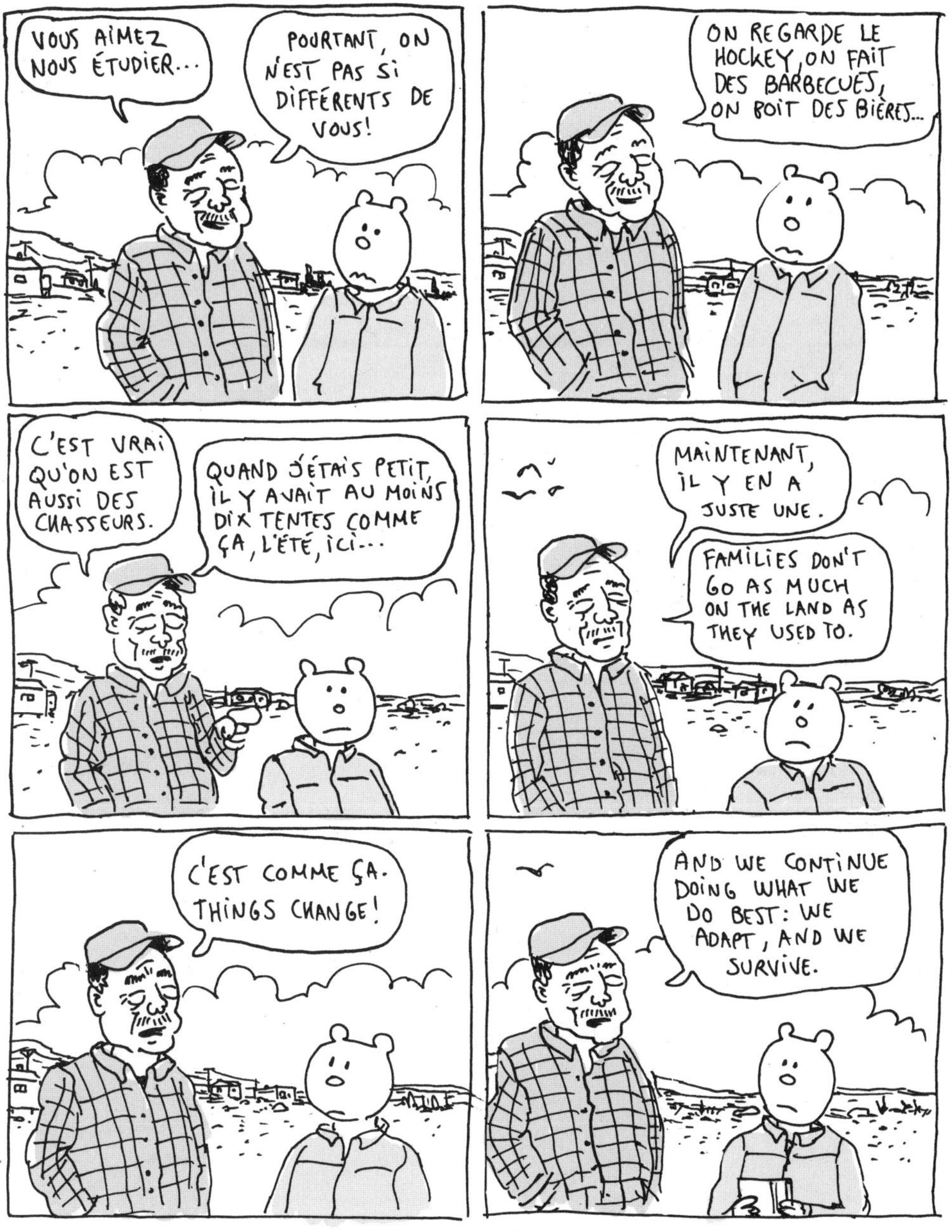
VOUS AIMEZ NOUS ÉTUDIER...
POURTANT, ON N'EST PAS SI DIFFÉRENTS DE VOUS!
ON REGARDE LE HOCKEY, ON FAIT DES BARBECUES, ON BOIT DES BIÈRES...
C'EST VRAI QU'ON EST AUSSI DES CHASSEURS.
QUAND J'ÉTAIS PETIT, IL Y AVAIT AU MOINS DIX TENTES COMME ÇA, L'ÉTÉ, ICI...
MAINTENANT, IL Y EN A JUSTE UNE.
FAMILIES DON'T GO AS MUCH ON THE LAND AS THEY USED TO.
C'EST COMME ÇA. THINGS CHANGE!
AND WE CONTINUE DOING WHAT WE DO BEST: WE ADAPT, AND WE SURVIVE.

ᑲᖏᖅᓱᔪᐊᖅ
KANGIQSUJUAQ

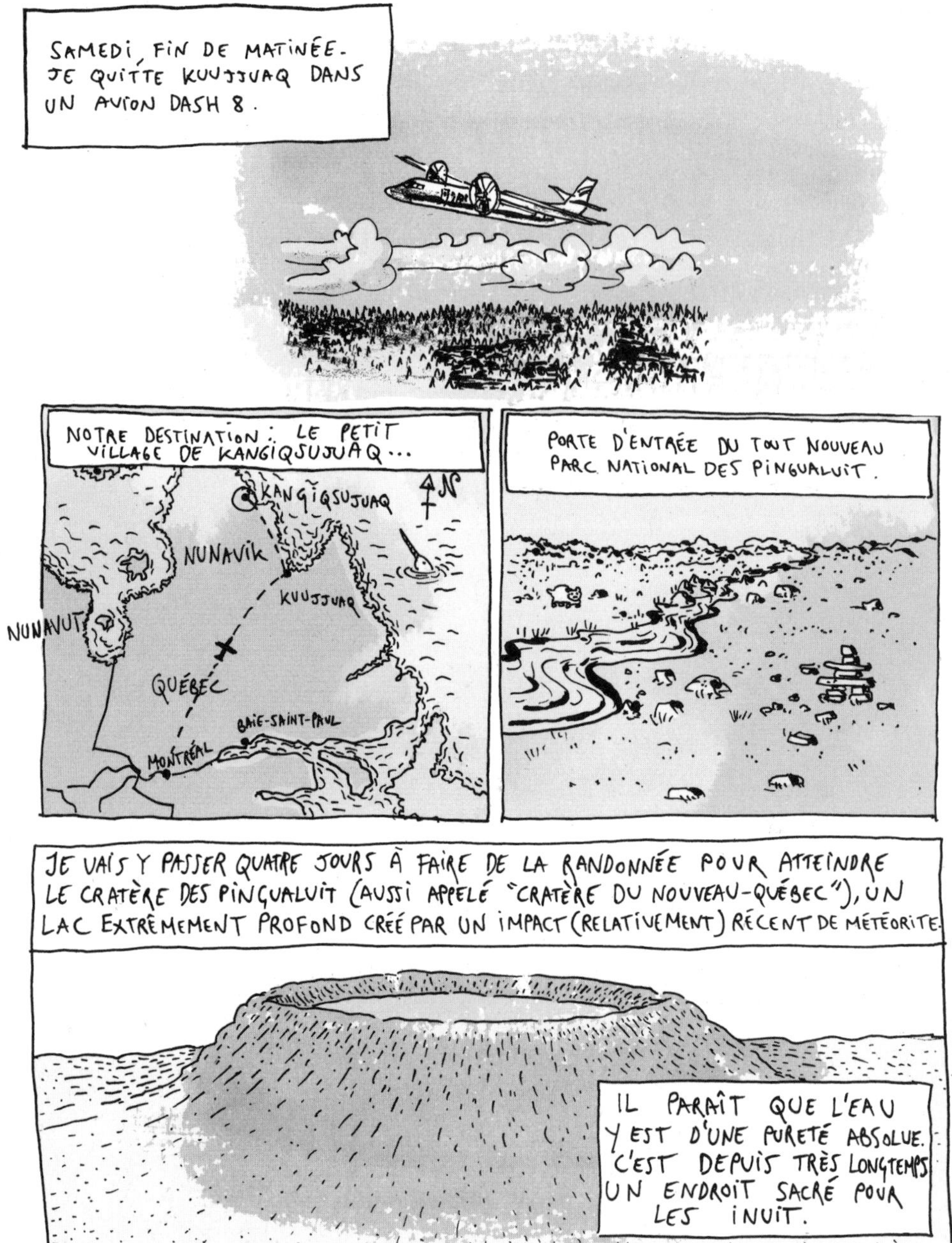
SAMEDI, FIN DE MATINÉE.
JE QUITTE KUUJJUAQ DANS
UN AVION DASH 8.
NOTRE DESTINATION : LE PETIT VILLAGE DE KANGIQSUJUAQ...
KANGIQSUJUAQ
N
NUNAVIK
KUUJJUAQ
NUNAVUT
QUÉBEC
BAIE-SAINT-PAUL
MONTRÉAL
PORTE D'ENTRÉE DU TOUT NOUVEAU PARC NATIONAL DES PINGUALUIT.
JE VAIS Y PASSER QUATRE JOURS À FAIRE DE LA RANDONNÉE POUR ATTEINDRE LE CRATÈRE DES PINGUALUIT (AUSSI APPELÉ "CRATÈRE DU NOUVEAU-QUÉBEC"), UN LAC EXTRÊMEMENT PROFOND CRÉÉ PAR UN IMPACT (RELATIVEMENT) RÉCENT DE MÉTÉORITE.
IL PARAÎT QUE L'EAU Y EST D'UNE PURETÉ ABSOLUE. C'EST DEPUIS TRÈS LONGTEMPS UN ENDROIT SACRÉ POUR LES INUIT.

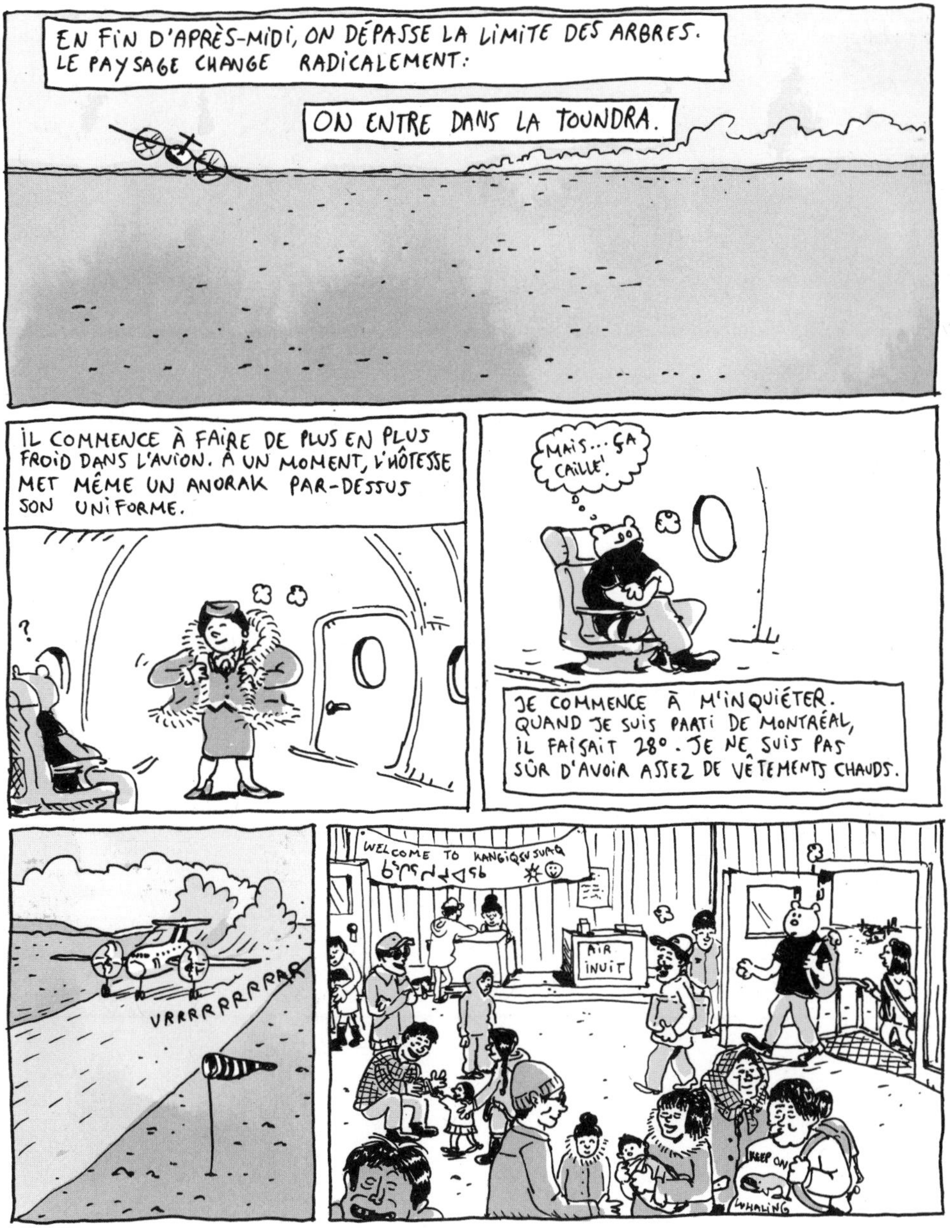
EN FIN D'APRÈS-MIDI, ON DÉPASSE LA LIMITE DES ARBRES. LE PAYSAGE CHANGE RADICALEMENT:
ON ENTRE DANS LA TOUNDRA.
IL COMMENCE À FAIRE DE PLUS EN PLUS FROID DANS L'AVION. À UN MOMENT, L'HÔTESSE MET MÊME UN ANORAK PAR-DESSUS SON UNIFORME.
?
MAIS... ÇA CAILLE!
JE COMMENCE À M'INQUIÉTER. QUAND JE SUIS PARTI DE MONTRÉAL, IL FAISAIT 28°. JE NE SUIS PAS SÛR D'AVOIR ASSEZ DE VÊTEMENTS CHAUDS.
VRRRRRRRRRRAR
WELCOME TO KANGIQSUJUAQ
AIR INUIT
KEEP ON WHALING

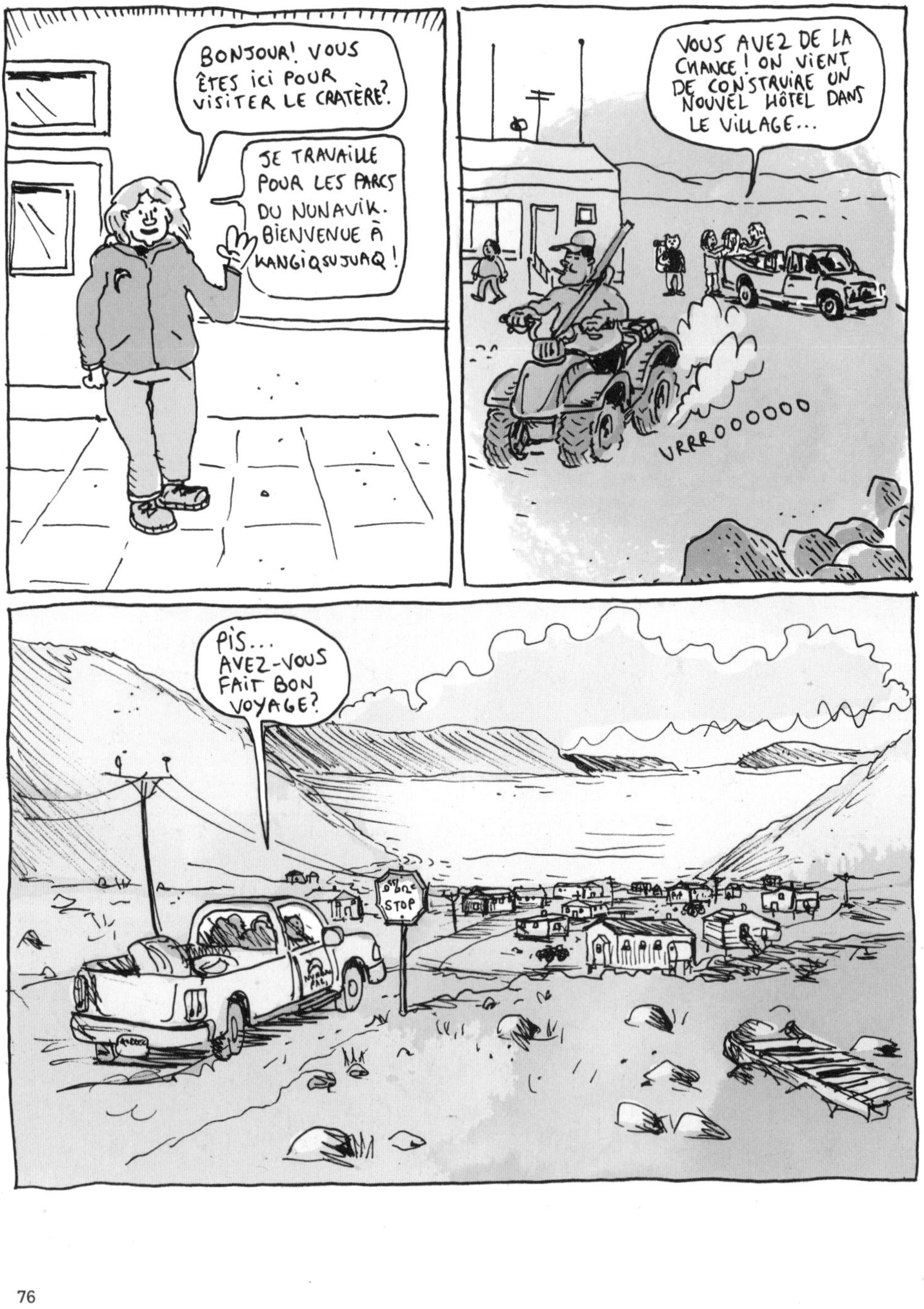
BONJOUR! VOUS ÊTES ICI POUR VISITER LE CRATÈRE?
JE TRAVAILLE POUR LES PARCS DU NUNAVIK. BIENVENUE À KANGIQSUJUAQ!
VOUS AVEZ DE LA CHANCE! ON VIENT DE CONSTRUIRE UN NOUVEL HÔTEL DANS LE VILLAGE...
VRRROOOOOO
PIS... AVEZ-VOUS FAIT BON VOYAGE?
STOP

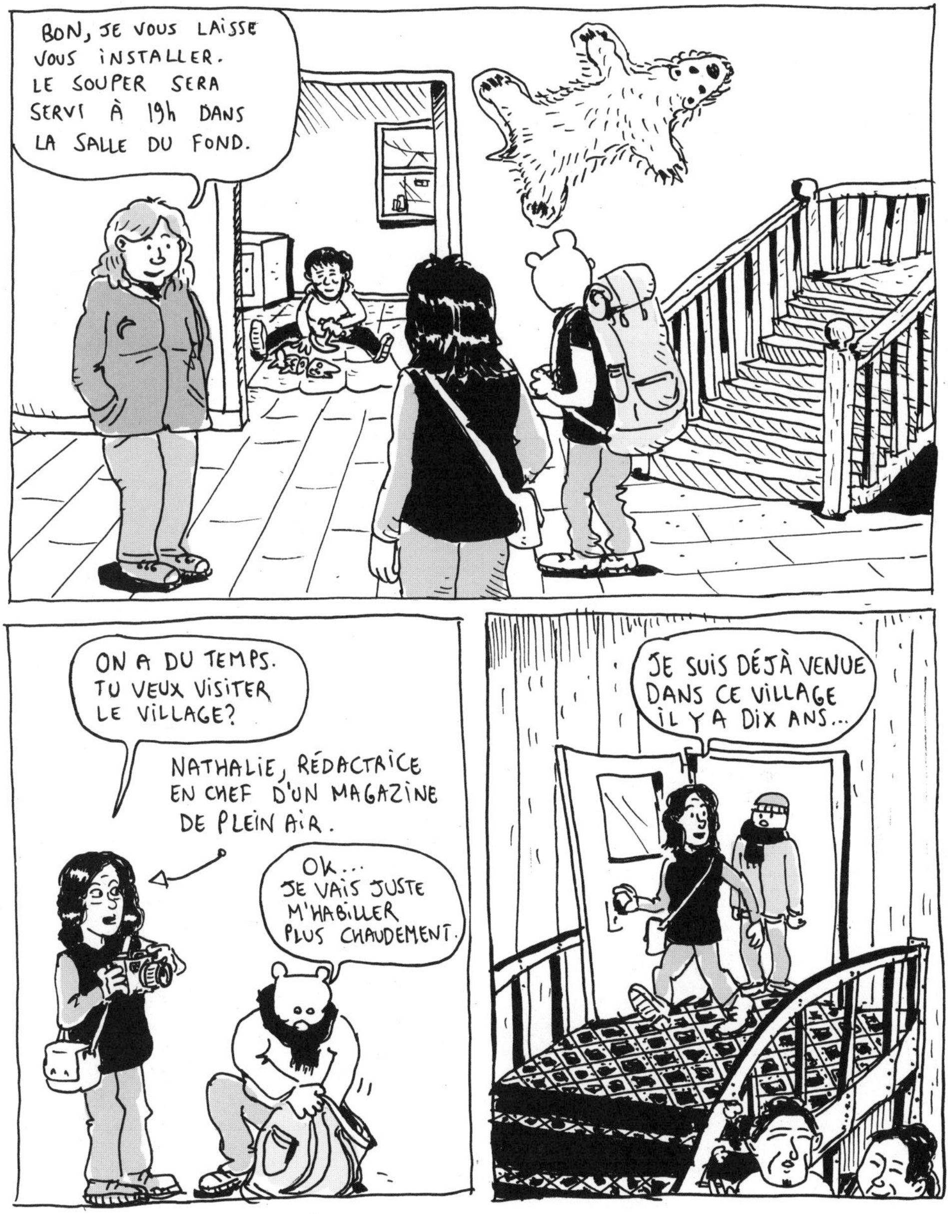
BON, JE VOUS LAISSE VOUS INSTALLER. LE SOUPER SERA SERVI À 19h DANS LA SALLE DU FOND.
ON A DU TEMPS. TU VEUX VISITER LE VILLAGE?
NATHALIE, RÉDACTRICE EN CHEF D'UN MAGAZINE DE PLEIN AIR.
OK... JE VAIS JUSTE M'HABILLER PLUS CHAUDEMENT.
JE SUIS DÉJÀ VENUE DANS CE VILLAGE IL Y A DIX ANS...

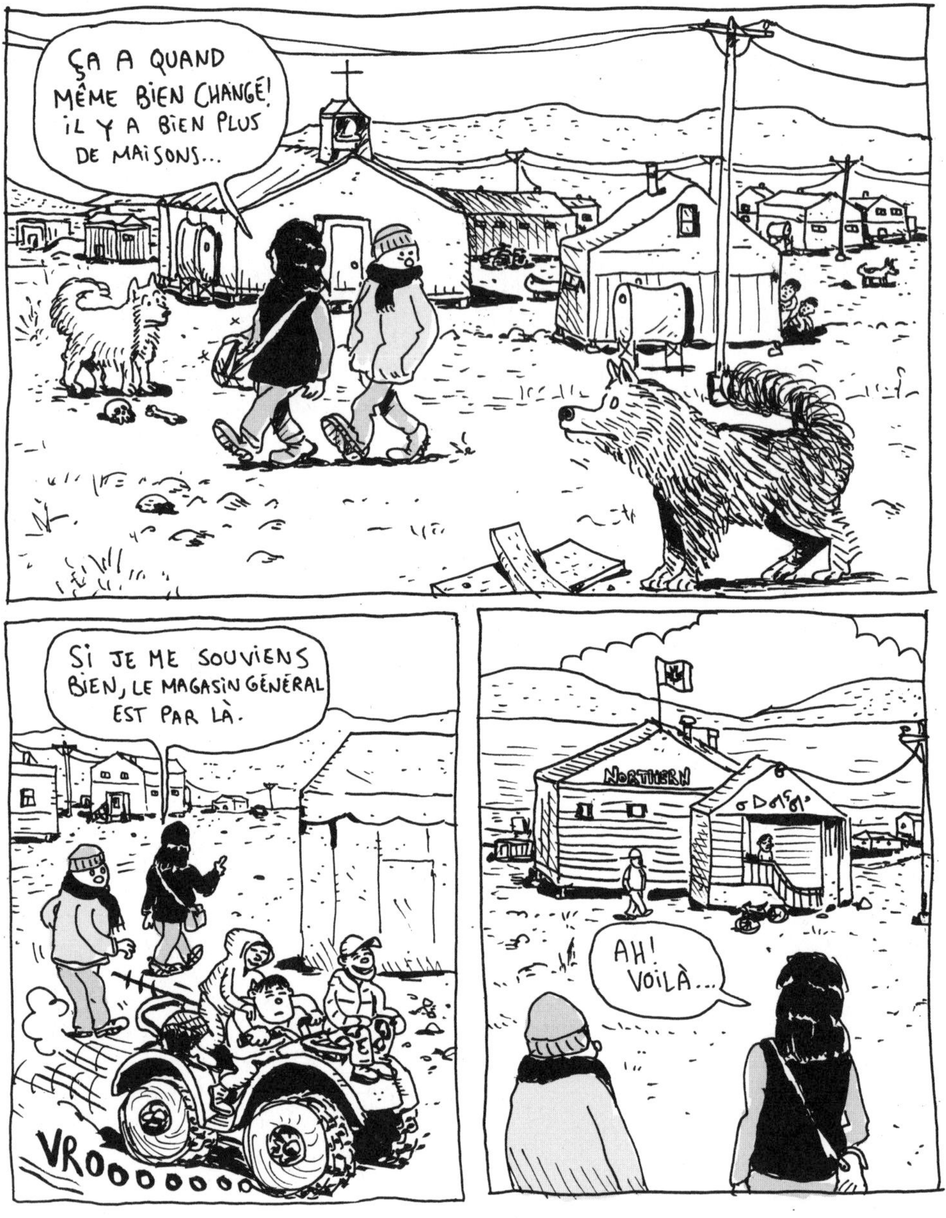
ÇA A QUAND MÊME BIEN CHANGÉ! IL Y A BIEN PLUS DE MAISONS...
SI JE ME SOUVIENS BIEN, LE MAGASIN GÉNÉRAL EST PAR LÀ.
VROOOOOOOO
NORTHERN
AH! VOILÀ...

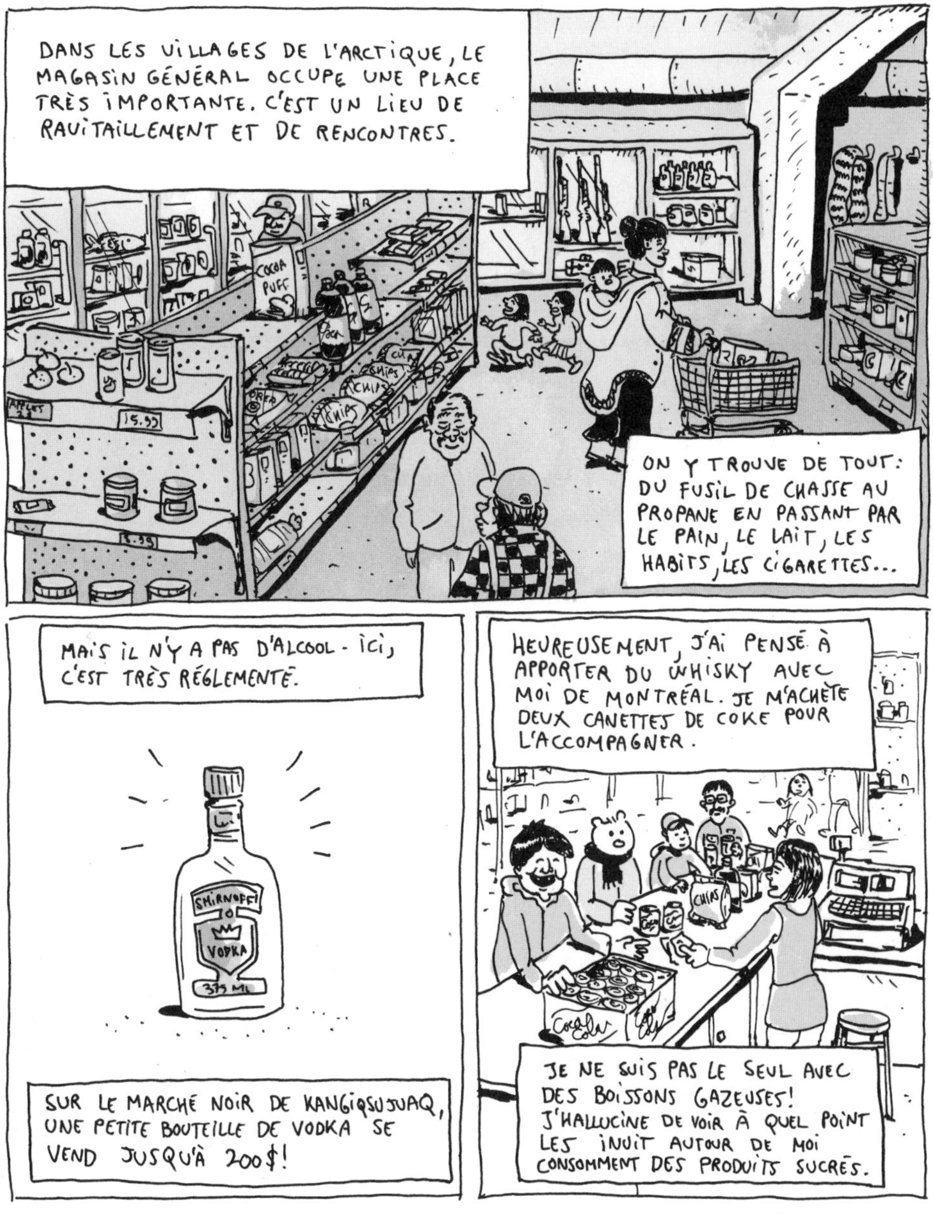
DANS LES VILLAGES DE L'ARCTIQUE, LE MAGASIN GÉNÉRAL OCCUPE UNE PLACE TRÈS IMPORTANTE. C'EST UN LIEU DE RAVITAILLEMENT ET DE RENCONTRES.
ON Y TROUVE DE TOUT: DU FUSIL DE CHASSE AU PROPANE EN PASSANT PAR LE PAIN, LE LAIT, LES HABITS, LES CIGARETTES...
MAIS IL N'Y A PAS D'ALCOOL - ICI, C'EST TRÈS RÉGLEMENTÉ.
SMIRNOFF
VODKA
SUR LE MARCHÉ NOIR DE KANGIQSUJUAQ, UNE PETITE BOUTEILLE DE VODKA SE VEND JUSQU'À 200$!
HEUREUSEMENT, J'AI PENSÉ À APPORTER DU WHISKY AVEC MOI DE MONTRÉAL. JE M'ACHÈTE DEUX CANETTES DE COKE POUR L'ACCOMPAGNER.
JE NE SUIS PAS LE SEUL AVEC DES BOISSONS GAZEUSES! J'HALLUCINE DE VOIR À QUEL POINT LES INUIT AUTOUR DE MOI CONSOMMENT DES PRODUITS SUCRÉS.

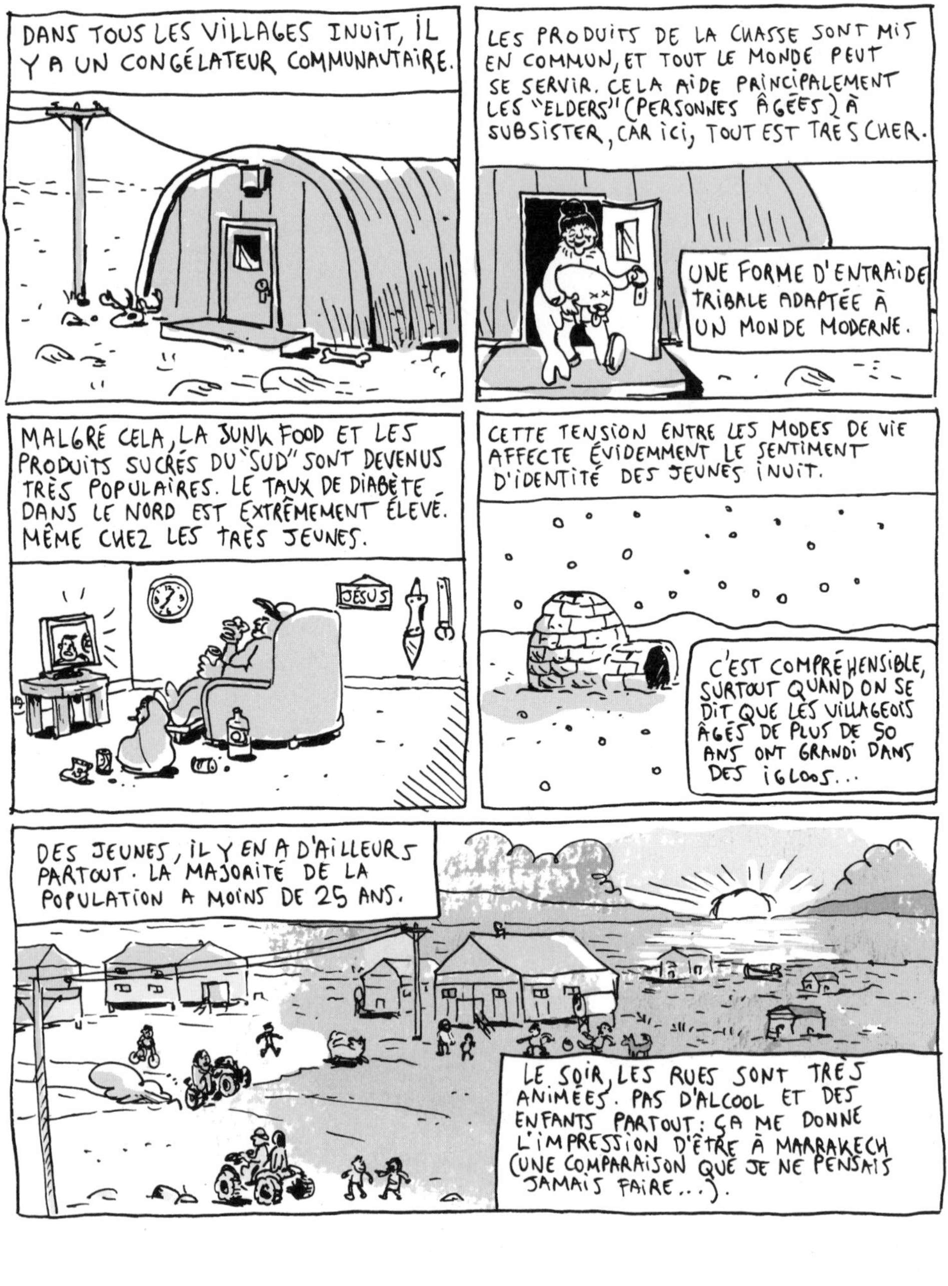
DANS TOUS LES VILLAGES INUIT, IL Y A UN CONGÉLATEUR COMMUNAUTAIRE.
LES PRODUITS DE LA CHASSE SONT MIS EN COMMUN, ET TOUT LE MONDE PEUT SE SERVIR. CELA AIDE PRINCIPALEMENT LES "ELDERS" (PERSONNES ÂGÉES) À SUBSISTER, CAR ICI, TOUT EST TRÈS CHER.
UNE FORME D'ENTRAIDE TRIBALE ADAPTÉE À UN MONDE MODERNE.
MALGRÉ CELA, LA JUNK FOOD ET LES PRODUITS SUCRÉS DU "SUD" SONT DEVENUS TRÈS POPULAIRES. LE TAUX DE DIABÈTE DANS LE NORD EST EXTRÊMEMENT ÉLEVÉ. MÊME CHEZ LES TRÈS JEUNES.
JÉSUS
CETTE TENSION ENTRE LES MODES DE VIE AFFECTE ÉVIDEMMENT LE SENTIMENT D'IDENTITÉ DES JEUNES INUIT.
C'EST COMPRÉHENSIBLE, SURTOUT QUAND ON SE DIT QUE LES VILLAGEOIS ÂGÉS DE PLUS DE 50 ANS ONT GRANDI DANS DES IGLOOS...
DES JEUNES, IL Y EN A D'AILLEURS PARTOUT. LA MAJORITÉ DE LA POPULATION A MOINS DE 25 ANS.
LE SOIR, LES RUES SONT TRÈS ANIMÉES. PAS D'ALCOOL ET DES ENFANTS PARTOUT: ÇA ME DONNE L'IMPRESSION D'ÊTRE À MARRAKECH (UNE COMPARAISON QUE JE NE PENSAIS JAMAIS FAIRE...).

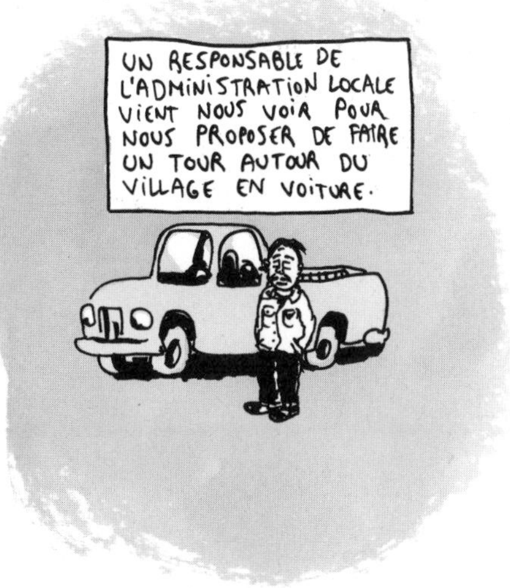
UN RESPONSABLE DE L'ADMINISTRATION LOCALE VIENT NOUS VOIR POUR NOUS PROPOSER DE FAIRE UN TOUR AUTOUR DU VILLAGE EN VOITURE.

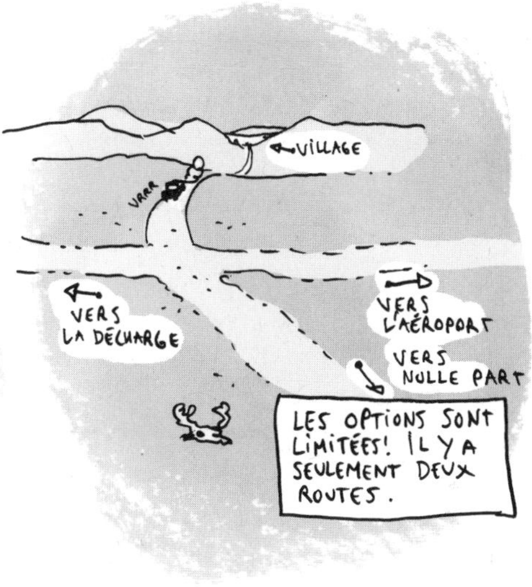
VILLAGE
VRRR
VERS LA DÉCHARGE
VERS L'AÉROPORT
VERS NULLE PART
LES OPTIONS SONT LIMITÉES! IL Y A SEULEMENT DEUX ROUTES.

MAIS JE TROUVE ÇA FASCINANT...

C'EST LA PREMIÈRE FOIS QUE JE VOIS LA TOUNDRA. C'EST UN PAYSAGE BOULEVERSANT. INDESCRIPTIBLE. UN MÉLANGE ENTRE LES ALPES, LES HIGHLANDS ET LA LUNE.

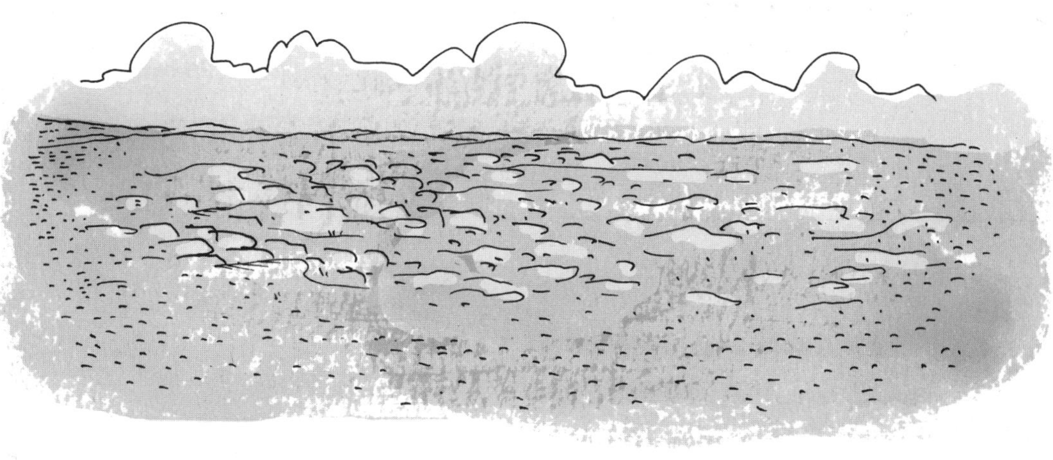

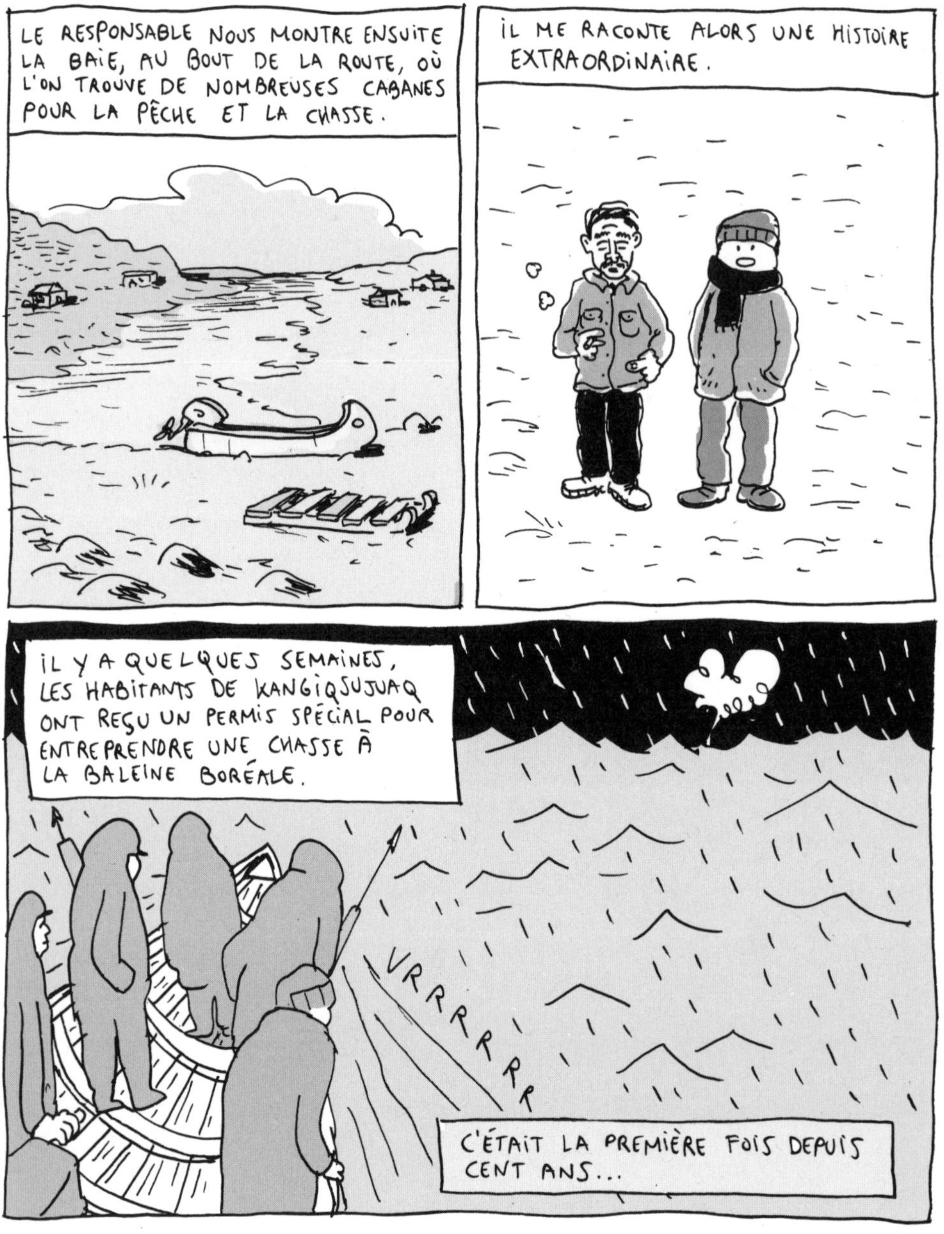

LE RESPONSABLE NOUS MONTRE ENSUITE LA BAIE, AU BOUT DE LA ROUTE, OÙ L'ON TROUVE DE NOMBREUSES CABANES POUR LA PÊCHE ET LA CHASSE.
IL ME RACONTE ALORS UNE HISTOIRE EXTRAORDINAIRE.
IL Y A QUELQUES SEMAINES, LES HABITANTS DE KANGIQSUJUAQ ONT REÇU UN PERMIS SPÉCIAL POUR ENTREPRENDRE UNE CHASSE À LA BALEINE BORÉALE.
VRRRRRRR
C'ÉTAIT LA PREMIÈRE FOIS DEPUIS CENT ANS...

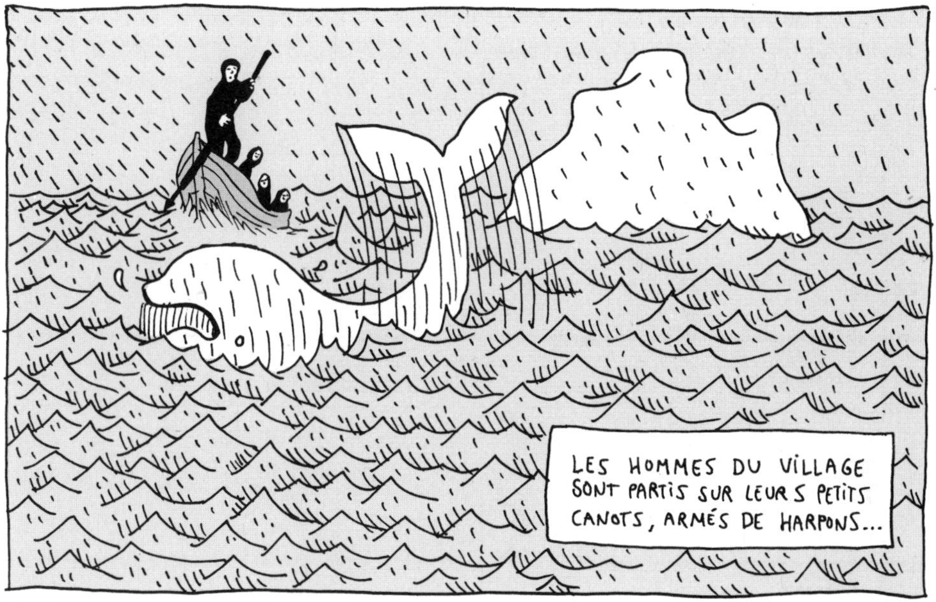
LES HOMMES DU VILLAGE SONT PARTIS SUR LEURS PETITS CANOTS, ARMÉS DE HARPONS...

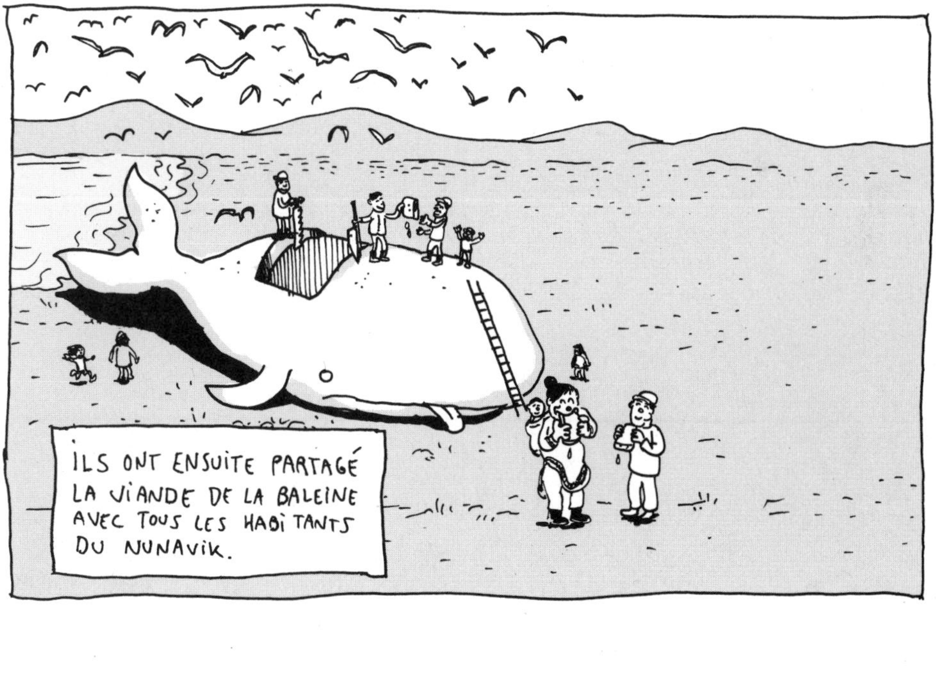
ILS ONT ENSUITE PARTAGÉ LA VIANDE DE LA BALEINE AVEC TOUS LES HABITANTS DU NUNAVIK.

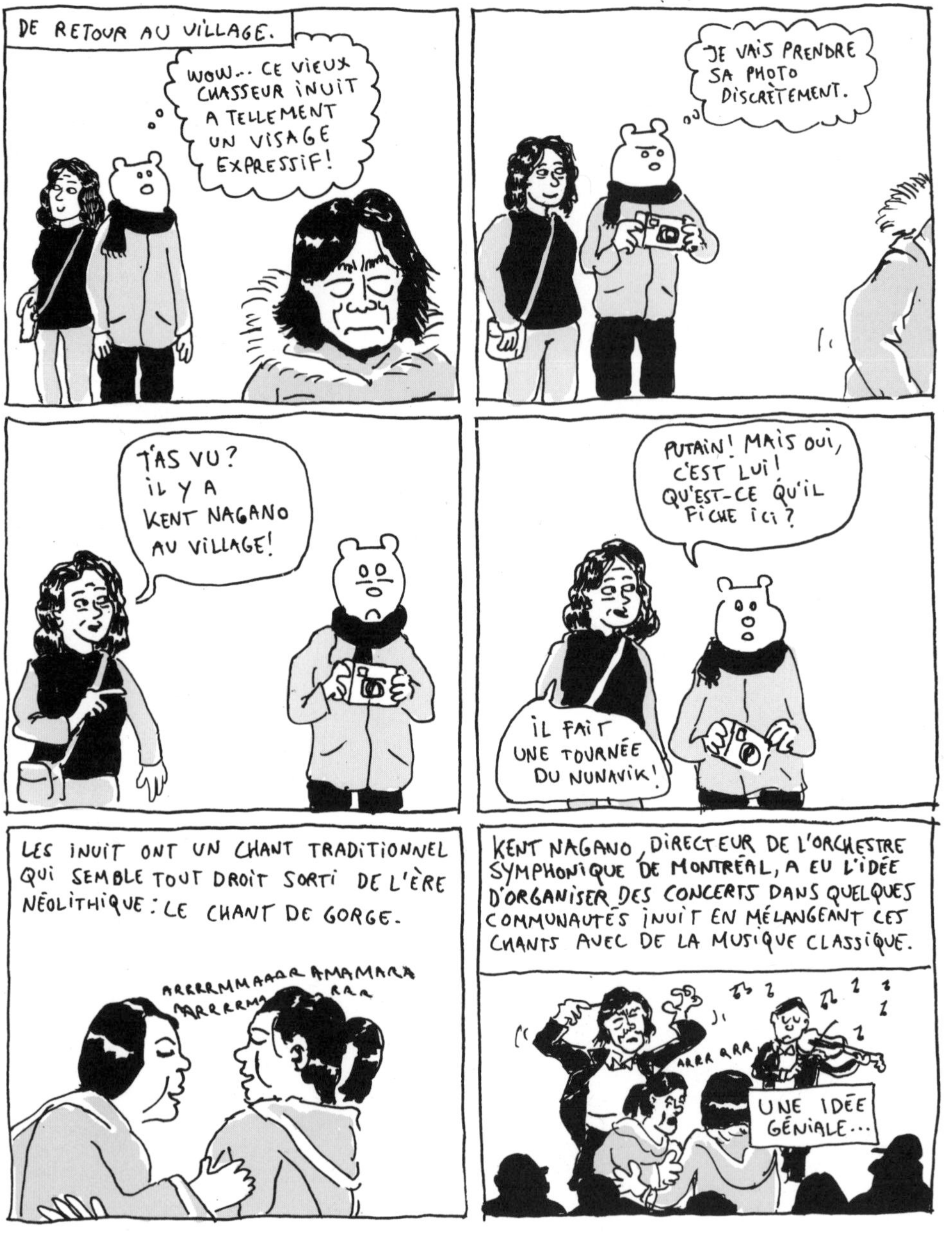
DE RETOUR AU VILLAGE.
WOW... CE VIEUX CHASSEUR INUIT A TELLEMENT UN VISAGE EXPRESSIF!
JE VAIS PRENDRE SA PHOTO DISCRÈTEMENT.
T'AS VU? IL Y A KENT NAGANO AU VILLAGE!
PUTAIN! MAIS OUI, C'EST LUI! QU'EST-CE QU'IL FICHE ICI?
IL FAIT UNE TOURNÉE DU NUNAVIK!
LES INUIT ONT UN CHANT TRADITIONNEL QUI SEMBLE TOUT DROIT SORTI DE L'ÈRE NÉOLITHIQUE: LE CHANT DE GORGE.
ARRRRMMAAAR AMAMARA
KENT NAGANO, DIRECTEUR DE L'ORCHESTRE SYMPHONIQUE DE MONTRÉAL, A EU L'IDÉE D'ORGANISER DES CONCERTS DANS QUELQUES COMMUNAUTÉS INUIT EN MÉLANGEANT CES CHANTS AVEC DE LA MUSIQUE CLASSIQUE.
ARRR RRR
UNE IDÉE GÉNIALE...

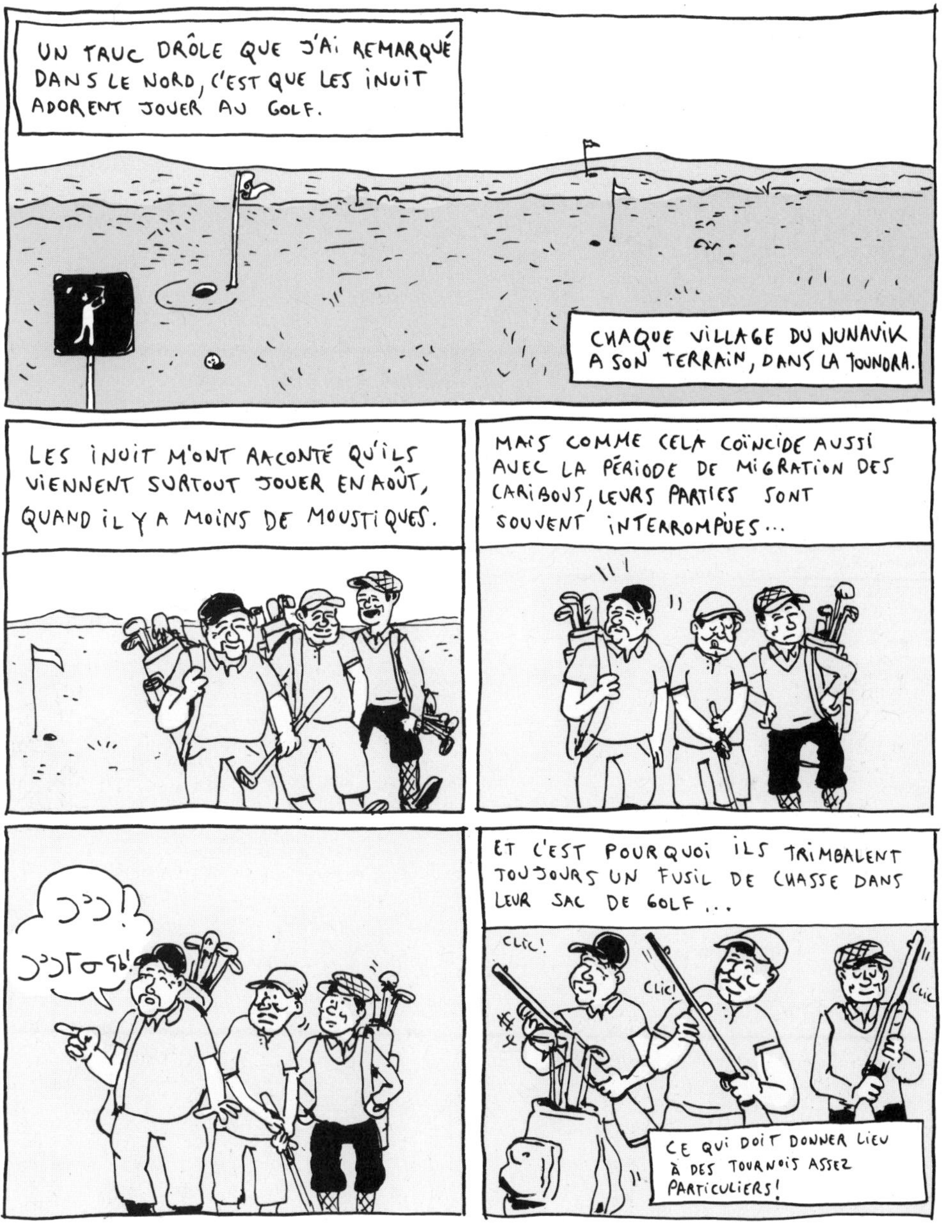
UN TRUC DRÔLE QUE J'AI REMARQUÉ DANS LE NORD, C'EST QUE LES INUIT ADORENT JOUER AU GOLF.
CHAQUE VILLAGE DU NUNAVIK A SON TERRAIN, DANS LA TOUNDRA.
LES INUIT M'ONT RACONTÉ QU'ILS VIENNENT SURTOUT JOUER EN AOÛT, QUAND IL Y A MOINS DE MOUSTIQUES.
MAIS COMME CELA COÏNCIDE AUSSI AVEC LA PÉRIODE DE MIGRATION DES CARIBOUS, LEURS PARTIES SONT SOUVENT INTERROMPUES...
ᑐᒃᑐ!
ᑐᒃᑐᒥᓂᒃ!
ET C'EST POURQUOI ILS TRIMBALENT TOUJOURS UN FUSIL DE CHASSE DANS LEUR SAC DE GOLF...
CLIC!
CLIC!
CLIC
CE QUI DOIT DONNER LIEU À DES TOURNOIS ASSEZ PARTICULIERS!

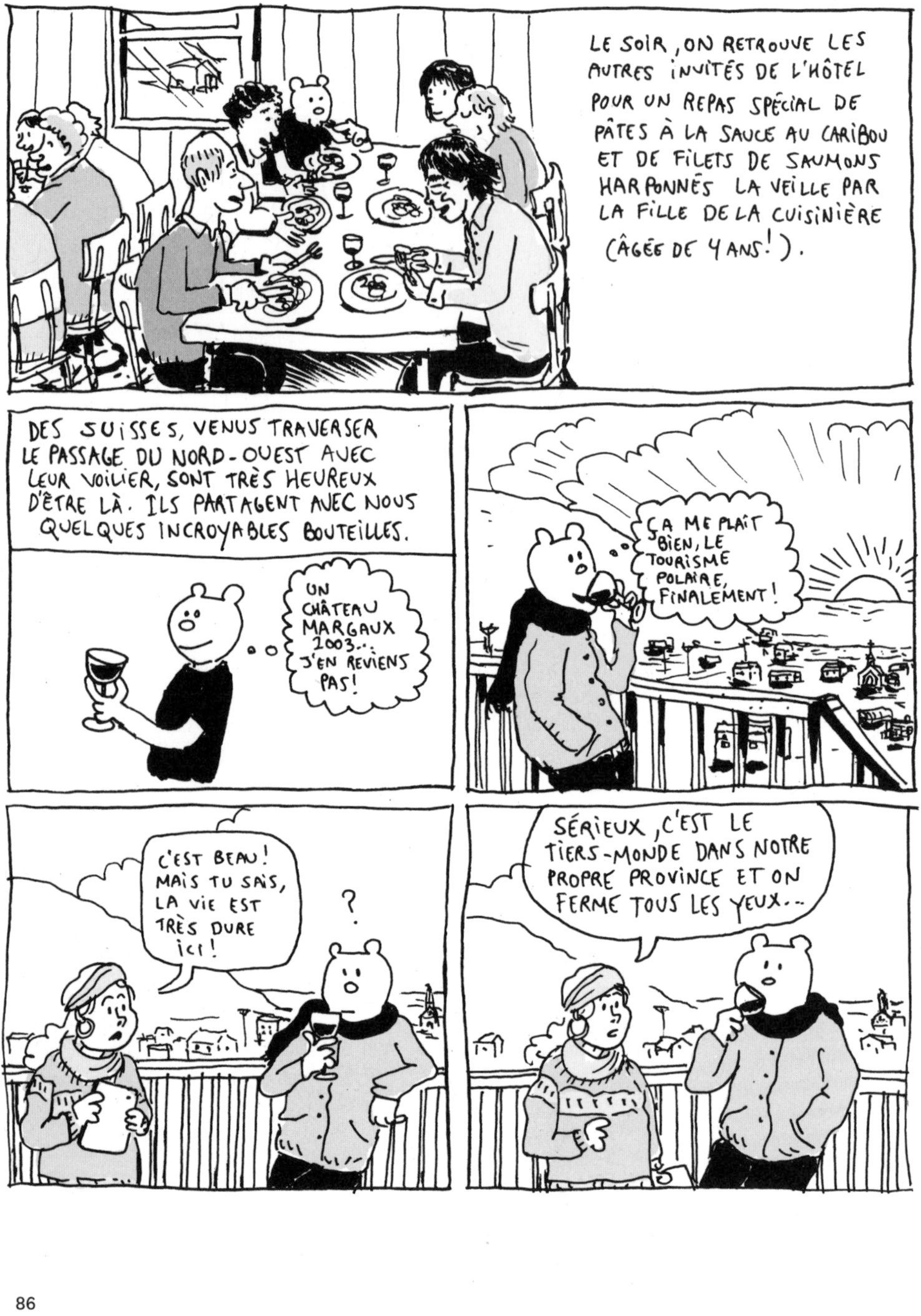
LE SOIR, ON RETROUVE LES AUTRES INVITÉS DE L'HÔTEL POUR UN REPAS SPÉCIAL DE PÂTES À LA SAUCE AU CARIBOU ET DE FILETS DE SAUMONS HARPONNÉS LA VEILLE PAR LA FILLE DE LA CUISINIÈRE (ÂGÉE DE 4 ANS!).
DES SUISSES, VENUS TRAVERSER LE PASSAGE DU NORD-OUEST AVEC LEUR VOILIER, SONT TRÈS HEUREUX D'ÊTRE LÀ. ILS PARTAGENT AVEC NOUS QUELQUES INCROYABLES BOUTEILLES.
UN CHÂTEAU MARGAUX 2003... J'EN REVIENS PAS!
ÇA ME PLAÎT BIEN, LE TOURISME POLAIRE, FINALEMENT!
C'EST BEAU! MAIS TU SAIS, LA VIE EST TRÈS DURE ICI!
?
SÉRIEUX, C'EST LE TIERS-MONDE DANS NOTRE PROPRE PROVINCE ET ON FERME TOUS LES YEUX...

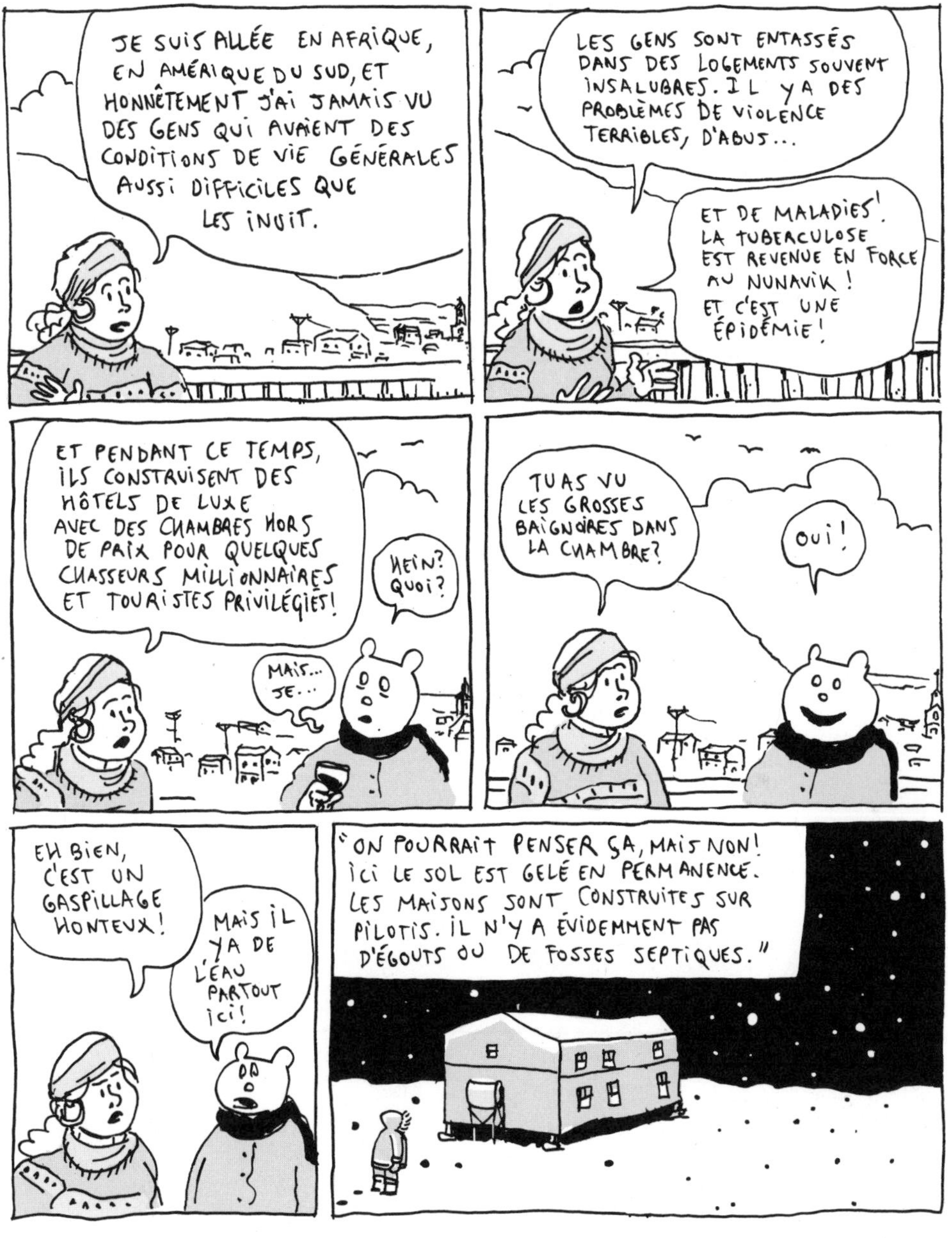
JE SUIS ALLÉE EN AFRIQUE, EN AMÉRIQUE DU SUD, ET HONNÊTEMENT J'AI JAMAIS VU DES GENS QUI AVAIENT DES CONDITIONS DE VIE GÉNÉRALES AUSSI DIFFICILES QUE LES INUIT.
LES GENS SONT ENTASSÉS DANS DES LOGEMENTS SOUVENT INSALUBRES. IL Y A DES PROBLÈMES DE VIOLENCE TERRIBLES, D'ABUS...
ET DE MALADIES! LA TUBERCULOSE EST REVENUE EN FORCE AU NUNAVIK! ET C'EST UNE ÉPIDÉMIE!
ET PENDANT CE TEMPS, ILS CONSTRUISENT DES HÔTELS DE LUXE AVEC DES CHAMBRES HORS DE PRIX POUR QUELQUES CHASSEURS MILLIONNAIRES ET TOURISTES PRIVILÉGIÉS!
HEIN? QUOI?
MAIS... JE...
TU AS VU LES GROSSES BAIGNOIRES DANS LA CHAMBRE?
OUI!
EH BIEN, C'EST UN GASPILLAGE HONTEUX!
MAIS IL Y A DE L'EAU PARTOUT ICI!
"ON POURRAIT PENSER ÇA, MAIS NON! ICI LE SOL EST GELÉ EN PERMANENCE. LES MAISONS SONT CONSTRUITES SUR PILOTIS. IL N'Y A ÉVIDEMMENT PAS D'ÉGOUTS OU DE FOSSES SEPTIQUES."

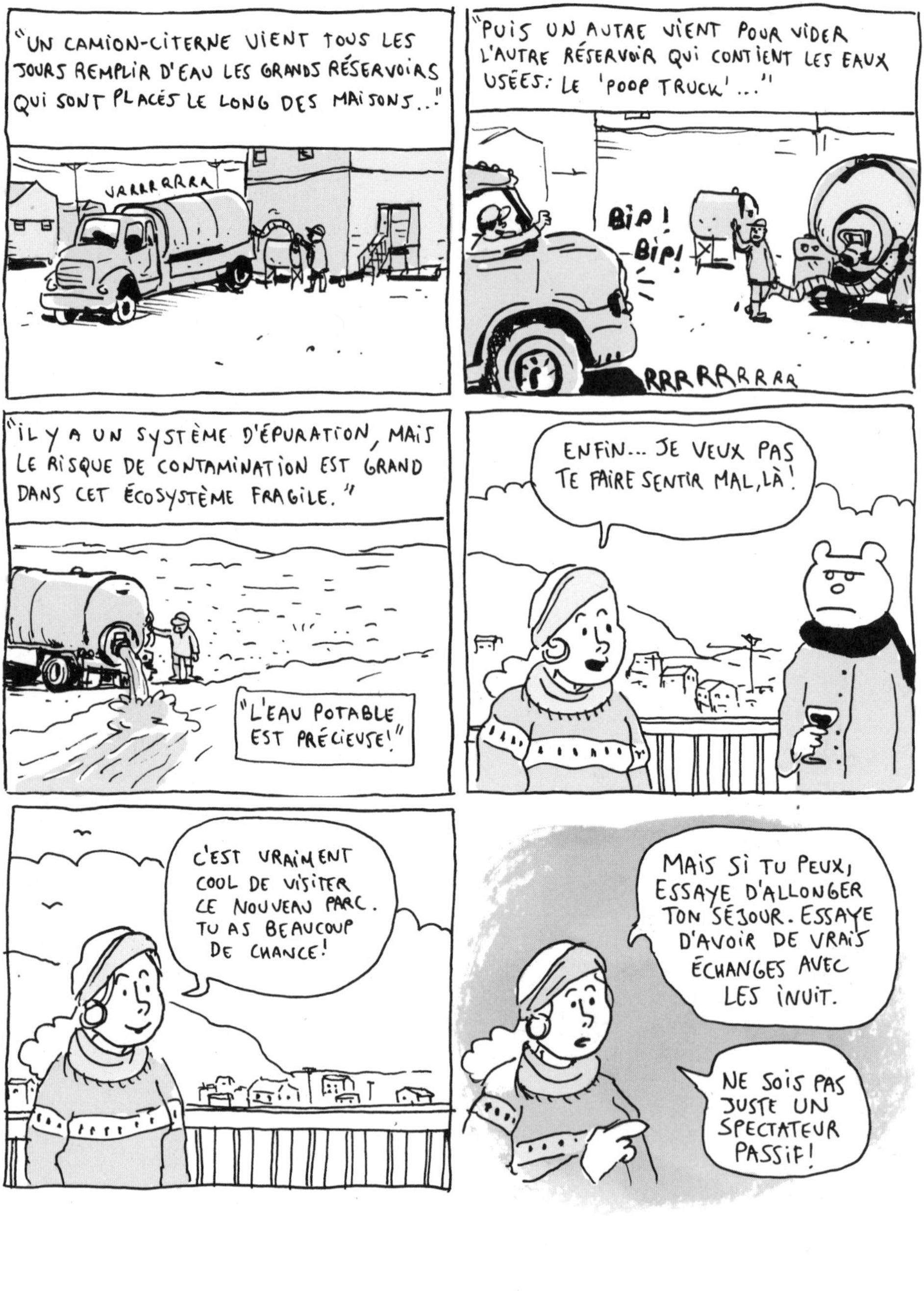
"UN CAMION-CITERNE VIENT TOUS LES JOURS REMPLIR D'EAU LES GRANDS RÉSERVOIRS QUI SONT PLACÉS LE LONG DES MAISONS..."
VRRRRRRRA
"PUIS UN AUTRE VIENT POUR VIDER L'AUTRE RÉSERVOIR QUI CONTIENT LES EAUX USÉES: LE 'POOP TRUCK'..."
BIP!
BIP!
RRRRRRRRR
"IL Y A UN SYSTÈME D'ÉPURATION, MAIS LE RISQUE DE CONTAMINATION EST GRAND DANS CET ÉCOSYSTÈME FRAGILE."
"L'EAU POTABLE EST PRÉCIEUSE!"
ENFIN... JE VEUX PAS TE FAIRE SENTIR MAL, LÀ!
C'EST VRAIMENT COOL DE VISITER CE NOUVEAU PARC. TU AS BEAUCOUP DE CHANCE!
MAIS SI TU PEUX, ESSAYE D'ALLONGER TON SÉJOUR. ESSAYE D'AVOIR DE VRAIS ÉCHANGES AVEC LES INUIT.
NE SOIS PAS JUSTE UN SPECTATEUR PASSIF!

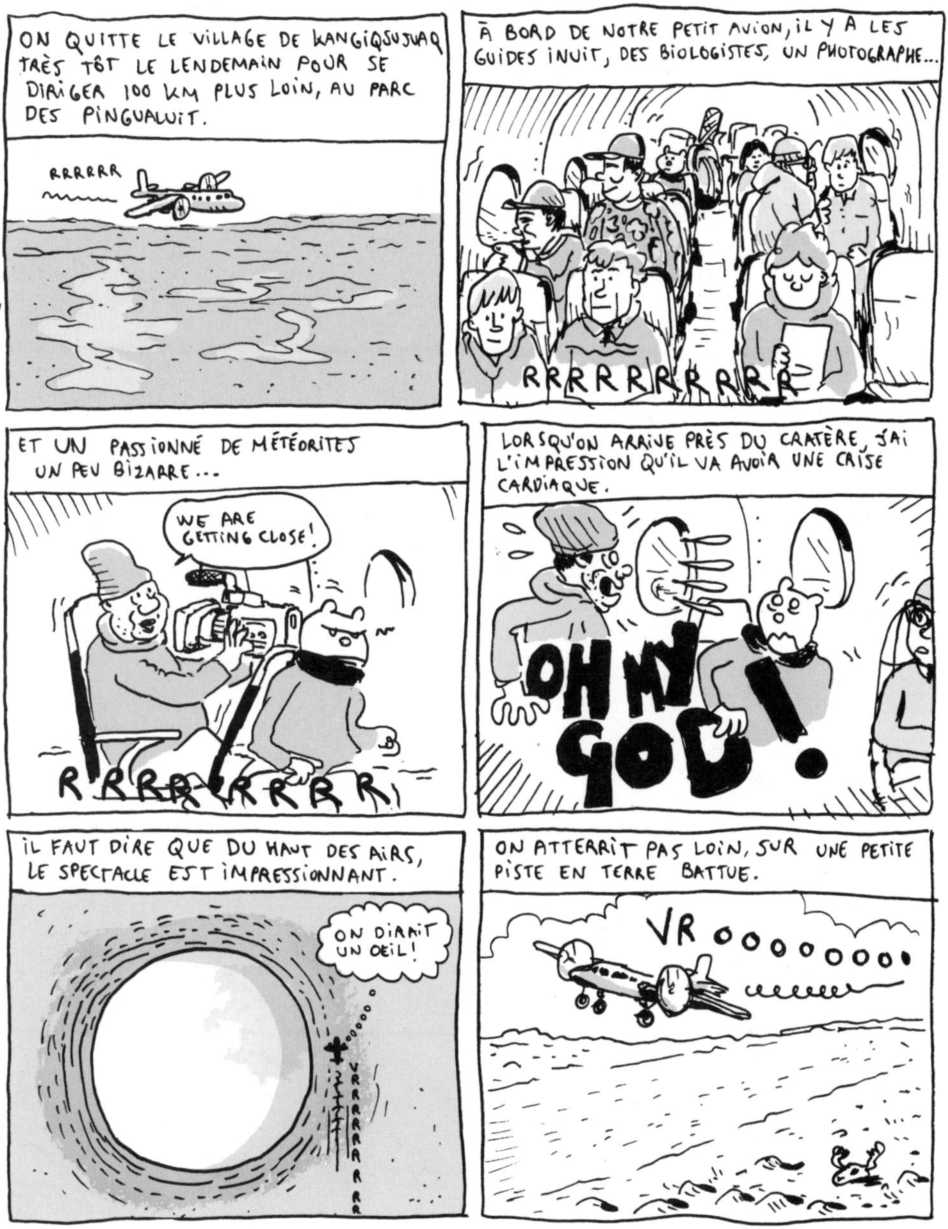
ON QUITTE LE VILLAGE DE KANGIQSUJUAQ TRÈS TÔT LE LENDEMAIN POUR SE DIRIGER 100 KM PLUS LOIN, AU PARC DES PINGUALUIT.
RRRRRR
À BORD DE NOTRE PETIT AVION, IL Y A LES GUIDES INUIT, DES BIOLOGISTES, UN PHOTOGRAPHE...
RRRRRRRRRRR
ET UN PASSIONNÉ DE MÉTÉORITES UN PEU BIZARRE...
WE ARE GETTING CLOSE!
RRRRRRRRR
LORSQU'ON ARRIVE PRÈS DU CRATÈRE, J'AI L'IMPRESSION QU'IL VA AVOIR UNE CRISE CARDIAQUE.
OH MY GOD!
IL FAUT DIRE QUE DU HAUT DES AIRS, LE SPECTACLE EST IMPRESSIONNANT.
ON DIRAIT UN OEIL!
ON ATTERRIT PAS LOIN, SUR UNE PETITE PISTE EN TERRE BATTUE.
VROOOOOOOO

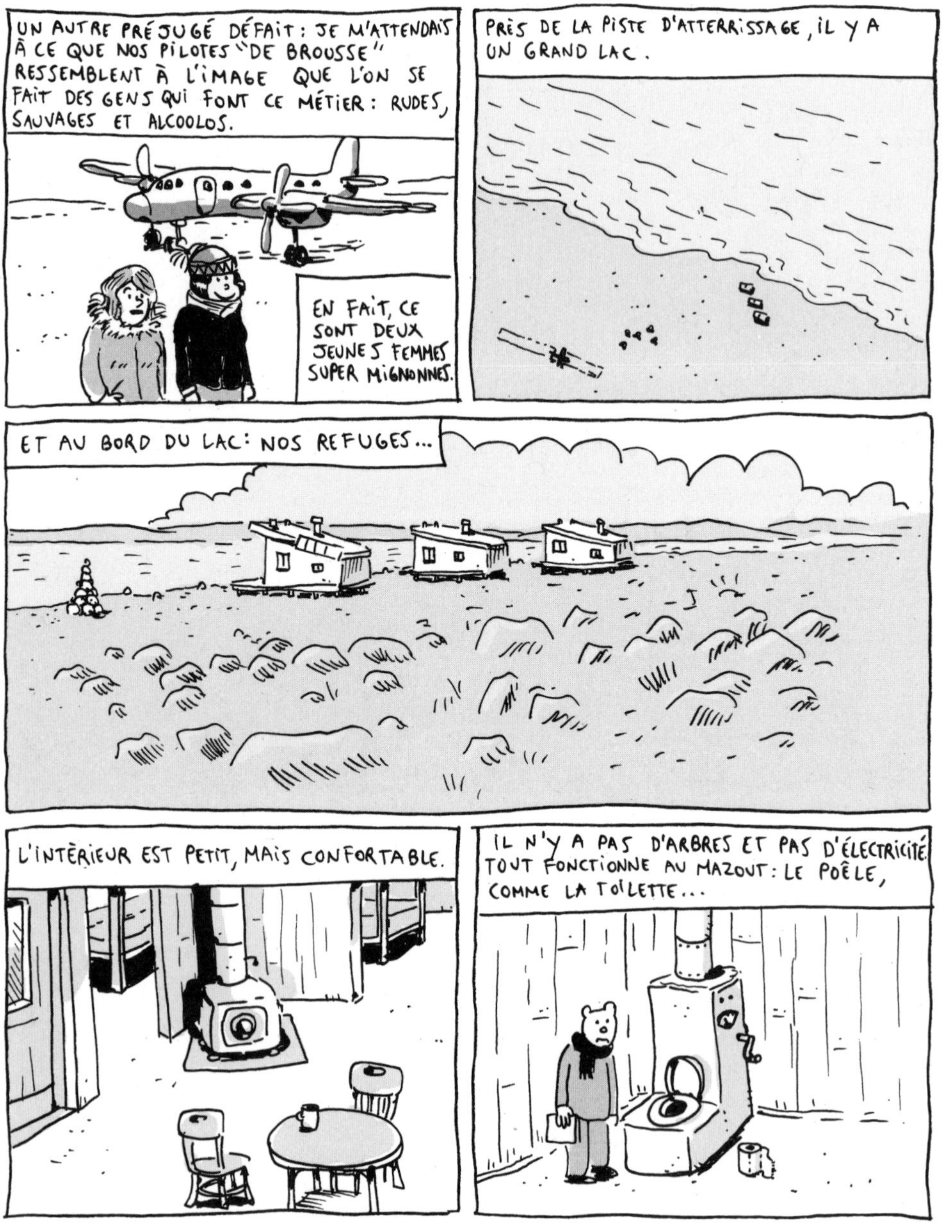
UN AUTRE PRÉJUGÉ DÉFAIT : JE M'ATTENDAIS À CE QUE NOS PILOTES "DE BROUSSE" RESSEMBLENT À L'IMAGE QUE L'ON SE FAIT DES GENS QUI FONT CE MÉTIER : RUDES, SAUVAGES ET ALCOOLOS.
EN FAIT, CE SONT DEUX JEUNES FEMMES SUPER MIGNONNES.
PRÈS DE LA PISTE D'ATTERRISSAGE, IL Y A UN GRAND LAC.
ET AU BORD DU LAC : NOS REFUGES...
L'INTÉRIEUR EST PETIT, MAIS CONFORTABLE.
IL N'Y A PAS D'ARBRES ET PAS D'ÉLECTRICITÉ. TOUT FONCTIONNE AU MAZOUT : LE POÊLE, COMME LA TOILETTE...

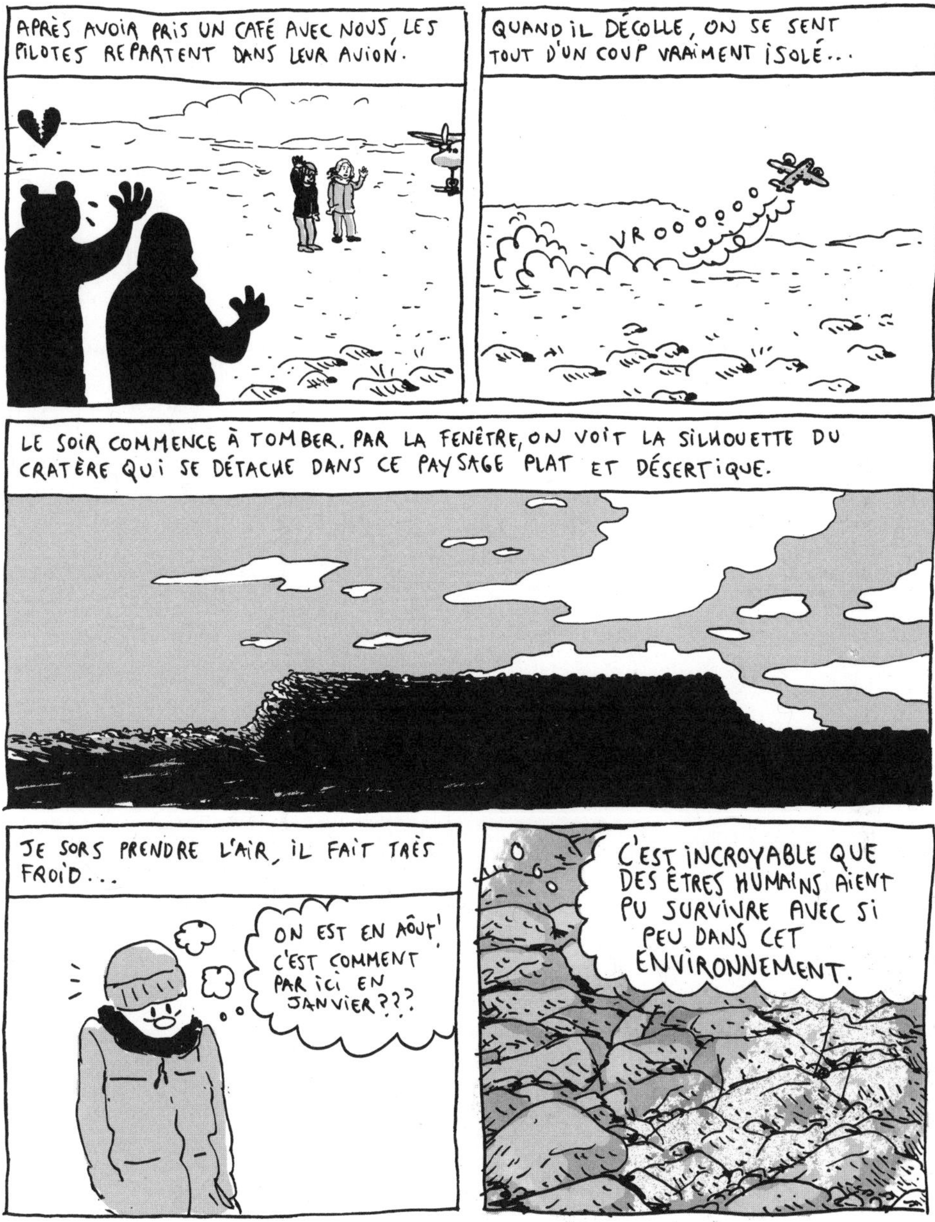
APRÈS AVOIR PRIS UN CAFÉ AVEC NOUS, LES PILOTES REPARTENT DANS LEUR AVION.
QUAND IL DÉCOLLE, ON SE SENT TOUT D'UN COUP VRAIMENT ISOLÉ...
VROOOOOOO
LE SOIR COMMENCE À TOMBER. PAR LA FENÊTRE, ON VOIT LA SILHOUETTE DU CRATÈRE QUI SE DÉTACHE DANS CE PAYSAGE PLAT ET DÉSERTIQUE.
JE SORS PRENDRE L'AIR, IL FAIT TRÈS FROID...
ON EST EN AOÛT! C'EST COMMENT PAR ICI EN JANVIER???
C'EST INCROYABLE QUE DES ÊTRES HUMAINS AIENT PU SURVIVRE AVEC SI PEU DANS CET ENVIRONNEMENT.

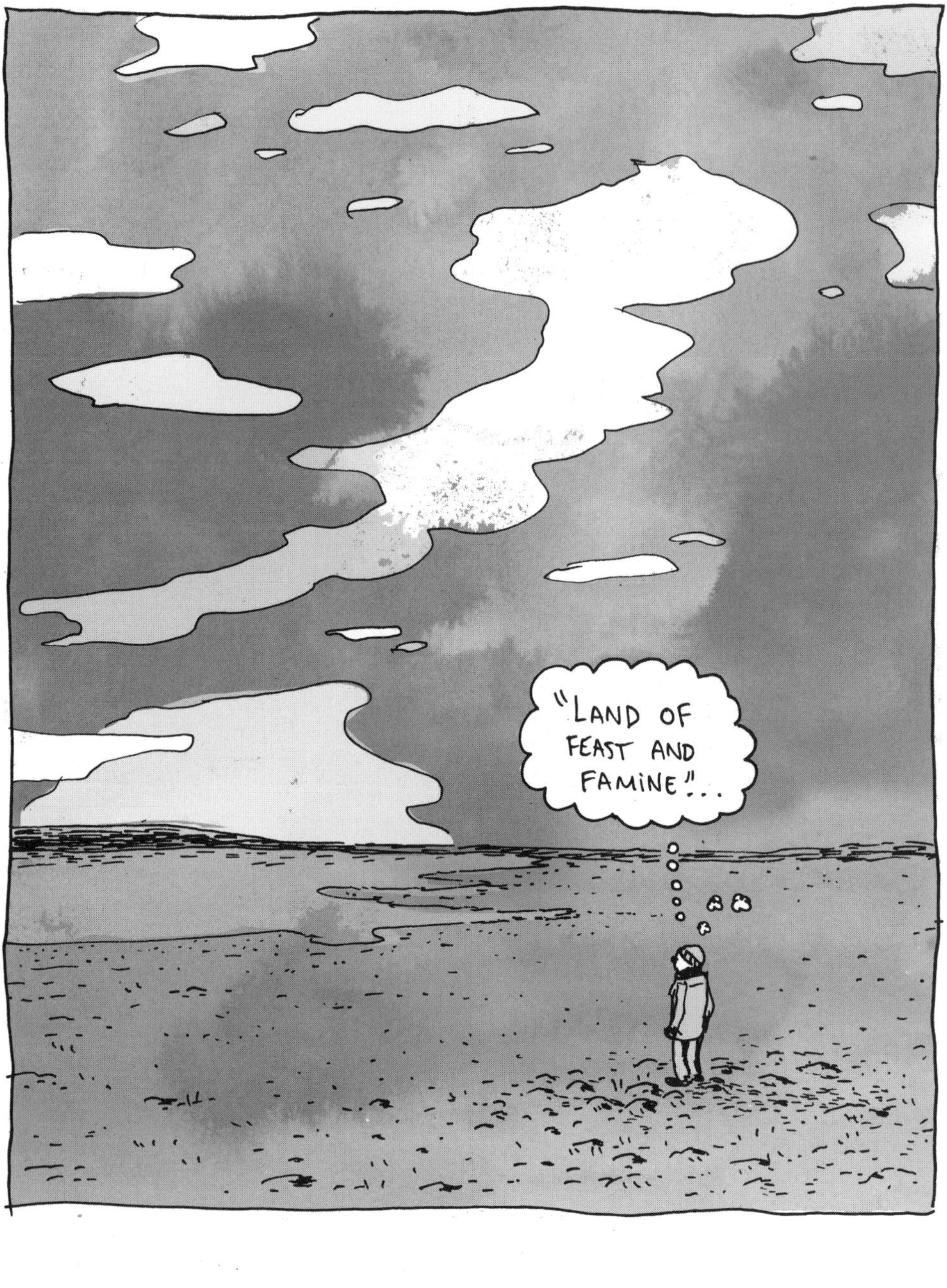
"LAND OF FEAST AND FAMINE"...

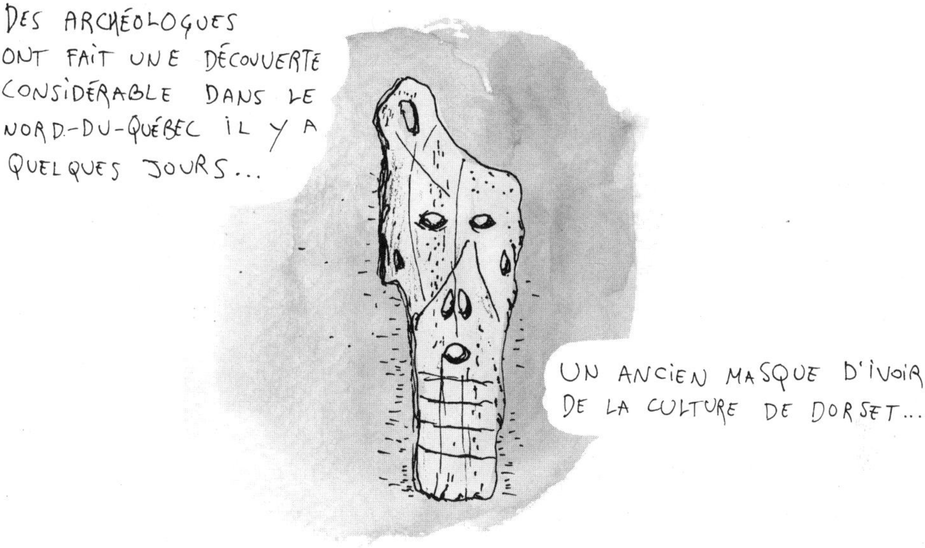
DES ARCHÉOLOGUES ONT FAIT UNE DÉCOUVERTE CONSIDÉRABLE DANS LE NORD-DU-QUÉBEC IL Y A QUELQUES JOURS...
UN ANCIEN MASQUE D'IVOIRE DE LA CULTURE DE DORSET...

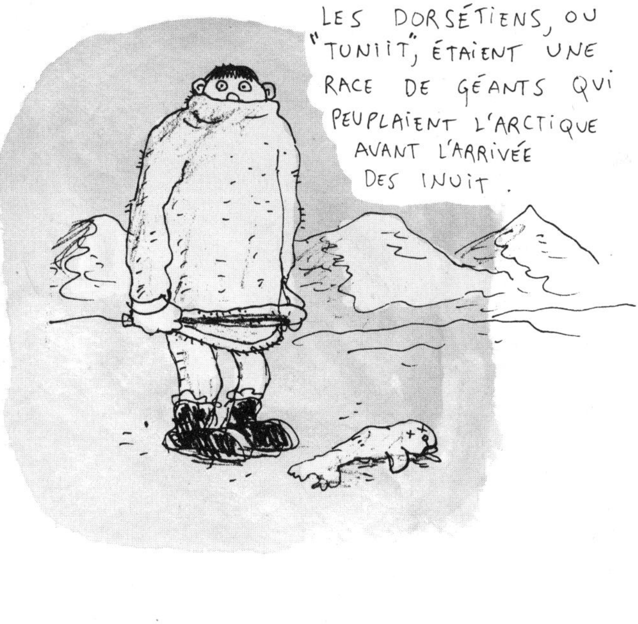
LES DORSÉTIENS, OU "TUNIIT", ÉTAIENT UNE RACE DE GÉANTS QUI PEUPLAIENT L'ARCTIQUE AVANT L'ARRIVÉE DES INUIT.

ON SAIT TRÈS PEU DE CHOSES
SUR EUX, MIS À PART QU'ILS
SCULPTAIENT LEURS OUTILS À
PARTIR DE FRAGMENTS DE
MÉTÉORITES, QUE LEURS
FEMMES AVAIENT DES
COIFFURES ÉLABORÉES, ET
QU'ILS PORTAIENT DE GROS
PARKAS SANS CAPUCHE.

DES ARCHÉOLOGUES ONT
TROUVÉ DES INDICES
QUI PORTENT À CROIRE
QUE LES DORSÉTIENS
ONT EU DES CONTACTS,
ET SE SONT MÊME MÉTISSÉS,
AVEC LES VIKINGS.

MALGRÉ LEUR GRANDE TAILLE ET
LEUR FORCE PHYSIQUE HORS
DU COMMUN, ILS FURENT
ANÉANTIS PAR LES ANCÊTRES
DES INUIT MODERNES, VENUS
D'ALASKA AVEC UNE ARME DE
DESTRUCTION MASSIVE : LE TRAÎNEAU
À CHIENS.

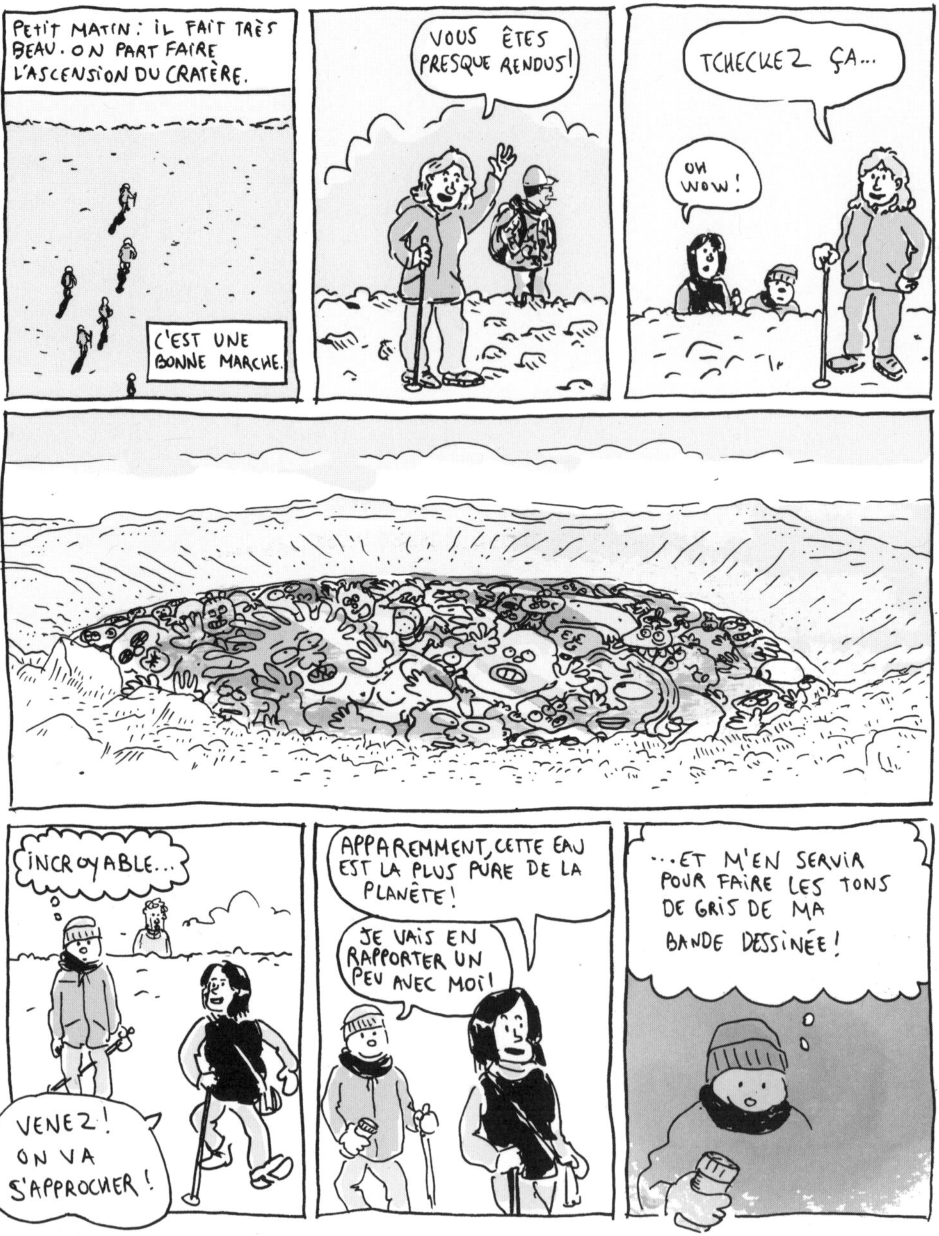
PETIT MATIN : IL FAIT TRÈS BEAU. ON PART FAIRE L'ASCENSION DU CRATÈRE.
C'EST UNE BONNE MARCHE.
VOUS ÊTES PRESQUE RENDUS!
TCHECKEZ ÇA...
OH WOW!
INCROYABLE...
VENEZ! ON VA S'APPROCHER!
APPAREMMENT, CETTE EAU EST LA PLUS PURE DE LA PLANÈTE!
JE VAIS EN RAPPORTER UN PEU AVEC MOI!
...ET M'EN SERVIR POUR FAIRE LES TONS DE GRIS DE MA BANDE DESSINÉE!

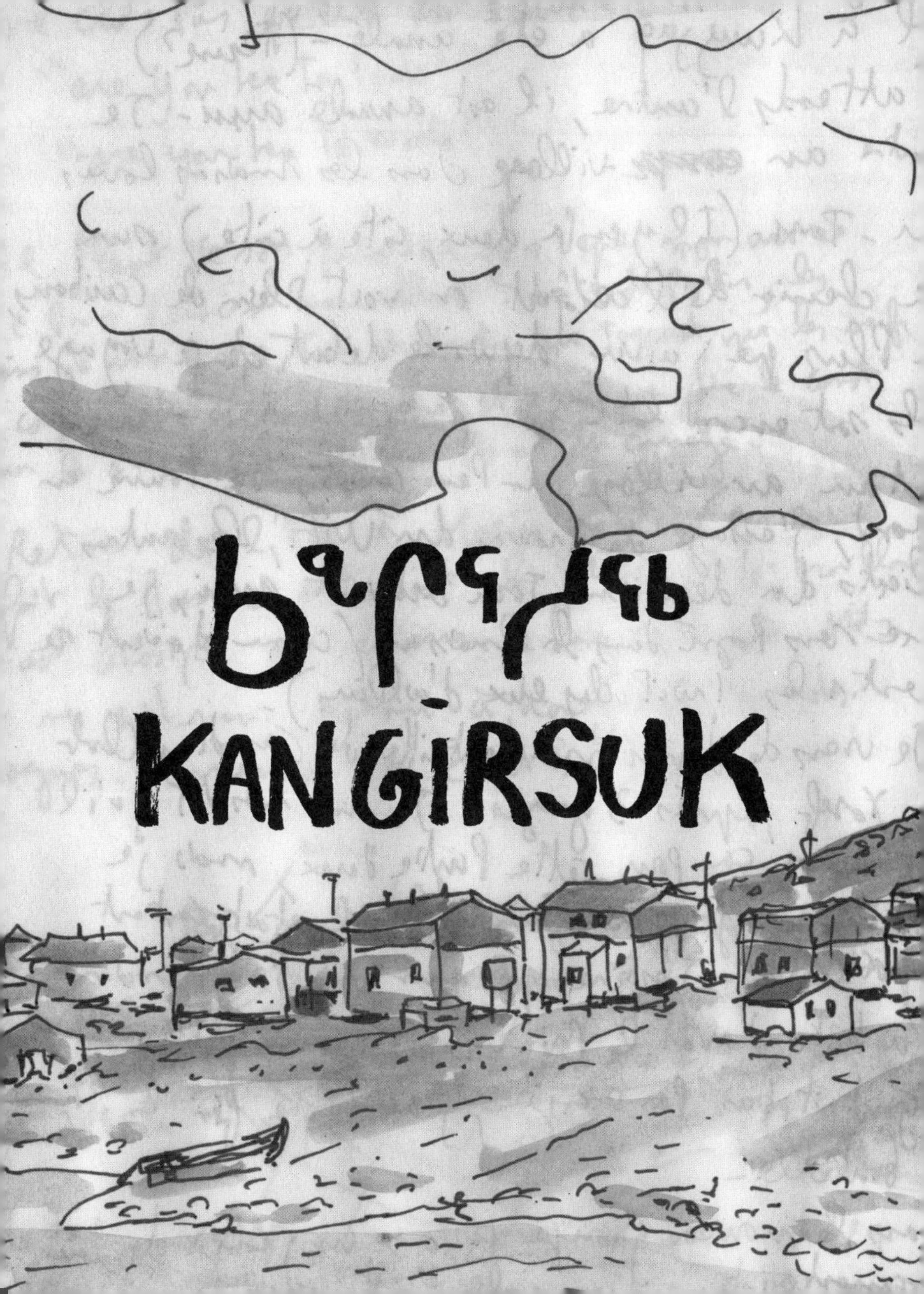
ᑲᖏᕐᓱᒃ
KANGIRSUK

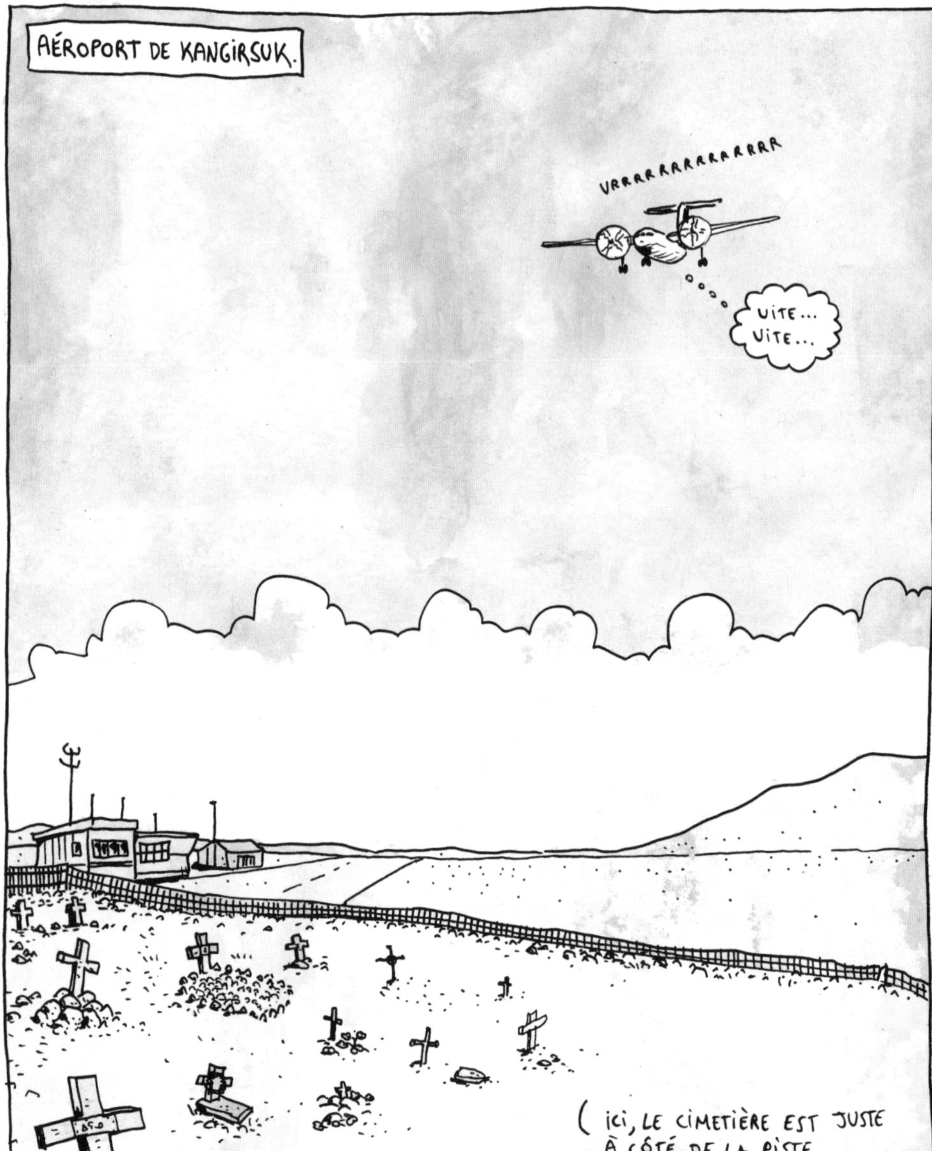
AÉROPORT DE KANGIRSUK.
VRRRRRRRRRRRRR
VITE...
VITE...
(ICI, LE CIMETIÈRE EST JUSTE
À CÔTÉ DE LA PISTE
D'ATTERRISSAGE...)

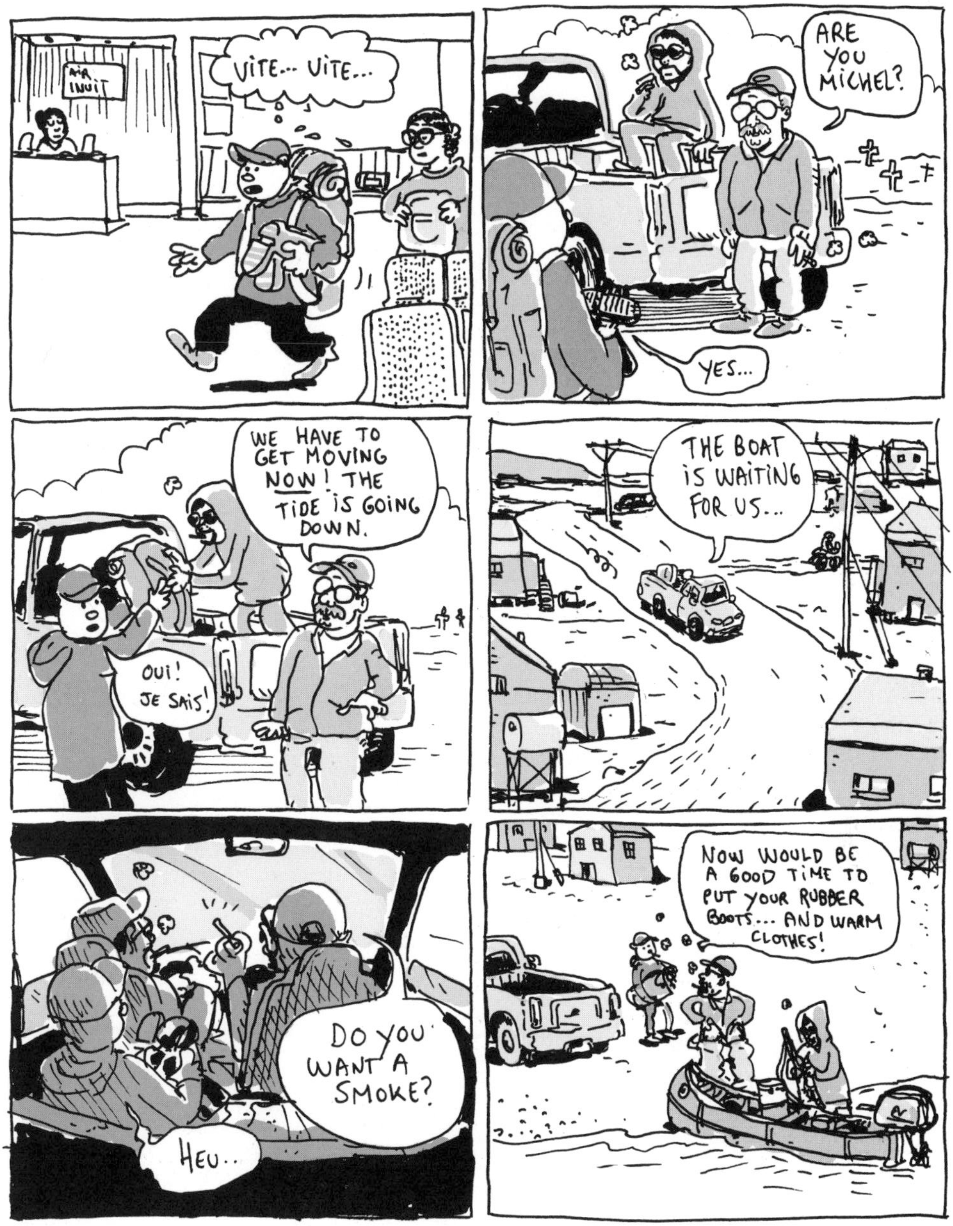
AIR INUIT
VITE... VITE...
ARE YOU MICHEL?
YES...
WE HAVE TO GET MOVING NOW! THE TIDE IS GOING DOWN.
OUI! JE SAIS!
THE BOAT IS WAITING FOR US...
DO YOU WANT A SMOKE?
HEU..
NOW WOULD BE A GOOD TIME TO PUT YOUR RUBBER BOOTS... AND WARM CLOTHES!

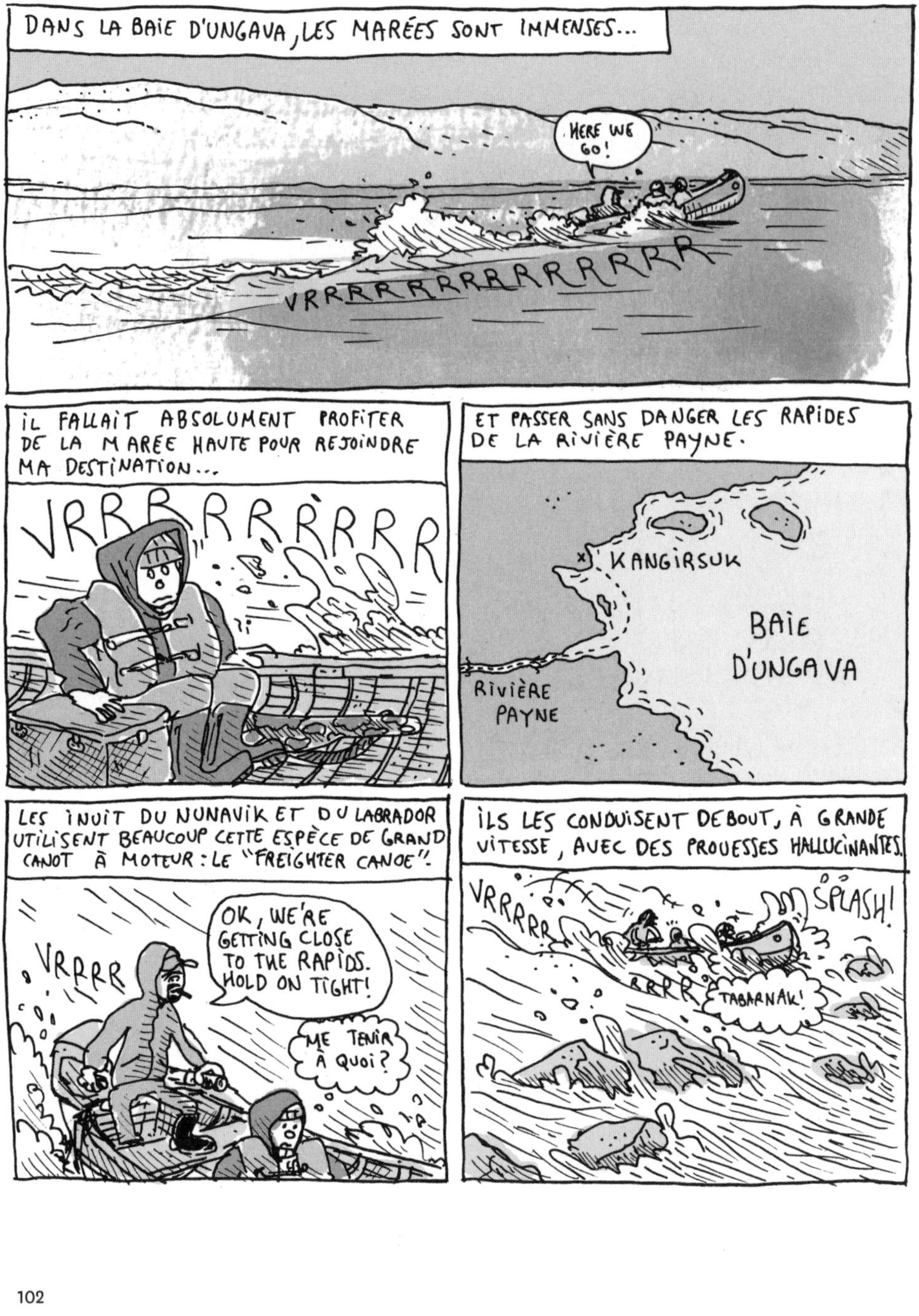
DANS LA BAIE D'UNGAVA, LES MARÉES SONT IMMENSES...
HERE WE GO!
VRRRRRRRRRRRRRRR
IL FALLAIT ABSOLUMENT PROFITER DE LA MAREE HAUTE POUR REJOINDRE MA DESTINATION...
VRRRRRRRRRR
ET PASSER SANS DANGER LES RAPIDES DE LA RIVIÈRE PAYNE.
KANGIRSUK
BAIE D'UNGAVA
RIVIÈRE PAYNE
LES INUIT DU NUNAVIK ET DU LABRADOR UTILISENT BEAUCOUP CETTE ESPÈCE DE GRAND CANOT À MOTEUR : LE "FREIGHTER CANOE".
VRRRR
OK, WE'RE GETTING CLOSE TO THE RAPIDS. HOLD ON TIGHT!
ME TENIR À QUOI?
ILS LES CONDUISENT DEBOUT, À GRANDE VITESSE, AVEC DES PROUESSES HALLUCINANTES.
VRRRRRR
SPLASH!
RRRR
TABARNAK!

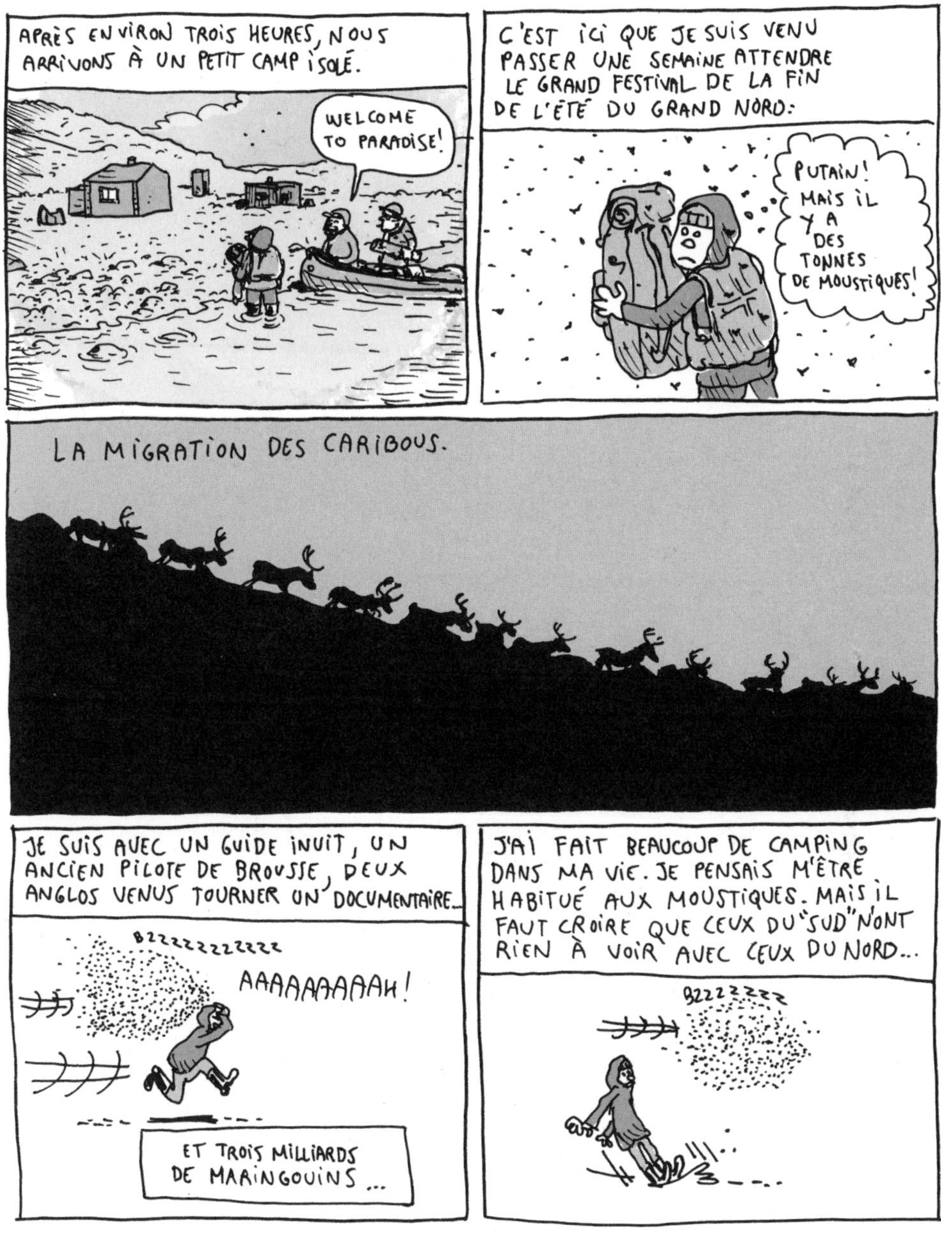
APRÈS ENVIRON TROIS HEURES, NOUS ARRIVONS À UN PETIT CAMP ISOLÉ.
WELCOME TO PARADISE!
C'EST ICI QUE JE SUIS VENU PASSER UNE SEMAINE ATTENDRE LE GRAND FESTIVAL DE LA FIN DE L'ÉTÉ DU GRAND NORD:
PUTAIN! MAIS IL Y A DES TONNES DE MOUSTIQUES!
LA MIGRATION DES CARIBOUS.
JE SUIS AVEC UN GUIDE INUIT, UN ANCIEN PILOTE DE BROUSSE, DEUX ANGLOS VENUS TOURNER UN DOCUMENTAIRE...
BZZZZZZZZZZZ
AAAAAAAAAH!
ET TROIS MILLIARDS DE MARINGOUINS...
J'AI FAIT BEAUCOUP DE CAMPING DANS MA VIE. JE PENSAIS M'ÊTRE HABITUÉ AUX MOUSTIQUES. MAIS IL FAUT CROIRE QUE CEUX DU "SUD" N'ONT RIEN À VOIR AVEC CEUX DU NORD...
BZZZZZZZ

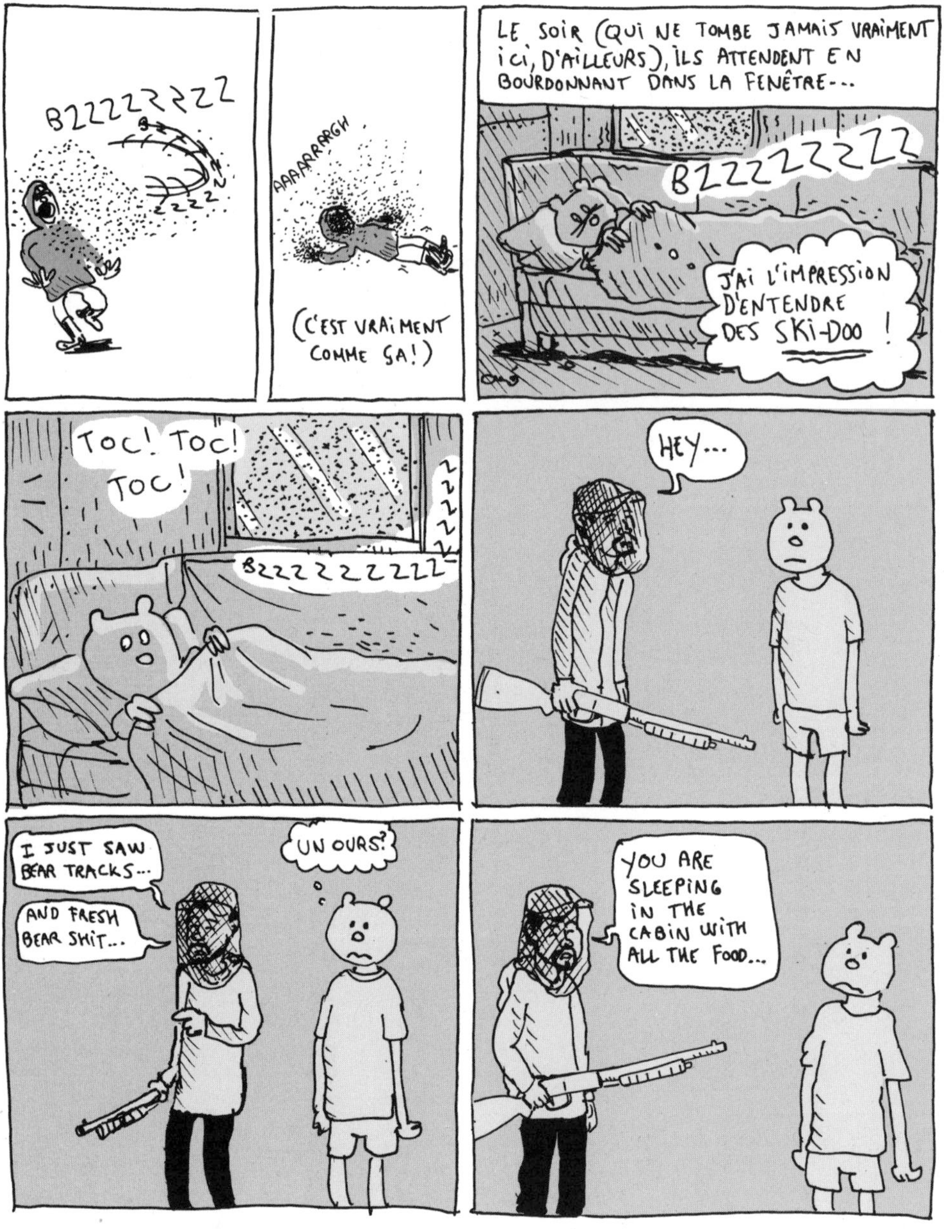
BZZZZZZZZ
ZZZZZ
AAAARRRRGH
(C'EST VRAIMENT COMME ÇA!)
LE SOIR (QUI NE TOMBE JAMAIS VRAIMENT ICI, D'AILLEURS), ILS ATTENDENT EN BOURDONNANT DANS LA FENÊTRE...
BZZZZZZZZ
J'AI L'IMPRESSION D'ENTENDRE DES SKI-DOO !
TOC! TOC! TOC!
ZZZZZ
BZZZZZZZZZ
HEY...
I JUST SAW BEAR TRACKS...
AND FRESH BEAR SHIT...
UN OURS?
YOU ARE SLEEPING IN THE CABIN WITH ALL THE FOOD...

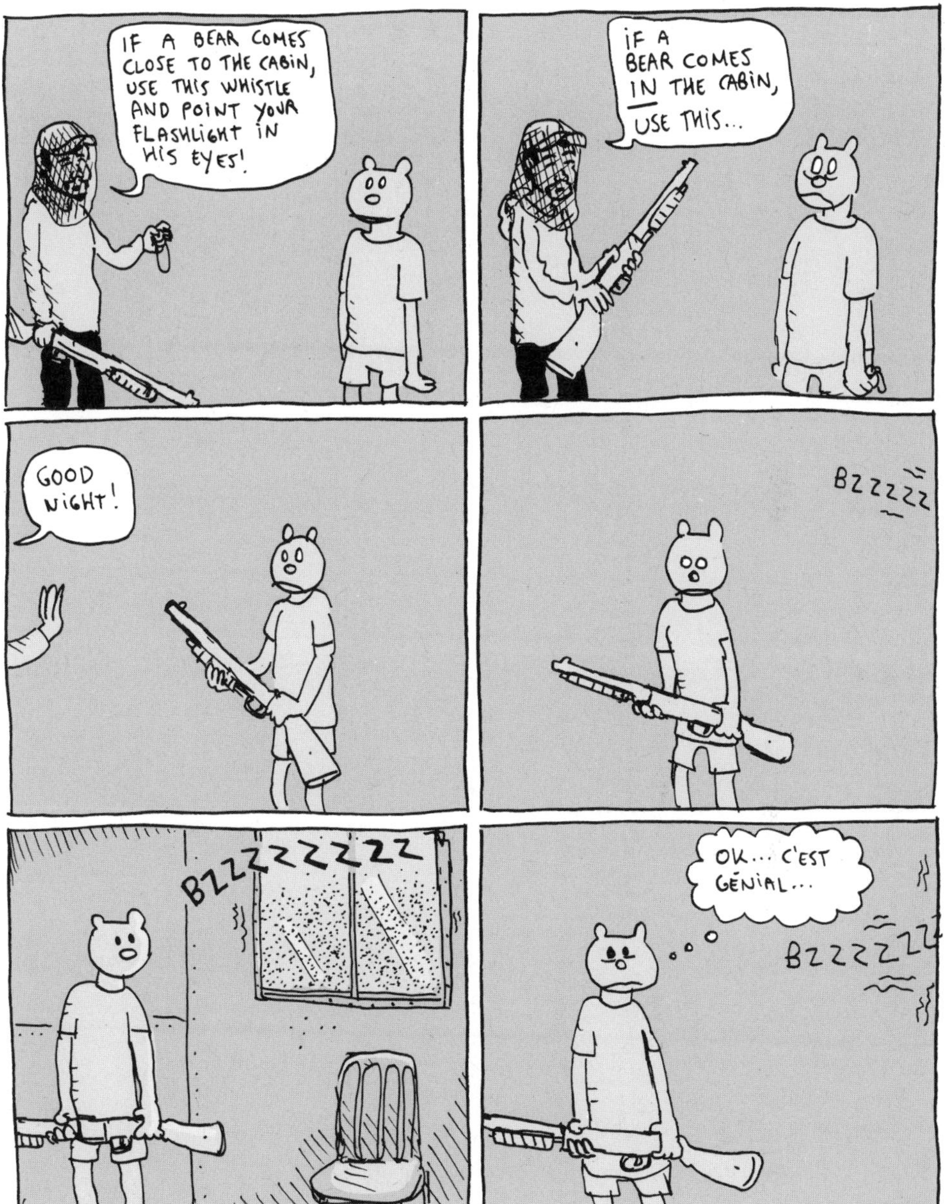
IF A BEAR COMES CLOSE TO THE CABIN, USE THIS WHISTLE AND POINT YOUR FLASHLIGHT IN HIS EYES!
IF A BEAR COMES IN THE CABIN, USE THIS...
GOOD NIGHT!
BZZZZZ
BZZZZZZZZZ
OK... C'EST GÉNIAL...
BZZZZZZ

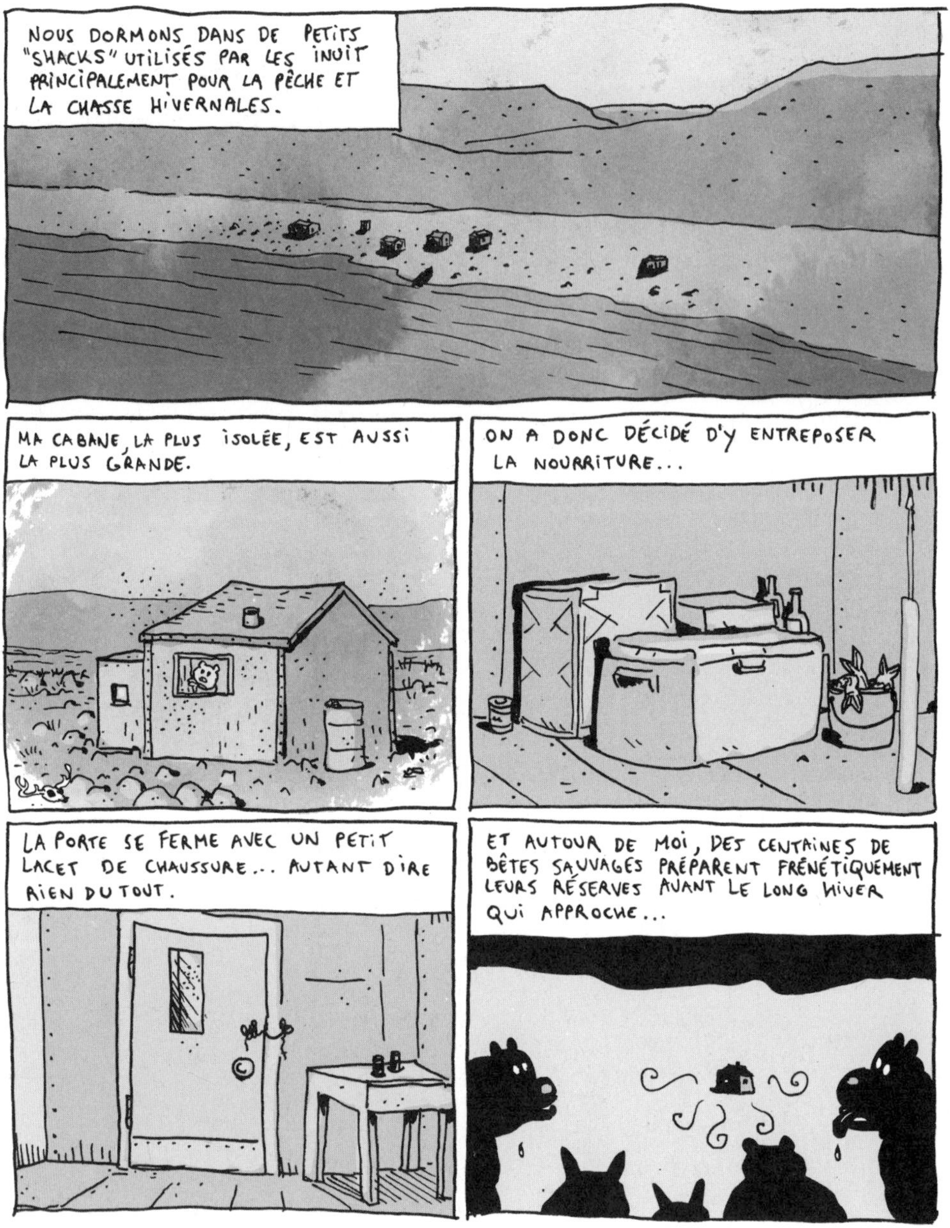
NOUS DORMONS DANS DE PETITS "SHACKS" UTILISÉS PAR LES INUIT PRINCIPALEMENT POUR LA PÊCHE ET LA CHASSE HIVERNALES.
MA CABANE, LA PLUS ISOLÉE, EST AUSSI LA PLUS GRANDE.
ON A DONC DÉCIDÉ D'Y ENTREPOSER LA NOURRITURE...
LA PORTE SE FERME AVEC UN PETIT LACET DE CHAUSSURE... AUTANT DIRE RIEN DU TOUT.
ET AUTOUR DE MOI, DES CENTAINES DE BÊTES SAUVAGES PRÉPARENT FRÉNÉTIQUEMENT LEURS RÉSERVES AVANT LE LONG HIVER QUI APPROCHE...

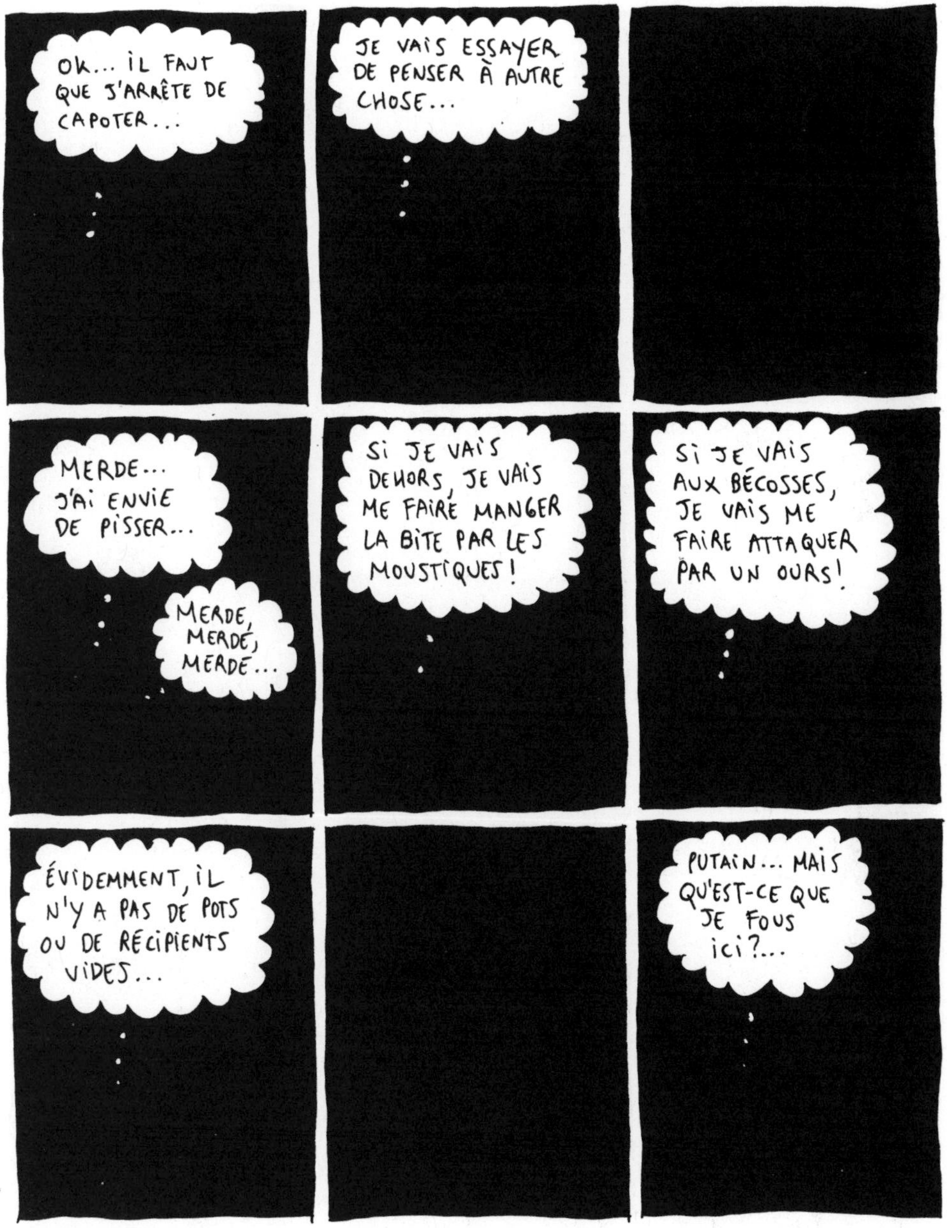
OK... IL FAUT QUE J'ARRÊTE DE CAPOTER...
JE VAIS ESSAYER DE PENSER À AUTRE CHOSE...
MERDE... J'AI ENVIE DE PISSER...
MERDE, MERDE, MERDE...
SI JE VAIS DEHORS, JE VAIS ME FAIRE MANGER LA BITE PAR LES MOUSTIQUES!
SI JE VAIS AUX BÉCOSSES, JE VAIS ME FAIRE ATTAQUER PAR UN OURS!
ÉVIDEMMENT, IL N'Y A PAS DE POTS OU DE RÉCIPIENTS VIDES...
PUTAIN... MAIS QU'EST-CE QUE JE FOUS ICI?...

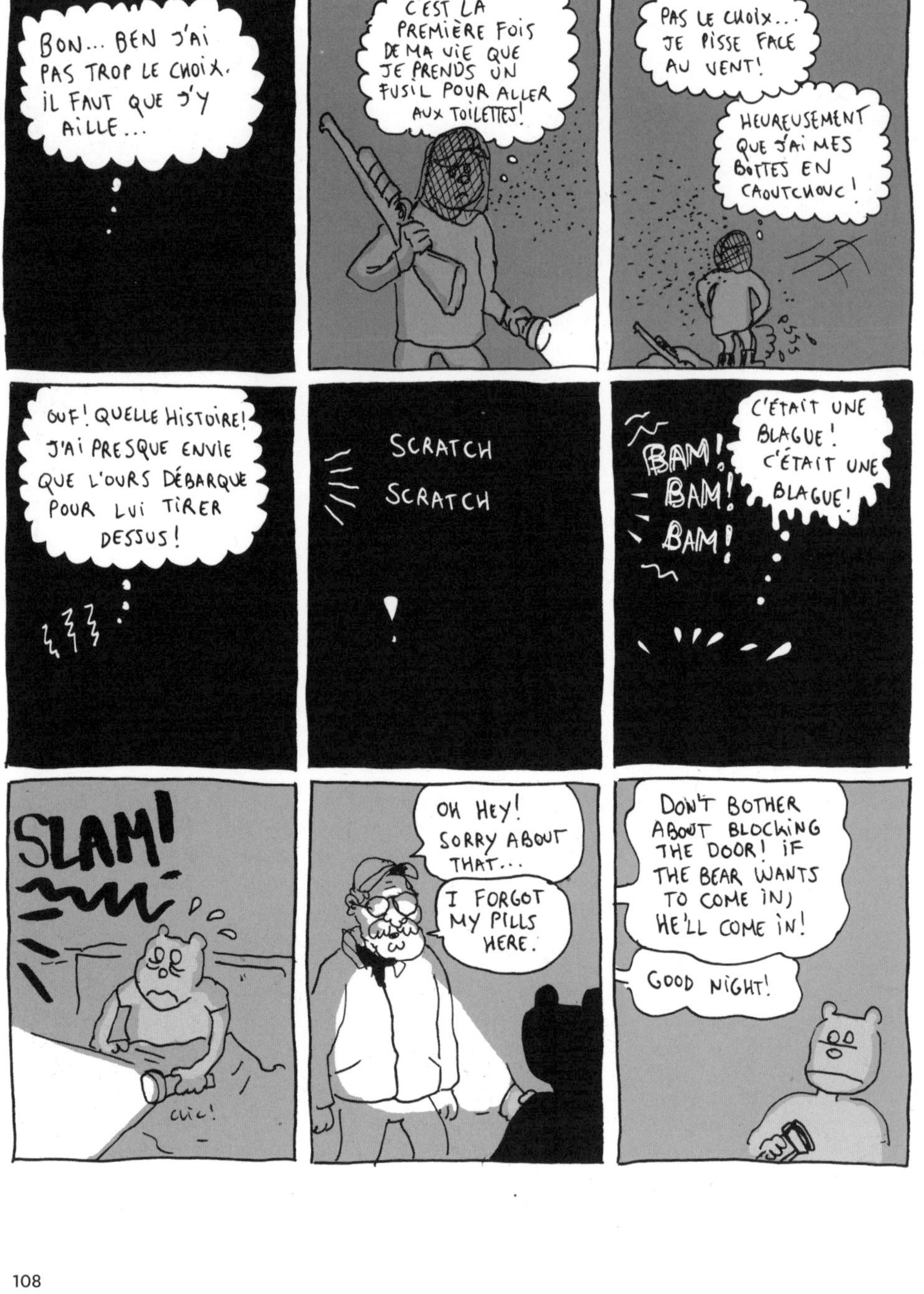
BON... BEN J'AI PAS TROP LE CHOIX. IL FAUT QUE J'Y AILLE...
C'EST LA PREMIÈRE FOIS DE MA VIE QUE JE PRENDS UN FUSIL POUR ALLER AUX TOILETTES!
PAS LE CHOIX... JE PISSE FACE AU VENT!
HEUREUSEMENT QUE J'AI MES BOTTES EN CAOUTCHOUC!
PSSS
OUF! QUELLE HISTOIRE! J'AI PRESQUE ENVIE QUE L'OURS DÉBARQUE POUR LUI TIRER DESSUS!
SCRATCH
SCRATCH
!
BAM! BAM! BAM!
C'ÉTAIT UNE BLAGUE! C'ÉTAIT UNE BLAGUE!
SLAM!
CLIC!
OH HEY! SORRY ABOUT THAT...
I FORGOT MY PILLS HERE.
DON'T BOTHER ABOUT BLOCKING THE DOOR! IF THE BEAR WANTS TO COME IN, HE'LL COME IN!
GOOD NIGHT!

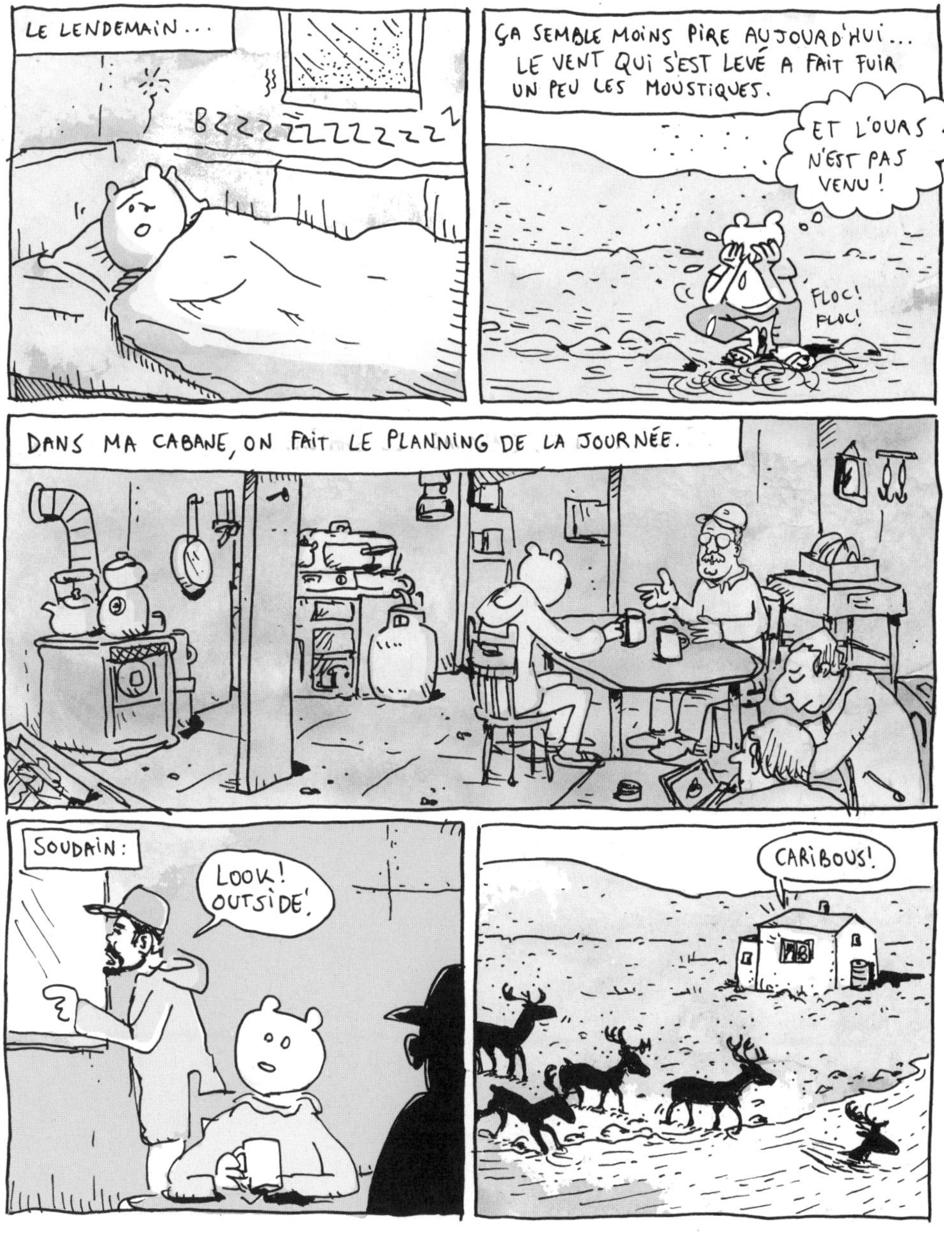
LE LENDEMAIN...
BZZZZZZZZZZZZ
ÇA SEMBLE MOINS PIRE AUJOURD'HUI... LE VENT QUI S'EST LEVÉ A FAIT FUIR UN PEU LES MOUSTIQUES.
ET L'OURS N'EST PAS VENU !
FLOC! FLOC!
DANS MA CABANE, ON FAIT LE PLANNING DE LA JOURNÉE.
SOUDAIN :
LOOK! OUTSIDE!
CARIBOUS!

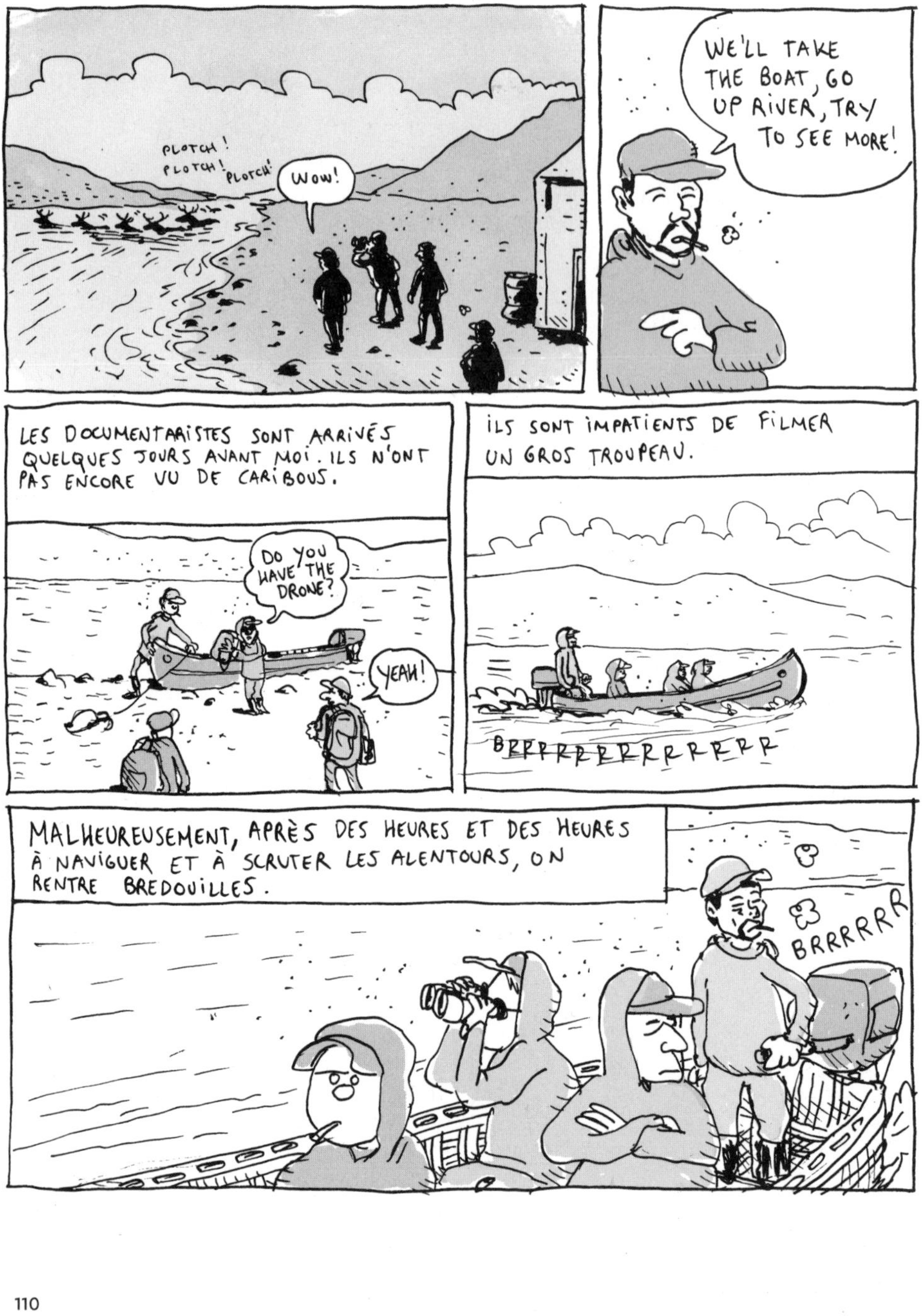
PLOTCH! PLOTCH! PLOTCH!
WOW!
WE'LL TAKE THE BOAT, GO UP RIVER, TRY TO SEE MORE!
LES DOCUMENTARISTES SONT ARRIVÉS QUELQUES JOURS AVANT MOI. ILS N'ONT PAS ENCORE VU DE CARIBOUS.
DO YOU HAVE THE DRONE?
YEAH!
ILS SONT IMPATIENTS DE FILMER UN GROS TROUPEAU.
BRRRRRRRRRRRRRR
MALHEUREUSEMENT, APRÈS DES HEURES ET DES HEURES À NAVIGUER ET À SCRUTER LES ALENTOURS, ON RENTRE BREDOUILLES.
BRRRRRR

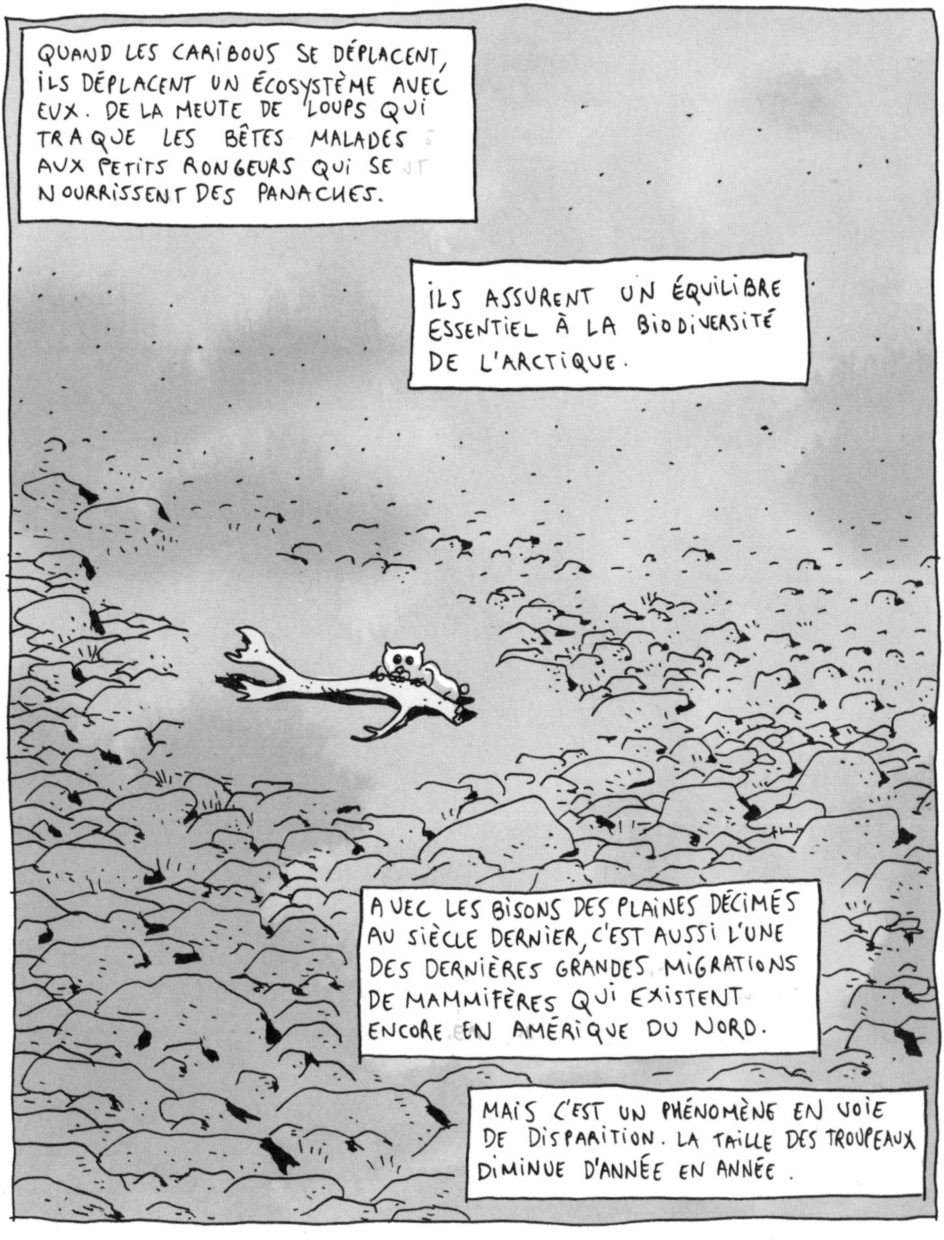
QUAND LES CARIBOUS SE DÉPLACENT, ILS DÉPLACENT UN ÉCOSYSTÈME AVEC EUX. DE LA MEUTE DE LOUPS QUI TRAQUE LES BÊTES MALADES AUX PETITS RONGEURS QUI SE NOURRISSENT DES PANACHES.
ILS ASSURENT UN ÉQUILIBRE ESSENTIEL À LA BIODIVERSITÉ DE L'ARCTIQUE.
AVEC LES BISONS DES PLAINES DÉCIMÉS AU SIÈCLE DERNIER, C'EST AUSSI L'UNE DES DERNIÈRES GRANDES MIGRATIONS DE MAMMIFÈRES QUI EXISTENT ENCORE EN AMÉRIQUE DU NORD.
MAIS C'EST UN PHÉNOMÈNE EN VOIE DE DISPARITION. LA TAILLE DES TROUPEAUX DIMINUE D'ANNÉE EN ANNÉE.

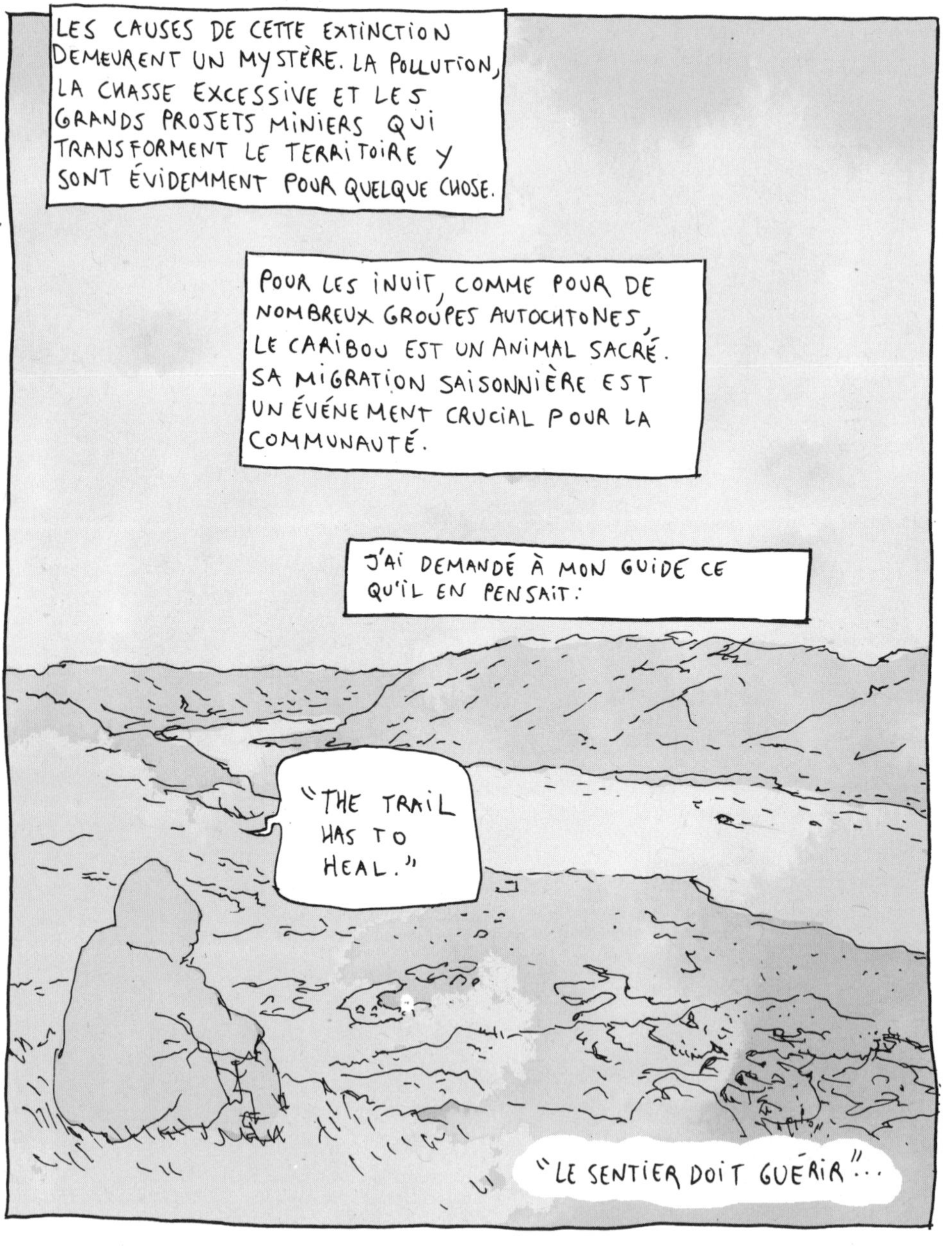
LES CAUSES DE CETTE EXTINCTION DEMEURENT UN MYSTÈRE. LA POLLUTION, LA CHASSE EXCESSIVE ET LES GRANDS PROJETS MINIERS QUI TRANSFORMENT LE TERRITOIRE Y SONT ÉVIDEMMENT POUR QUELQUE CHOSE.
POUR LES INUIT, COMME POUR DE NOMBREUX GROUPES AUTOCHTONES, LE CARIBOU EST UN ANIMAL SACRÉ. SA MIGRATION SAISONNIÈRE EST UN ÉVÉNEMENT CRUCIAL POUR LA COMMUNAUTÉ.
J'AI DEMANDÉ À MON GUIDE CE QU'IL EN PENSAIT:
"THE TRAIL HAS TO HEAL."
"LE SENTIER DOIT GUÉRIR"...

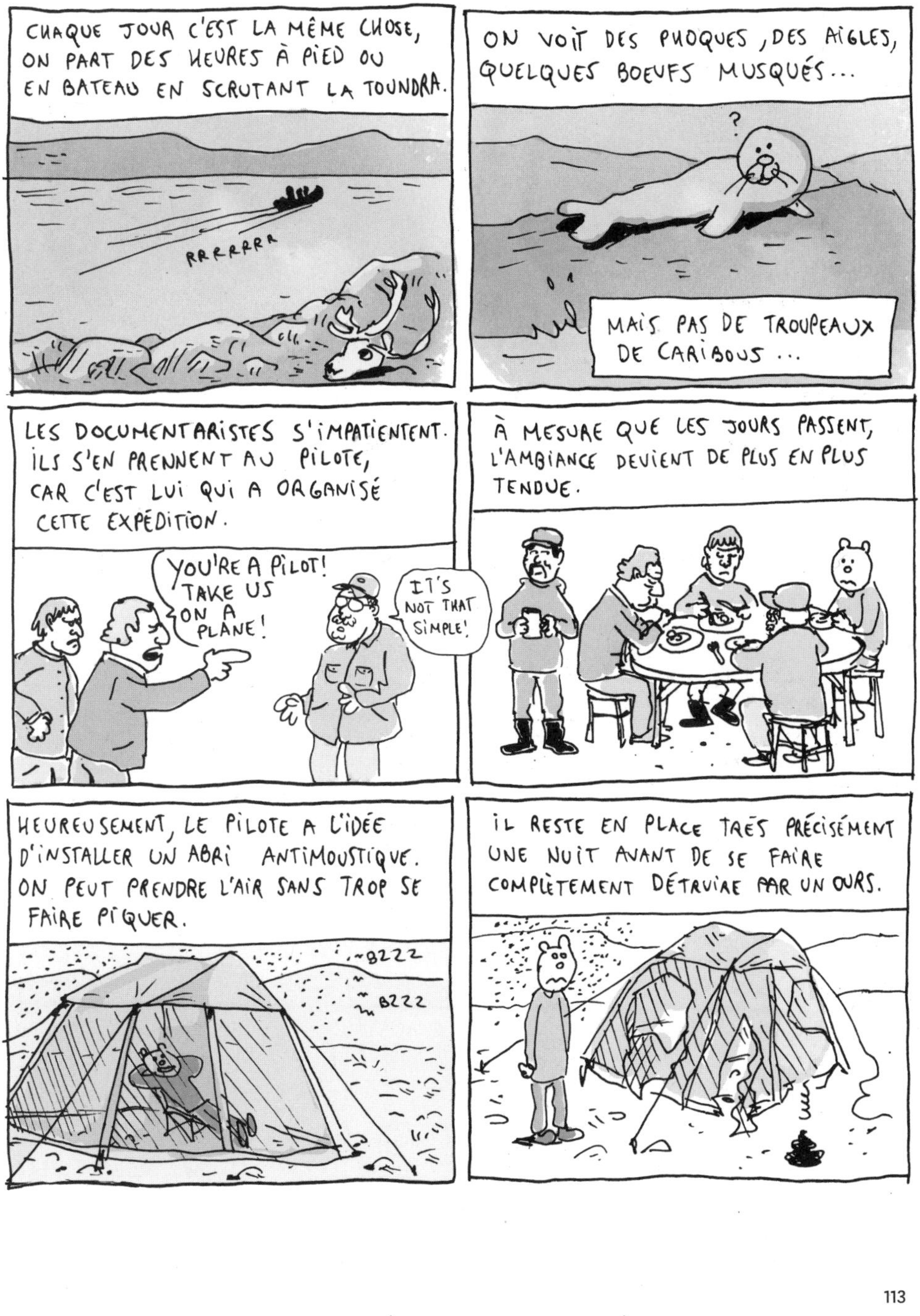
CHAQUE JOUR C'EST LA MÊME CHOSE, ON PART DES HEURES À PIED OU EN BATEAU EN SCRUTANT LA TOUNDRA.
RRRRRRR
ON VOIT DES PHOQUES, DES AIGLES, QUELQUES BOEUFS MUSQUÉS...
?
MAIS PAS DE TROUPEAUX DE CARIBOUS...
LES DOCUMENTARISTES S'IMPATIENTENT. ILS S'EN PRENNENT AU PILOTE, CAR C'EST LUI QUI A ORGANISÉ CETTE EXPÉDITION.
YOU'RE A PILOT! TAKE US ON A PLANE!
IT'S NOT THAT SIMPLE!
À MESURE QUE LES JOURS PASSENT, L'AMBIANCE DEVIENT DE PLUS EN PLUS TENDUE.
HEUREUSEMENT, LE PILOTE A L'IDÉE D'INSTALLER UN ABRI ANTIMOUSTIQUE. ON PEUT PRENDRE L'AIR SANS TROP SE FAIRE PIQUER.
BZZZ
BZZZ
IL RESTE EN PLACE TRÈS PRÉCISÉMENT UNE NUIT AVANT DE SE FAIRE COMPLÈTEMENT DÉTRUIRE PAR UN OURS.

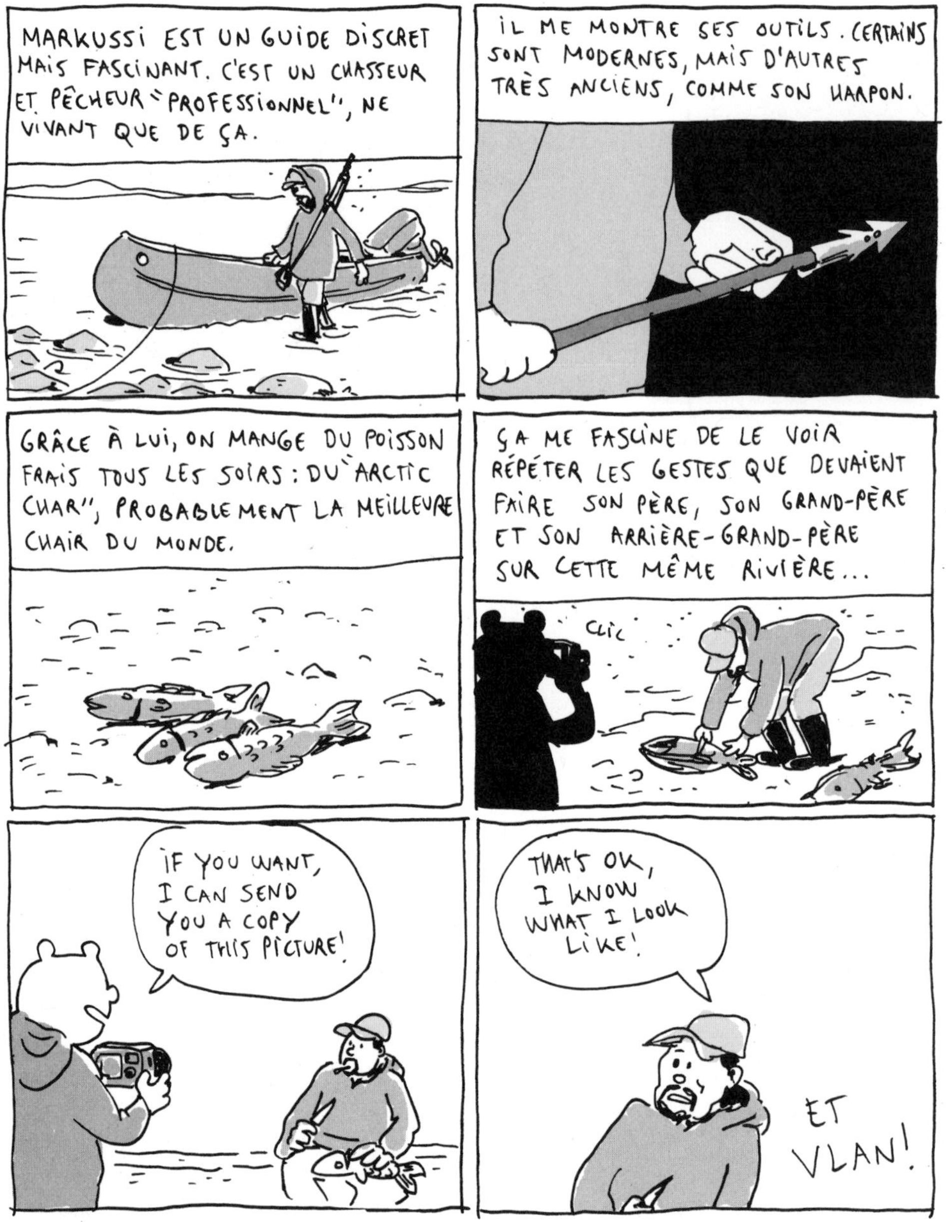
MARKUSSI EST UN GUIDE DISCRET MAIS FASCINANT. C'EST UN CHASSEUR ET PÊCHEUR "PROFESSIONNEL", NE VIVANT QUE DE ÇA.
IL ME MONTRE SES OUTILS. CERTAINS SONT MODERNES, MAIS D'AUTRES TRÈS ANCIENS, COMME SON HARPON.
GRÂCE À LUI, ON MANGE DU POISSON FRAIS TOUS LES SOIRS : DU "ARCTIC CHAR", PROBABLEMENT LA MEILLEURE CHAIR DU MONDE.
ÇA ME FASCINE DE LE VOIR RÉPÉTER LES GESTES QUE DEVAIENT FAIRE SON PÈRE, SON GRAND-PÈRE ET SON ARRIÈRE-GRAND-PÈRE SUR CETTE MÊME RIVIÈRE...
CLIC
IF YOU WANT, I CAN SEND YOU A COPY OF THIS PICTURE!
THAT'S OK, I KNOW WHAT I LOOK LIKE!
ET VLAN!

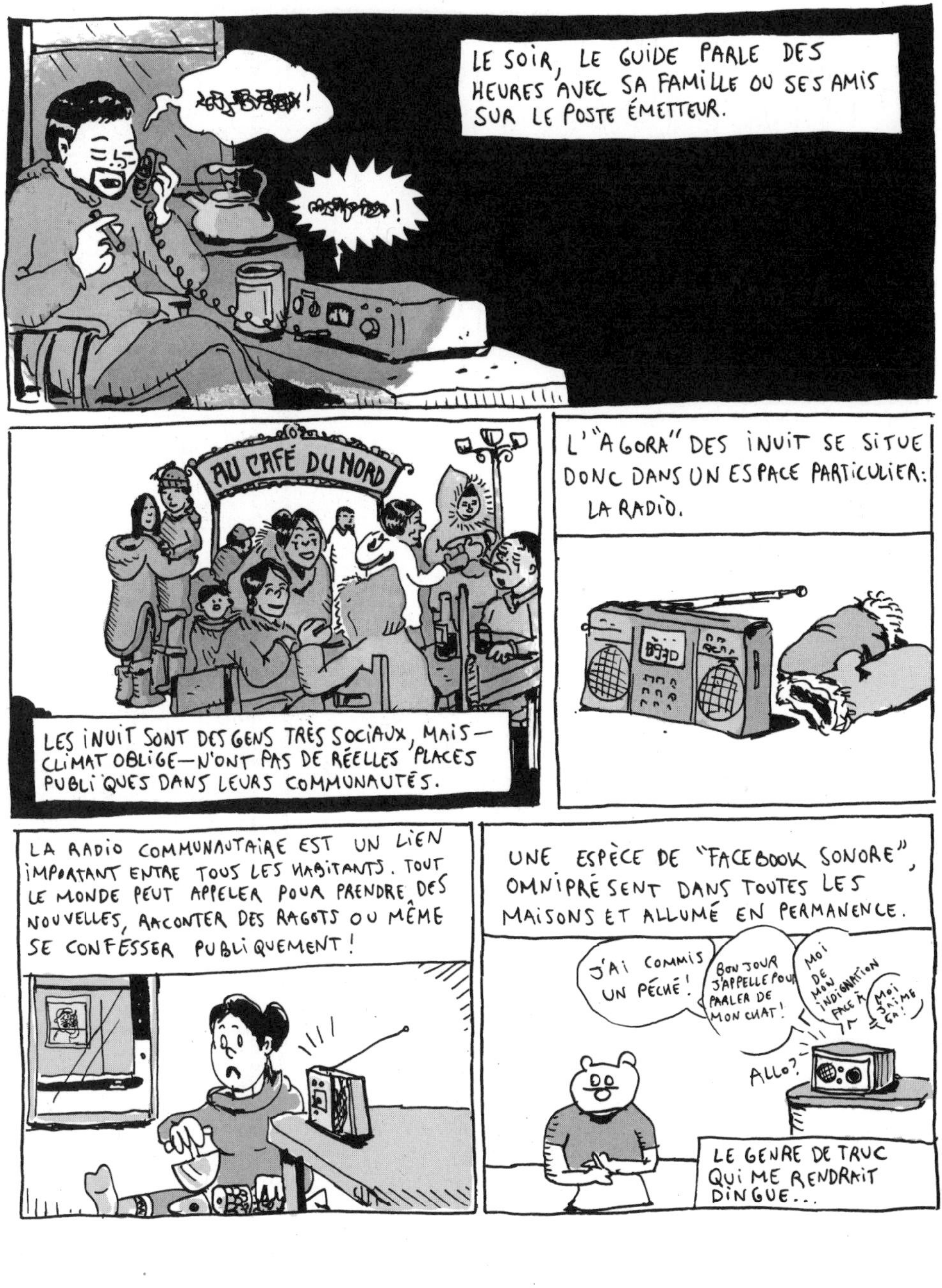
LE SOIR, LE GUIDE PARLE DES HEURES AVEC SA FAMILLE OU SES AMIS SUR LE POSTE ÉMETTEUR.
AU CAFÉ DU NORD
LES INUIT SONT DES GENS TRÈS SOCIAUX, MAIS — CLIMAT OBLIGE — N'ONT PAS DE RÉELLES PLACES PUBLIQUES DANS LEURS COMMUNAUTÉS.
L'"AGORA" DES INUIT SE SITUE DONC DANS UN ESPACE PARTICULIER : LA RADIO.
LA RADIO COMMUNAUTAIRE EST UN LIEN IMPORTANT ENTRE TOUS LES HABITANTS. TOUT LE MONDE PEUT APPELER POUR PRENDRE DES NOUVELLES, RACONTER DES RAGOTS OU MÊME SE CONFESSER PUBLIQUEMENT !
UNE ESPÈCE DE "FACEBOOK SONORE", OMNIPRÉSENT DANS TOUTES LES MAISONS ET ALLUMÉ EN PERMANENCE.
J'AI COMMIS UN PÉCHÉ !
BONJOUR J'APPELLE POUR PARLER DE MON CHAT !
MOI DE MON INDIGNATION FACE À
MOI J'AIME ÇA !
ALLO ?
LE GENRE DE TRUC QUI ME RENDRAIT DINGUE...

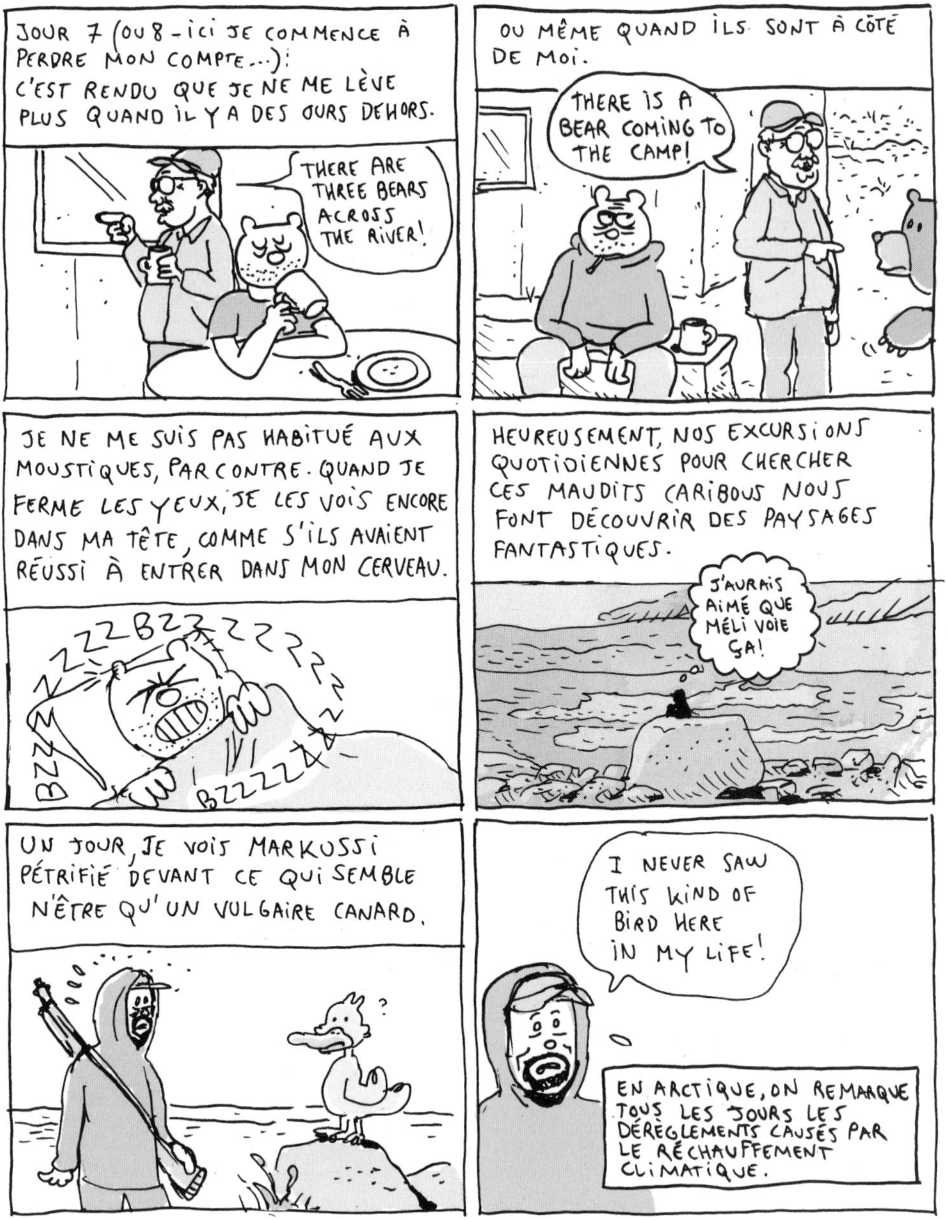
JOUR 7 (OU 8 - ICI JE COMMENCE À PERDRE MON COMPTE...): C'EST RENDU QUE JE NE ME LÈVE PLUS QUAND IL Y A DES OURS DEHORS.
THERE ARE THREE BEARS ACROSS THE RIVER!
OU MÊME QUAND ILS SONT À CÔTÉ DE MOI.
THERE IS A BEAR COMING TO THE CAMP!
JE NE ME SUIS PAS HABITUÉ AUX MOUSTIQUES, PAR CONTRE. QUAND JE FERME LES YEUX, JE LES VOIS ENCORE DANS MA TÊTE, COMME S'ILS AVAIENT RÉUSSI À ENTRER DANS MON CERVEAU.
ZZZBZZZZZZZZ
BZZZ
BZZZZZZZ
HEUREUSEMENT, NOS EXCURSIONS QUOTIDIENNES POUR CHERCHER CES MAUDITS CARIBOUS NOUS FONT DÉCOUVRIR DES PAYSAGES FANTASTIQUES.
J'AURAIS AIMÉ QUE MÉLI VOIE ÇA!
UN JOUR, JE VOIS MARKUSSI PÉTRIFIÉ DEVANT CE QUI SEMBLE N'ÊTRE QU'UN VULGAIRE CANARD.
?
I NEVER SAW THIS KIND OF BIRD HERE IN MY LIFE!
EN ARCTIQUE, ON REMARQUE TOUS LES JOURS LES DÉRÈGLEMENTS CAUSÉS PAR LE RÉCHAUFFEMENT CLIMATIQUE.

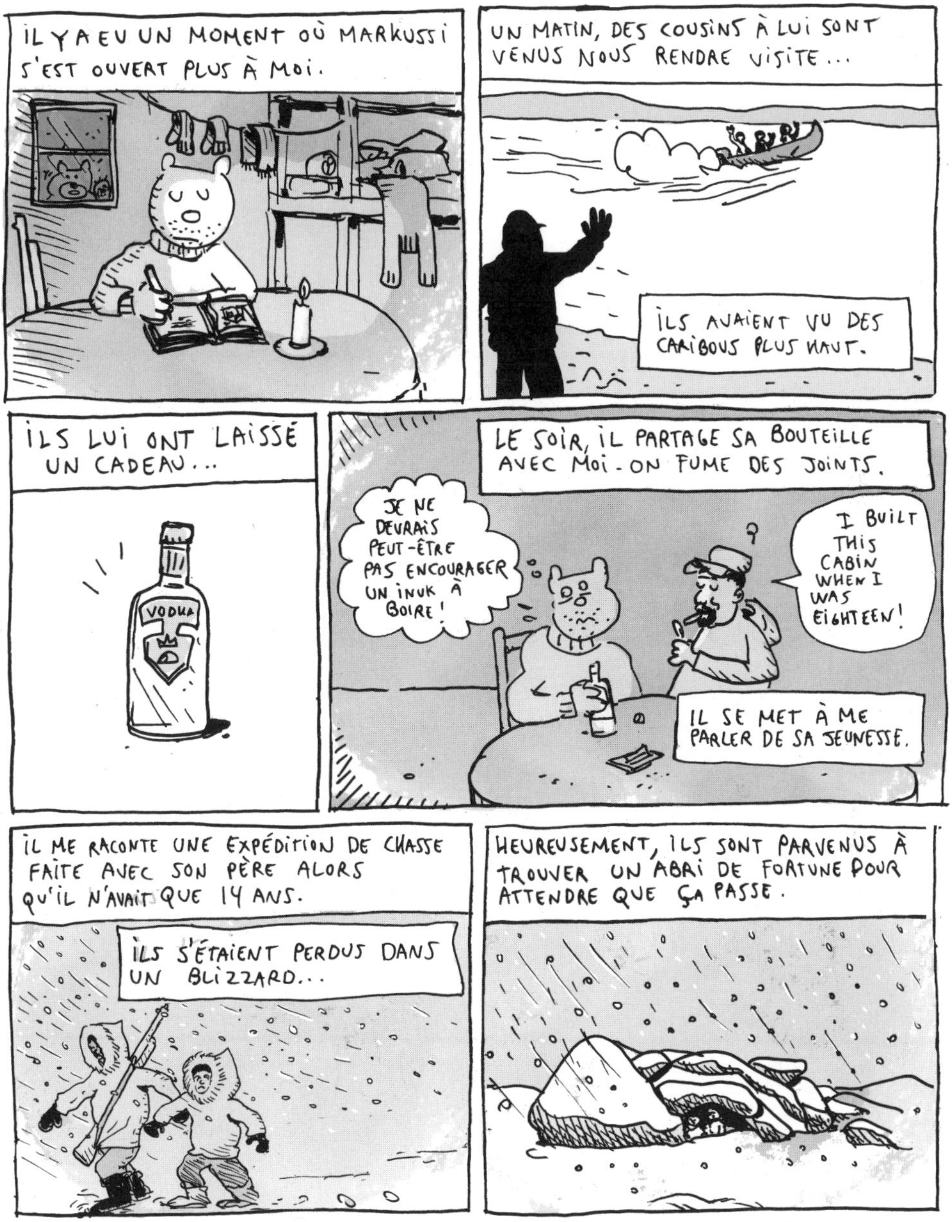
IL Y A EU UN MOMENT OÙ MARKUSSI S'EST OUVERT PLUS À MOI.
UN MATIN, DES COUSINS À LUI SONT VENUS NOUS RENDRE VISITE...
ILS AVAIENT VU DES CARIBOUS PLUS HAUT.
ILS LUI ONT LAISSÉ UN CADEAU...
VODKA
LE SOIR, IL PARTAGE SA BOUTEILLE AVEC MOI - ON FUME DES JOINTS.
JE NE DEVRAIS PEUT-ÊTRE PAS ENCOURAGER UN INUK À BOIRE!
?
I BUILT THIS CABIN WHEN I WAS EIGHTEEN!
IL SE MET À ME PARLER DE SA JEUNESSE.
IL ME RACONTE UNE EXPÉDITION DE CHASSE FAITE AVEC SON PÈRE ALORS QU'IL N'AVAIT QUE 14 ANS.
ILS S'ÉTAIENT PERDUS DANS UN BLIZZARD...
HEUREUSEMENT, ILS SONT PARVENUS À TROUVER UN ABRI DE FORTUNE POUR ATTENDRE QUE ÇA PASSE.

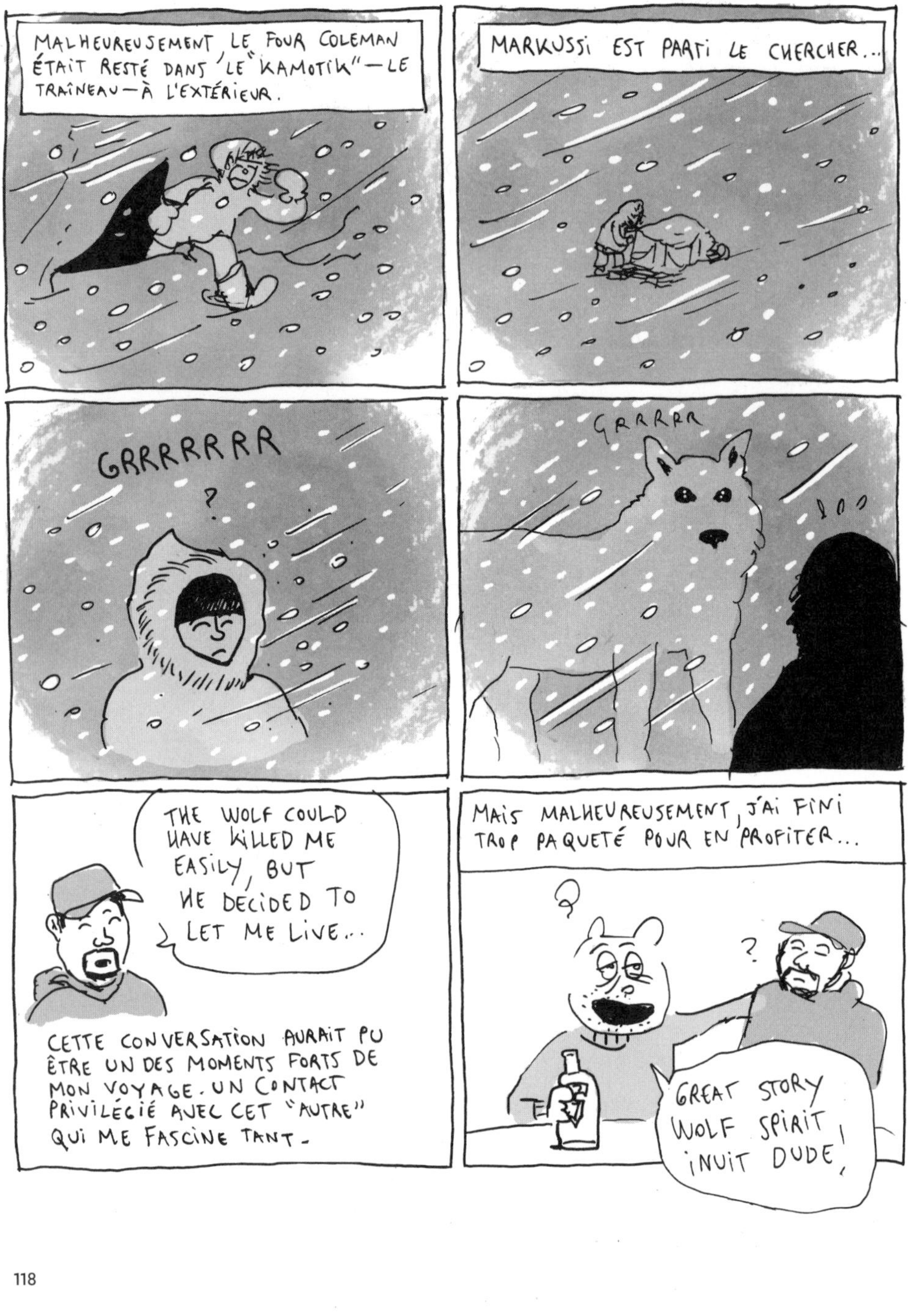

MALHEUREUSEMENT, LE FOUR COLEMAN ÉTAIT RESTÉ DANS LE "KAMOTIK" — LE TRAÎNEAU — À L'EXTÉRIEUR.
MARKUSSI EST PARTI LE CHERCHER...
GRRRRRRR
?
GRRRRR
THE WOLF COULD HAVE KILLED ME EASILY, BUT HE DECIDED TO LET ME LIVE...
CETTE CONVERSATION AURAIT PU ÊTRE UN DES MOMENTS FORTS DE MON VOYAGE. UN CONTACT PRIVILÉGIÉ AVEC CET "AUTRE" QUI ME FASCINE TANT.
MAIS MALHEUREUSEMENT, J'AI FINI TROP PAQUETÉ POUR EN PROFITER...
?
GREAT STORY WOLF SPIRIT INUIT DUDE!

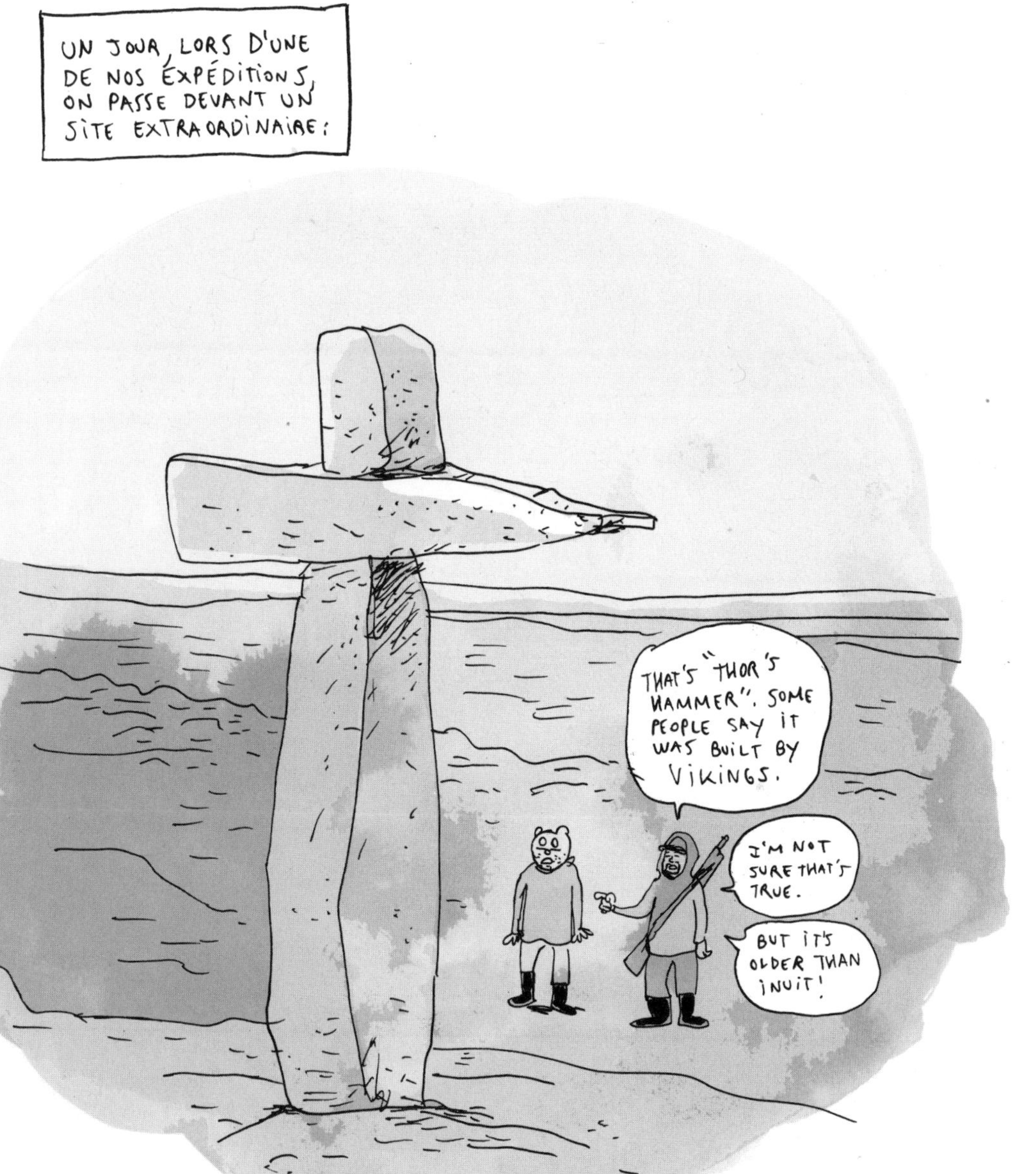
UN JOUR, LORS D'UNE DE NOS EXPÉDITIONS, ON PASSE DEVANT UN SITE EXTRAORDINAIRE:
THAT'S "THOR'S HAMMER". SOME PEOPLE SAY IT WAS BUILT BY VIKINGS.
I'M NOT SURE THAT'S TRUE.
BUT IT'S OLDER THAN INUIT!

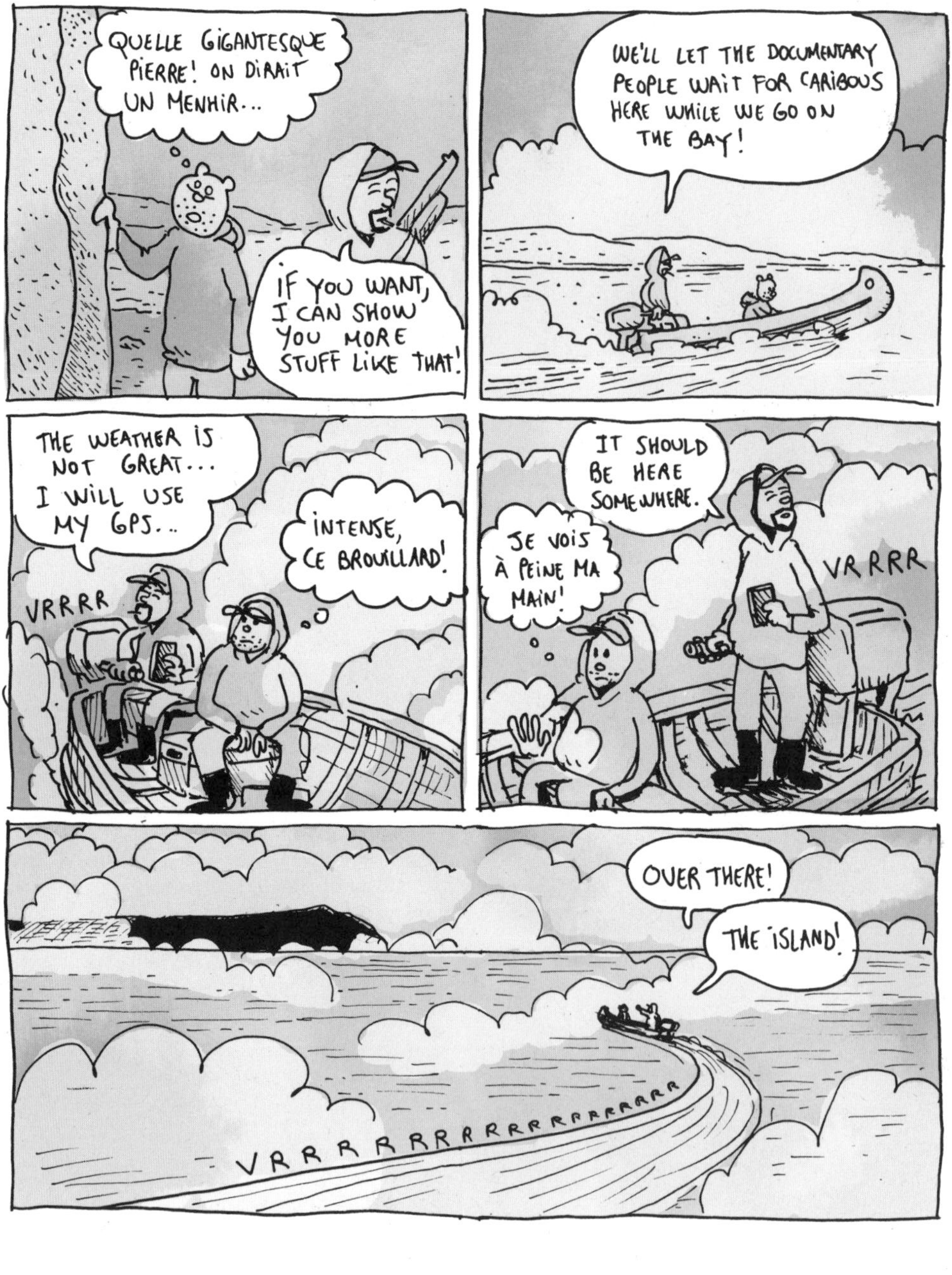
QUELLE GIGANTESQUE PIERRE! ON DIRAIT UN MENHIR...
IF YOU WANT, I CAN SHOW YOU MORE STUFF LIKE THAT!
WE'LL LET THE DOCUMENTARY PEOPLE WAIT FOR CARIBOUS HERE WHILE WE GO ON THE BAY!
THE WEATHER IS NOT GREAT... I WILL USE MY GPS...
VRRRR
INTENSE, CE BROUILLARD!
IT SHOULD BE HERE SOMEWHERE.
JE VOIS À PEINE MA MAIN!
VRRRR
OVER THERE!
THE ISLAND!
VRRRRRRRRRRRRRRRRRRRRRR

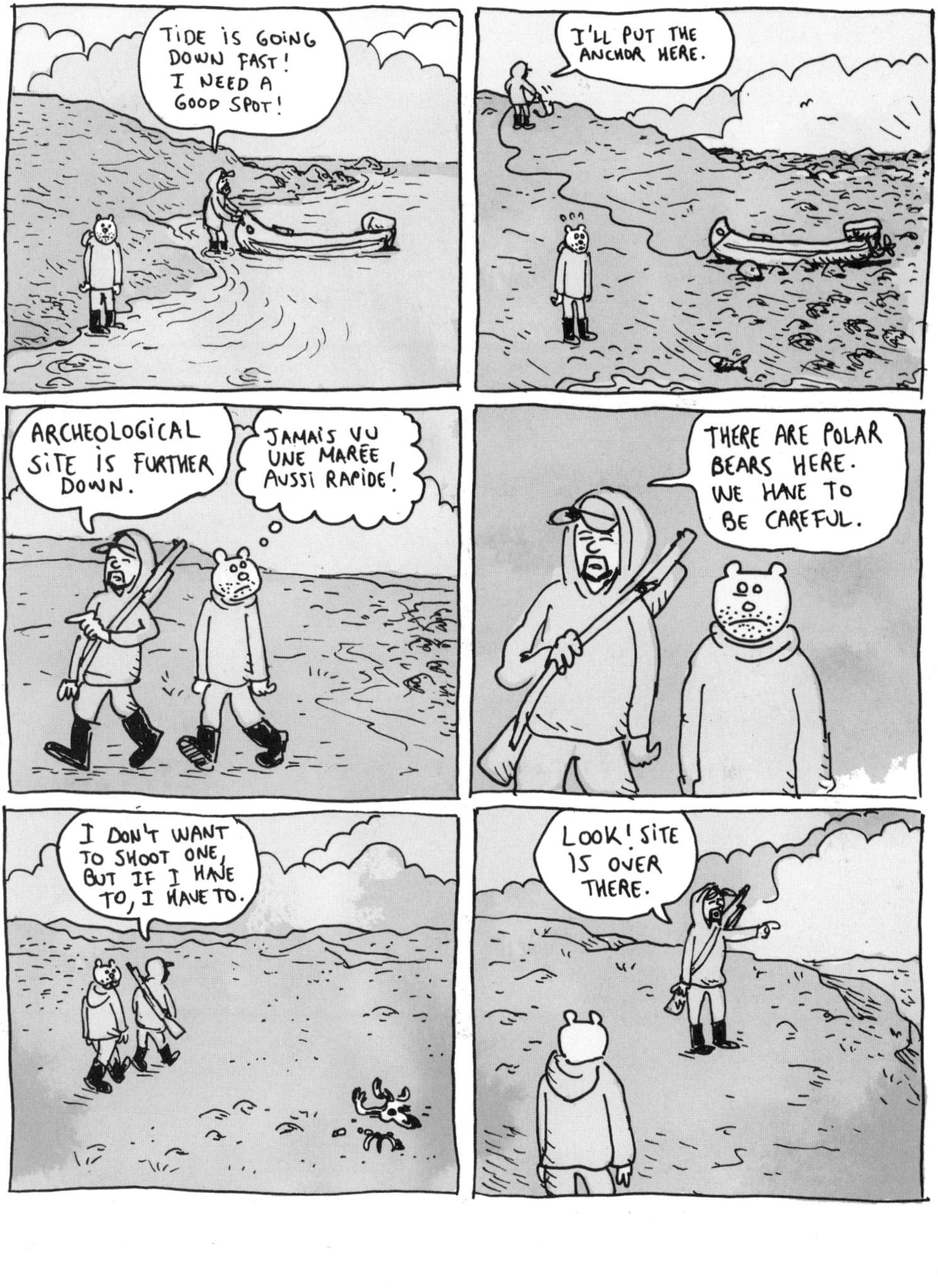
TIDE IS GOING DOWN FAST! I NEED A GOOD SPOT!
I'LL PUT THE ANCHOR HERE.
ARCHEOLOGICAL SITE IS FURTHER DOWN.
JAMAIS VU UNE MARÉE AUSSI RAPIDE!
THERE ARE POLAR BEARS HERE. WE HAVE TO BE CAREFUL.
I DON'T WANT TO SHOOT ONE, BUT IF I HAVE TO, I HAVE TO.
LOOK! SITE IS OVER THERE.

WOW!
INCROYABLE... IL Y A ENCORE DES FRAGMENTS D'OS!
VERY OLD FOOD CACHES.
THIS GRAVE IS MORE RECENT, BUT STILL OLD...
HERE, A STRANGE STONE CIRCLE.
INCROYABLE.
?
THIS IS NOT BUILT BY INUIT. THAT I KNOW.
IS IT VIKING? THERE IS NO PROOF.
IT'S A MYSTERY!
ET TOUT ÇA COMPLÈTEMENT MÉCONNU DU MONDE.

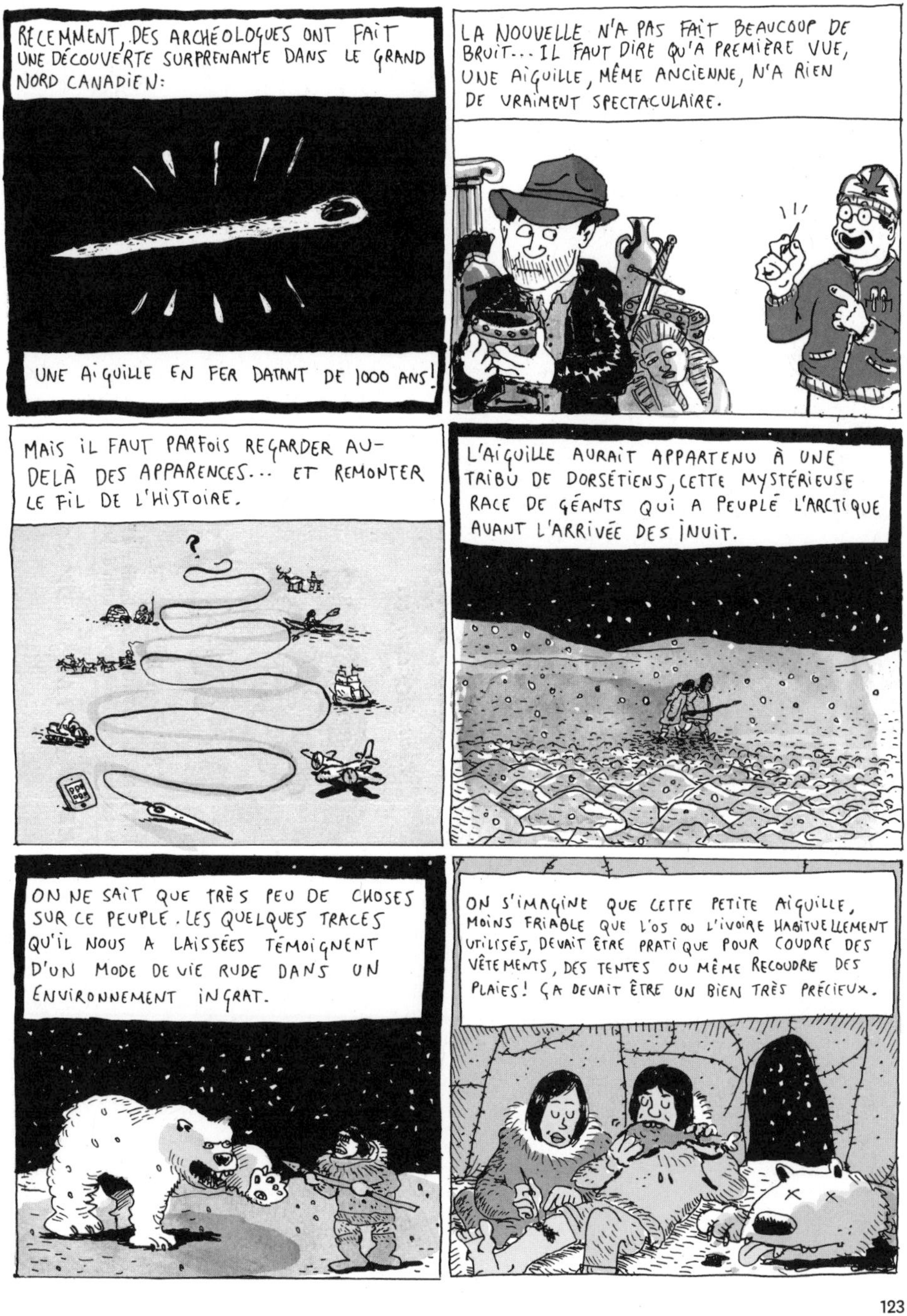
RÉCEMMENT, DES ARCHÉOLOGUES ONT FAIT UNE DÉCOUVERTE SURPRENANTE DANS LE GRAND NORD CANADIEN:
UNE AIGUILLE EN FER DATANT DE 1000 ANS!
LA NOUVELLE N'A PAS FAIT BEAUCOUP DE BRUIT... IL FAUT DIRE QU'À PREMIÈRE VUE, UNE AIGUILLE, MÊME ANCIENNE, N'A RIEN DE VRAIMENT SPECTACULAIRE.
MAIS IL FAUT PARFOIS REGARDER AU-DELÀ DES APPARENCES... ET REMONTER LE FIL DE L'HISTOIRE.
?
L'AIGUILLE AURAIT APPARTENU À UNE TRIBU DE DORSÉTIENS, CETTE MYSTÉRIEUSE RACE DE GÉANTS QUI A PEUPLÉ L'ARCTIQUE AVANT L'ARRIVÉE DES INUIT.
ON NE SAIT QUE TRÈS PEU DE CHOSES SUR CE PEUPLE. LES QUELQUES TRACES QU'IL NOUS A LAISSÉES TÉMOIGNENT D'UN MODE DE VIE RUDE DANS UN ENVIRONNEMENT INGRAT.
ON S'IMAGINE QUE CETTE PETITE AIGUILLE, MOINS FRIABLE QUE L'OS OU L'IVOIRE HABITUELLEMENT UTILISÉS, DEVAIT ÊTRE PRATIQUE POUR COUDRE DES VÊTEMENTS, DES TENTES OU MÊME RECOUDRE DES PLAIES! ÇA DEVAIT ÊTRE UN BIEN TRÈS PRÉCIEUX.

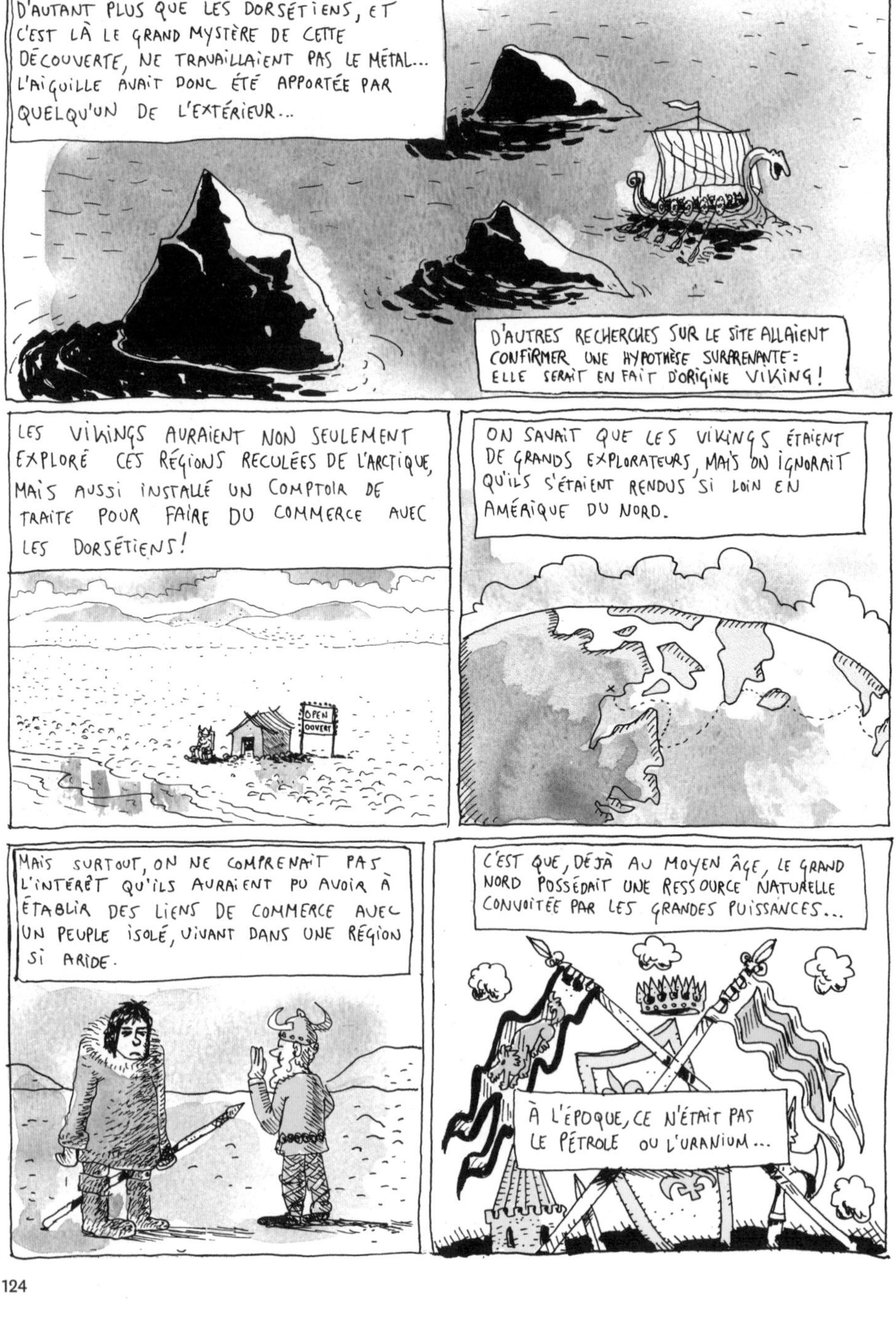

D'AUTANT PLUS QUE LES DORSÉTIENS, ET C'EST LÀ LE GRAND MYSTÈRE DE CETTE DÉCOUVERTE, NE TRAVAILLAIENT PAS LE MÉTAL... L'AIGUILLE AVAIT DONC ÉTÉ APPORTÉE PAR QUELQU'UN DE L'EXTÉRIEUR...
D'AUTRES RECHERCHES SUR LE SITE ALLAIENT CONFIRMER UNE HYPOTHÈSE SURPRENANTE: ELLE SERAIT EN FAIT D'ORIGINE VIKING!
LES VIKINGS AURAIENT NON SEULEMENT EXPLORÉ CES RÉGIONS RECULÉES DE L'ARCTIQUE, MAIS AUSSI INSTALLÉ UN COMPTOIR DE TRAITE POUR FAIRE DU COMMERCE AVEC LES DORSÉTIENS!
OPEN
OUVERT
ON SAVAIT QUE LES VIKINGS ÉTAIENT DE GRANDS EXPLORATEURS, MAIS ON IGNORAIT QU'ILS S'ÉTAIENT RENDUS SI LOIN EN AMÉRIQUE DU NORD.
MAIS SURTOUT, ON NE COMPRENAIT PAS L'INTÉRÊT QU'ILS AURAIENT PU AVOIR À ÉTABLIR DES LIENS DE COMMERCE AVEC UN PEUPLE ISOLÉ, VIVANT DANS UNE RÉGION SI ARIDE.
C'EST QUE, DÉJÀ AU MOYEN ÂGE, LE GRAND NORD POSSÉDAIT UNE RESSOURCE NATURELLE CONVOITÉE PAR LES GRANDES PUISSANCES...
À L'ÉPOQUE, CE N'ÉTAIT PAS LE PÉTROLE OU L'URANIUM...

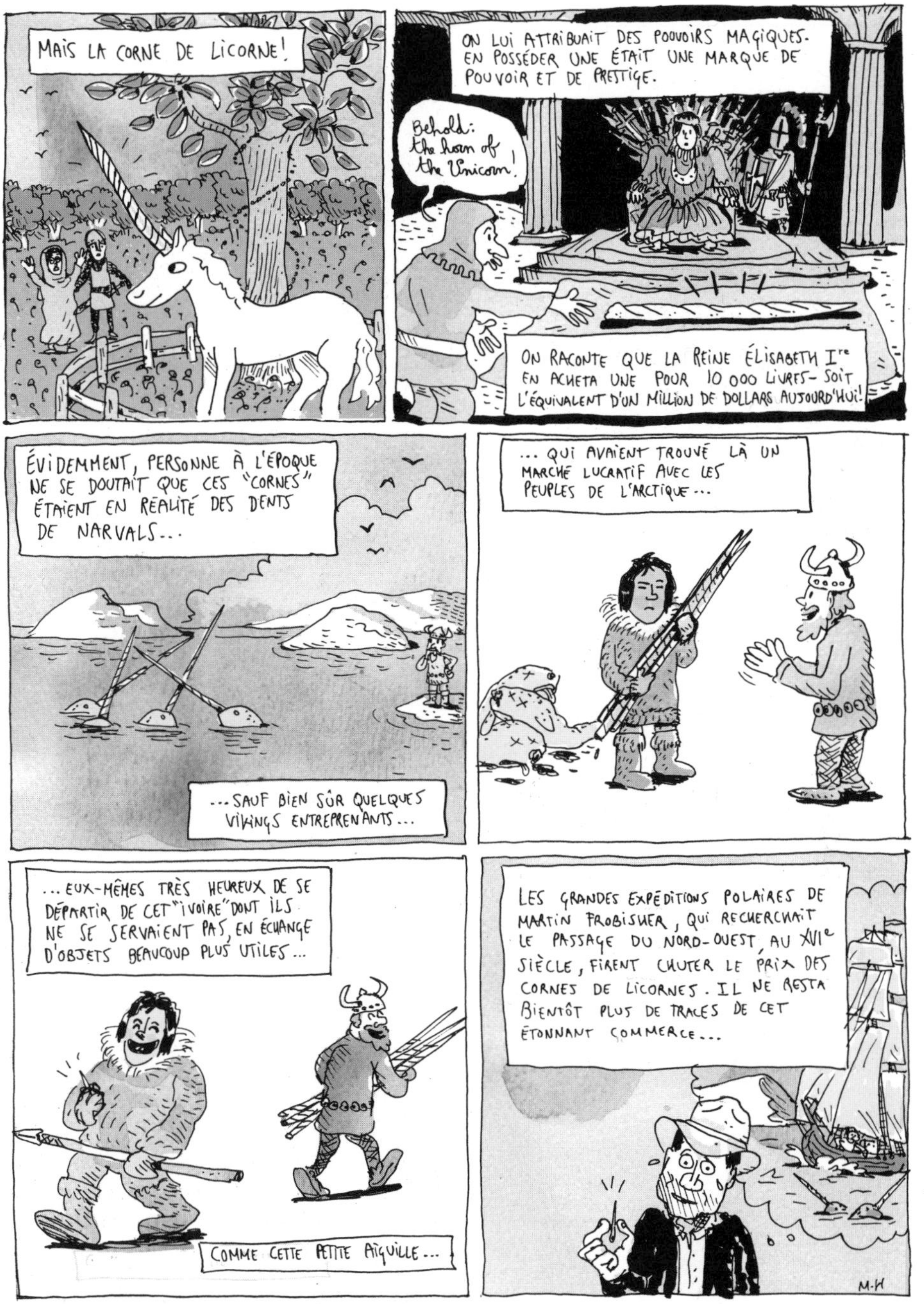
MAIS LA CORNE DE LICORNE!
ON LUI ATTRIBUAIT DES POUVOIRS MAGIQUES. EN POSSÉDER UNE ÉTAIT UNE MARQUE DE POUVOIR ET DE PRESTIGE.
Behold: the horn of the Unicorn!
ON RACONTE QUE LA REINE ÉLISABETH Ire EN ACHETA UNE POUR 10 000 LIVRES – SOIT L'ÉQUIVALENT D'UN MILLION DE DOLLARS AUJOURD'HUI!
ÉVIDEMMENT, PERSONNE À L'ÉPOQUE NE SE DOUTAIT QUE CES "CORNES" ÉTAIENT EN RÉALITÉ DES DENTS DE NARVALS...
...SAUF BIEN SÛR QUELQUES VIKINGS ENTREPRENANTS...
...QUI AVAIENT TROUVÉ LÀ UN MARCHÉ LUCRATIF AVEC LES PEUPLES DE L'ARCTIQUE...
...EUX-MÊMES TRÈS HEUREUX DE SE DÉPARTIR DE CET "IVOIRE" DONT ILS NE SE SERVAIENT PAS, EN ÉCHANGE D'OBJETS BEAUCOUP PLUS UTILES...
COMME CETTE PETITE AIGUILLE...
LES GRANDES EXPÉDITIONS POLAIRES DE MARTIN FROBISHER, QUI RECHERCHAIT LE PASSAGE DU NORD-OUEST, AU XVIe SIÈCLE, FIRENT CHUTER LE PRIX DES CORNES DE LICORNES. IL NE RESTA BIENTÔT PLUS DE TRACES DE CET ÉTONNANT COMMERCE...
M-H

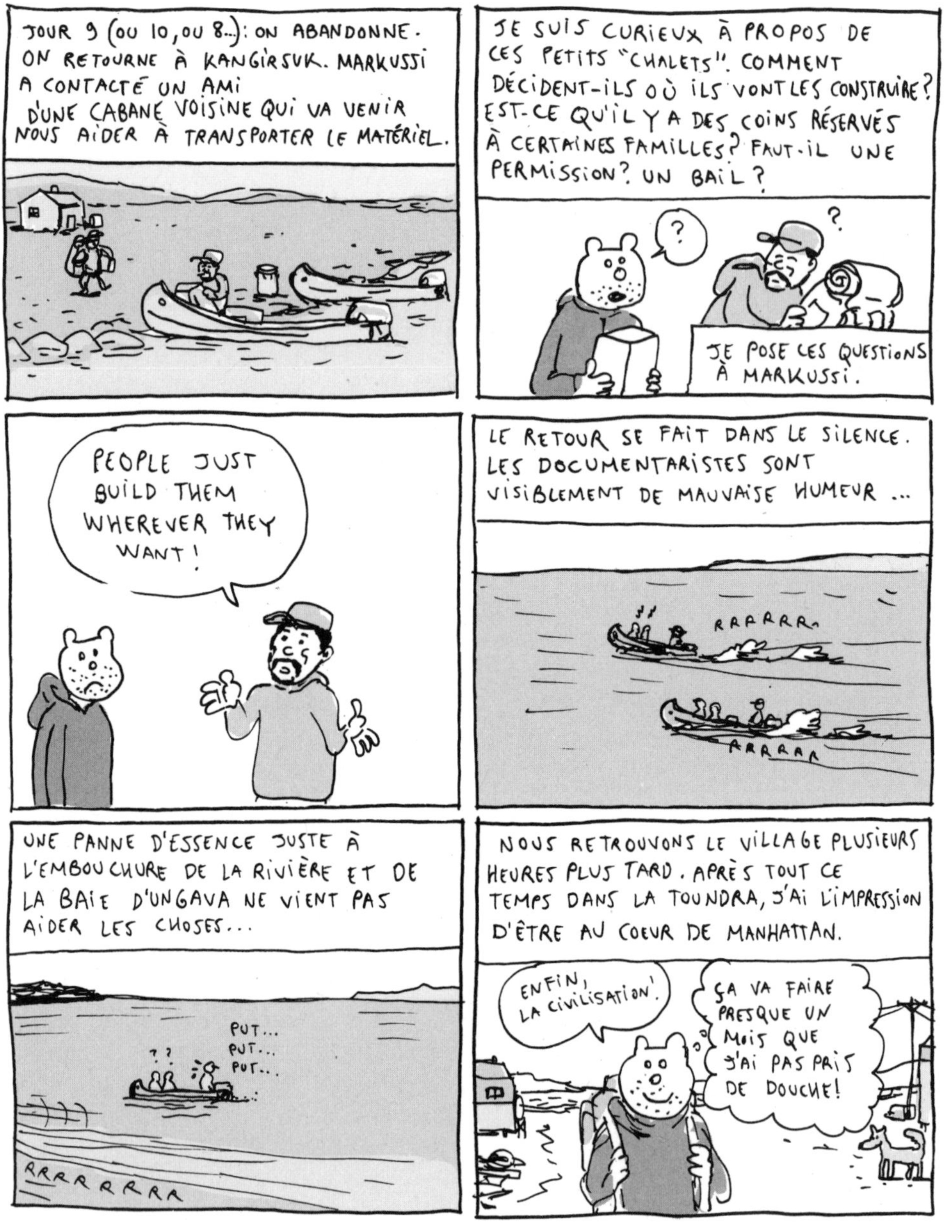
JOUR 9 (OU 10, OU 8...) : ON ABANDONNE. ON RETOURNE À KANGIRSUK. MARKUSSI A CONTACTÉ UN AMI D'UNE CABANE VOISINE QUI VA VENIR NOUS AIDER À TRANSPORTER LE MATÉRIEL.
JE SUIS CURIEUX À PROPOS DE CES PETITS "CHALETS". COMMENT DÉCIDENT-ILS OÙ ILS VONT LES CONSTRUIRE? EST-CE QU'IL Y A DES COINS RÉSERVÉS À CERTAINES FAMILLES? FAUT-IL UNE PERMISSION? UN BAIL?
?
?
JE POSE LES QUESTIONS À MARKUSSI.
PEOPLE JUST BUILD THEM WHEREVER THEY WANT!
LE RETOUR SE FAIT DANS LE SILENCE. LES DOCUMENTARISTES SONT VISIBLEMENT DE MAUVAISE HUMEUR...
RRRRRR
RRRRR
UNE PANNE D'ESSENCE JUSTE À L'EMBOUCHURE DE LA RIVIÈRE ET DE LA BAIE D'UNGAVA NE VIENT PAS AIDER LES CHOSES...
? ?
PUT... PUT... PUT...
RRRRRRRR
NOUS RETROUVONS LE VILLAGE PLUSIEURS HEURES PLUS TARD. APRÈS TOUT CE TEMPS DANS LA TOUNDRA, J'AI L'IMPRESSION D'ÊTRE AU COEUR DE MANHATTAN.
ENFIN, LA CIVILISATION!
ÇA VA FAIRE PRESQUE UN MOIS QUE J'AI PAS PRIS DE DOUCHE!

ᐳᕕᕐᓂᑐᖅ

PUVIRNITUQ

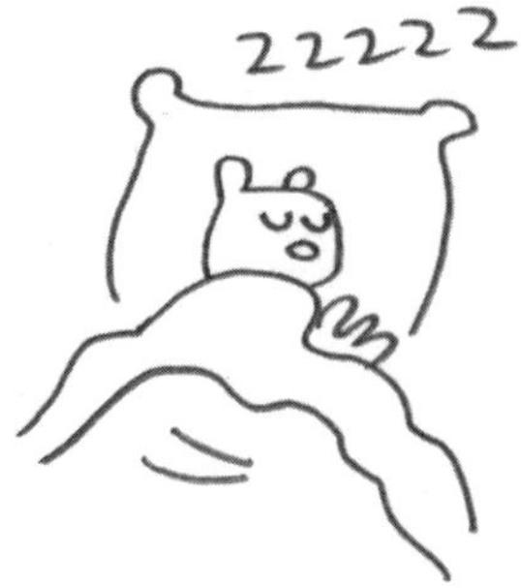
ZZZZZ

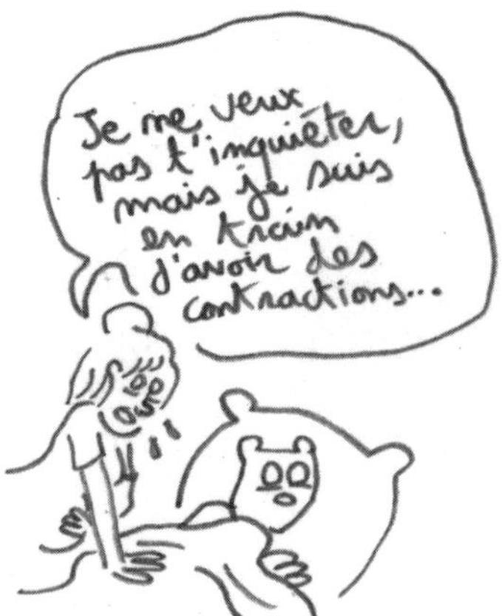
Je ne veux pas t'inquiéter, mais je suis en train d'avoir des contractions...

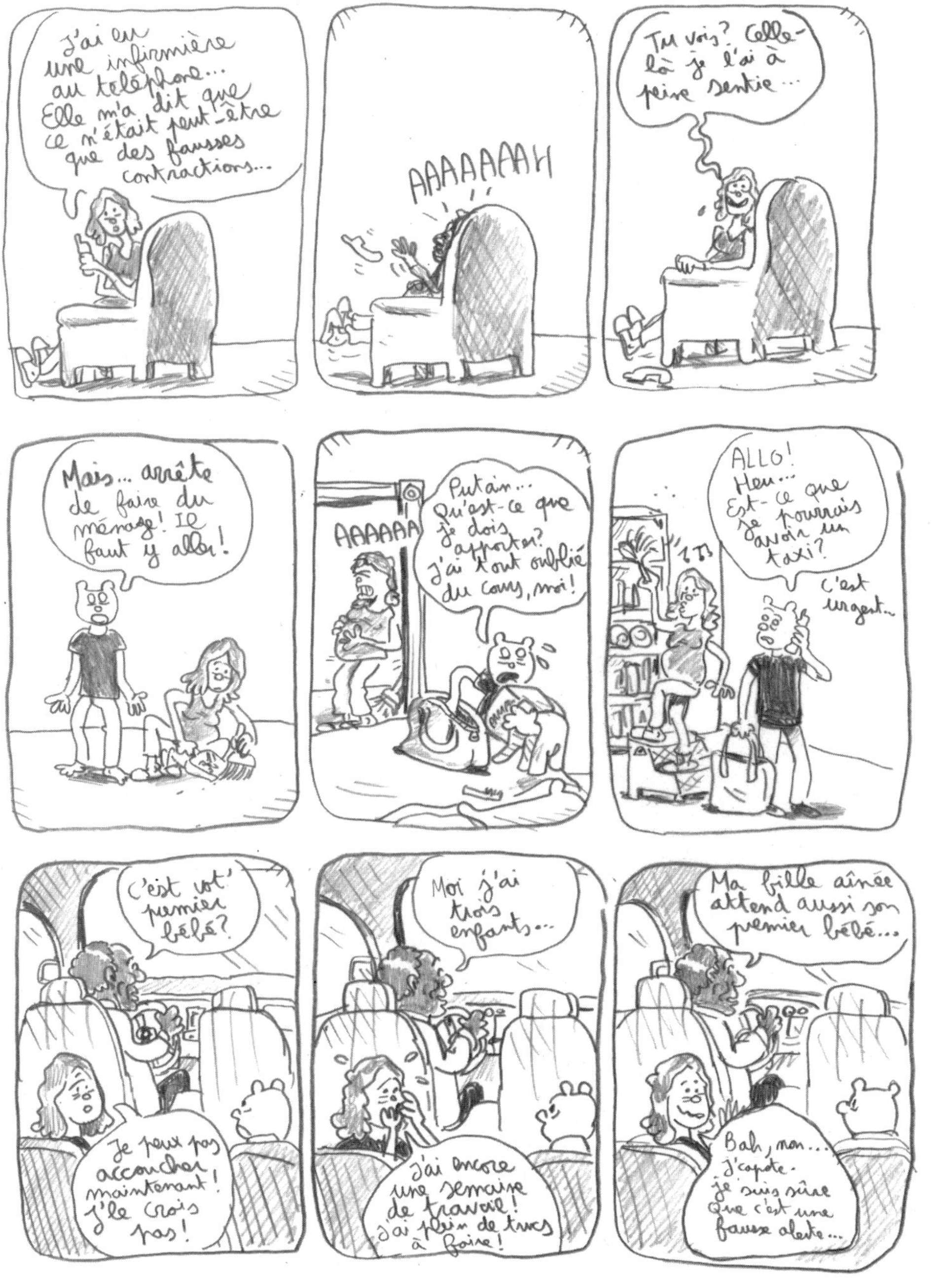
J'ai eu une infirmière au téléphone... Elle m'a dit que ce n'était peut-être que des fausses contractions...
AAAAAAAH
Tu vois? Celle-là je l'ai à peine sentie...
Mais... arrête de faire du ménage! Il faut y aller!
AAAAAA
Putain... Qu'est-ce que je dois apporter? J'ai tout oublié du cours, moi!
ALLO! Heu... Est-ce que je pourrais avoir un taxi?
C'est urgent...
C'est vot' premier bébé?
Je peux pas accoucher maintenant! J'le crois pas!
Moi j'ai trois enfants...
J'ai encore une semaine de travail! J'ai plein de trucs à faire!
Ma fille aînée attend aussi son premier bébé...
Bah, non... J'capote. Je suis sûre que c'est une fausse alerte...

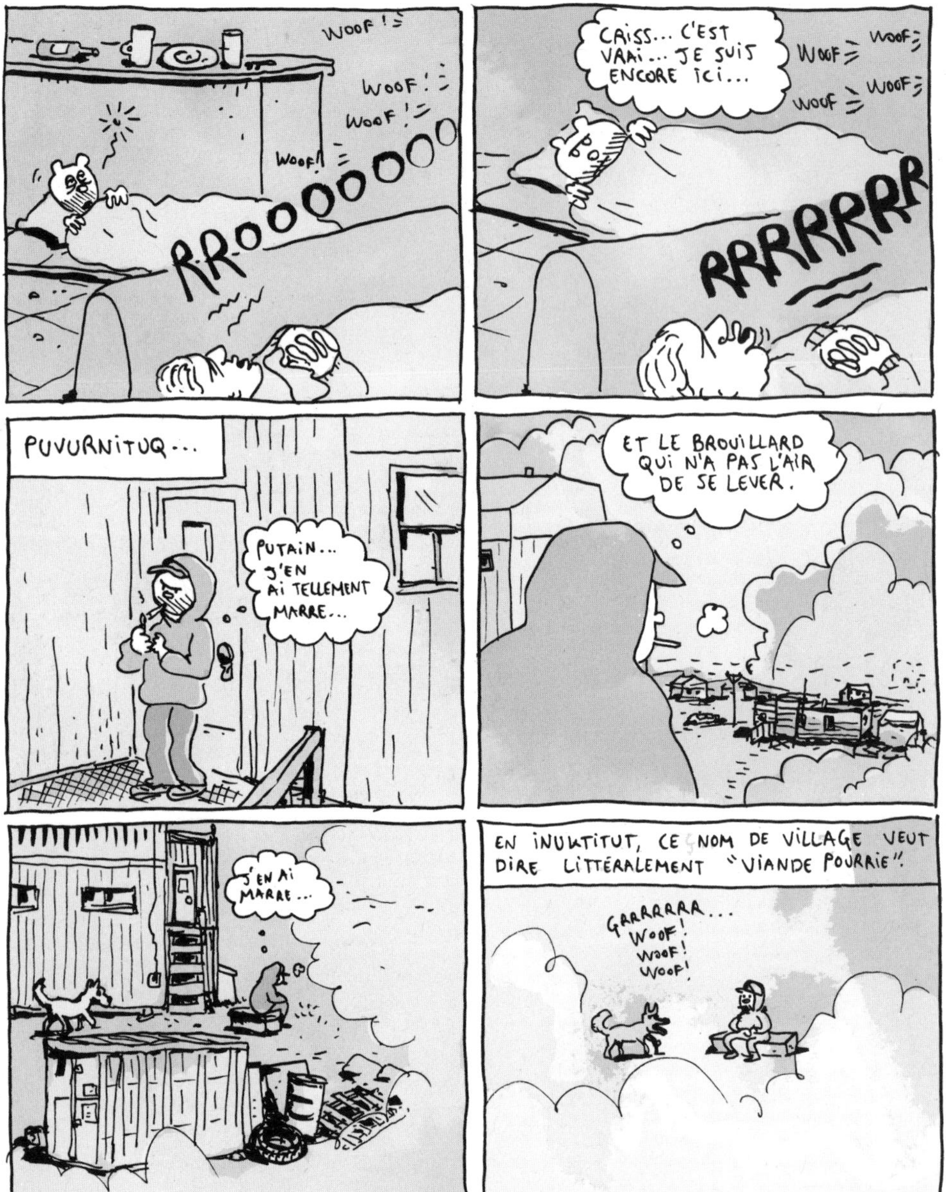
WOOF !
WOOF !
WOOF !
WOOF !
RROOOOOOOO
CRISS... C'EST VRAI... JE SUIS ENCORE ICI...
WOOF WOOF
WOOF WOOF
RRRRRRR
PUVURNITUQ...
PUTAIN... J'EN AI TELLEMENT MARRE...
ET LE BROUILLARD QUI N'A PAS L'AIR DE SE LEVER.
J'EN AI MARRE...
EN INUKTITUT, CE NOM DE VILLAGE VEUT DIRE LITTÉRALEMENT "VIANDE POURRIE".
GRRRRRRR... WOOF! WOOF! WOOF!

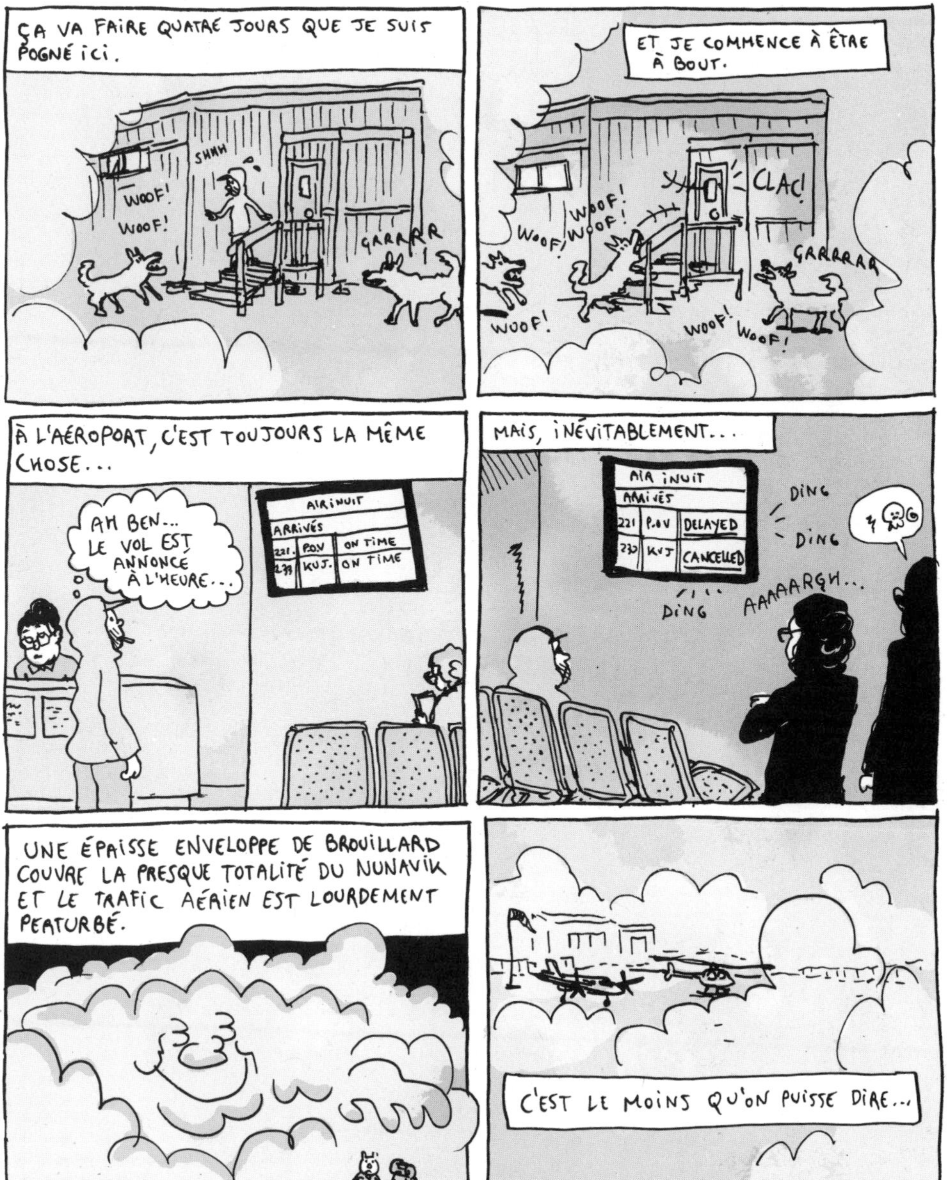

ÇA VA FAIRE QUATRE JOURS QUE JE SUIS POGNÉ ICI.
SHHH
WOOF!
WOOF!
GRRRRR
ET JE COMMENCE À ÊTRE À BOUT.
CLAC!
WOOF! WOOF!
WOOF!
GRRRRRR
WOOF!
WOOF! WOOF!
À L'AÉROPORT, C'EST TOUJOURS LA MÊME CHOSE...
AH BEN... LE VOL EST ANNONCÉ À L'HEURE...
AIR INUIT
ARRIVÉS
221 P.O.V ON TIME
233 KUJ. ON TIME
MAIS, INÉVITABLEMENT...
AIR INUIT
ARRIVÉS
221 P.O.V DELAYED
233 KUJ CANCELLED
DING
DING
DING
AAAAARGH...
UNE ÉPAISSE ENVELOPPE DE BROUILLARD COUVRE LA PRESQUE TOTALITÉ DU NUNAVIK ET LE TRAFIC AÉRIEN EST LOURDEMENT PERTURBÉ.
C'EST LE MOINS QU'ON PUISSE DIRE...

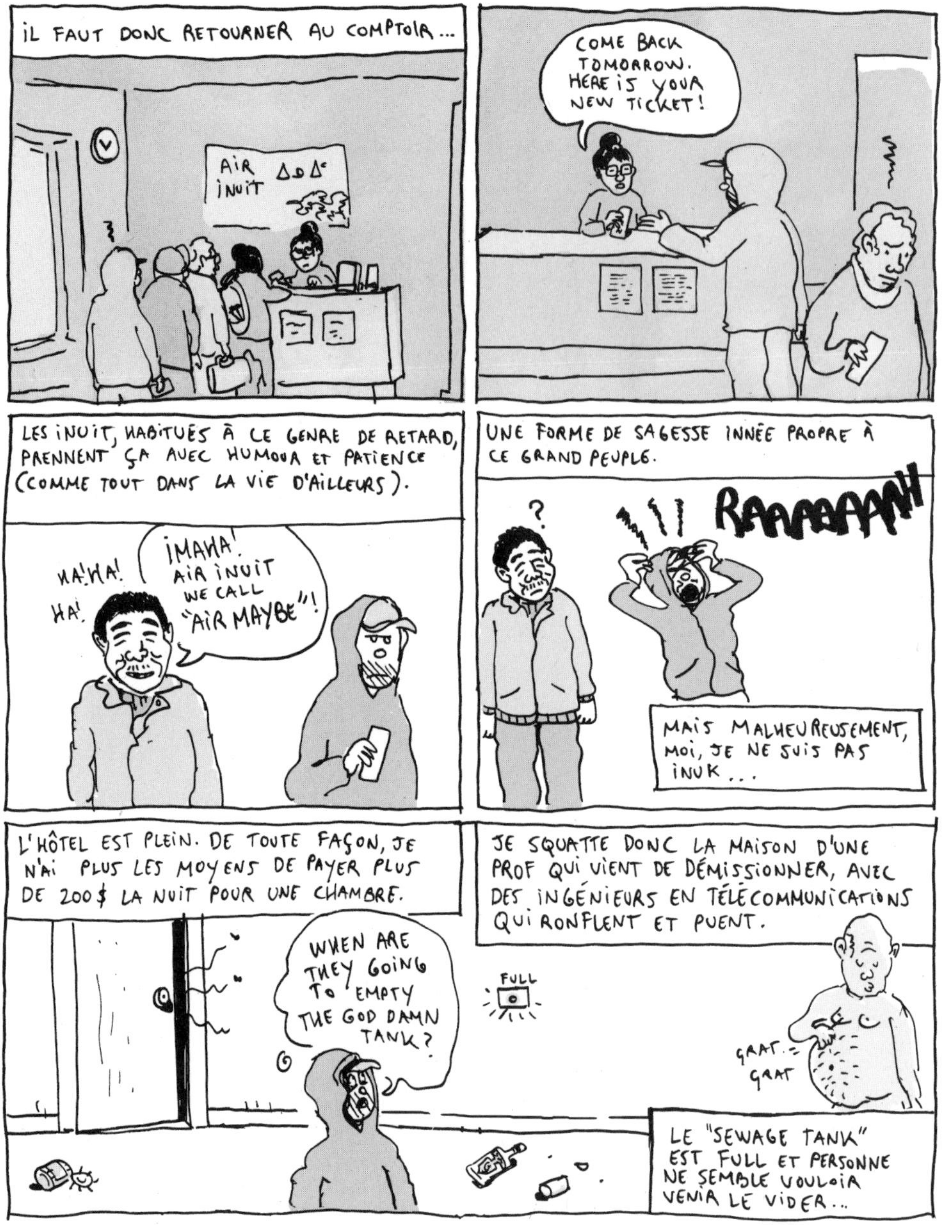

IL FAUT DONC RETOURNER AU COMPTOIR...
AIR INUIT
COME BACK TOMORROW. HERE IS YOUR NEW TICKET!
LES INUIT, HABITUÉS À CE GENRE DE RETARD, PRENNENT ÇA AVEC HUMOUR ET PATIENCE (COMME TOUT DANS LA VIE D'AILLEURS).
HA! HA! HA!
HAHA! AIR INUIT WE CALL "AIR MAYBE"!
UNE FORME DE SAGESSE INNÉE PROPRE À CE GRAND PEUPLE.
?
RAAAAAAH
MAIS MALHEUREUSEMENT, MOI, JE NE SUIS PAS INUK...
L'HÔTEL EST PLEIN. DE TOUTE FAÇON, JE N'AI PLUS LES MOYENS DE PAYER PLUS DE 200$ LA NUIT POUR UNE CHAMBRE.
WHEN ARE THEY GOING TO EMPTY THE GOD DAMN TANK?
FULL
JE SQUATTE DONC LA MAISON D'UNE PROF QUI VIENT DE DÉMISSIONNER, AVEC DES INGÉNIEURS EN TÉLÉCOMMUNICATIONS QUI RONFLENT ET PUENT.
GRAT GRAT
LE "SEWAGE TANK" EST FULL ET PERSONNE NE SEMBLE VOULOIR VENIR LE VIDER...

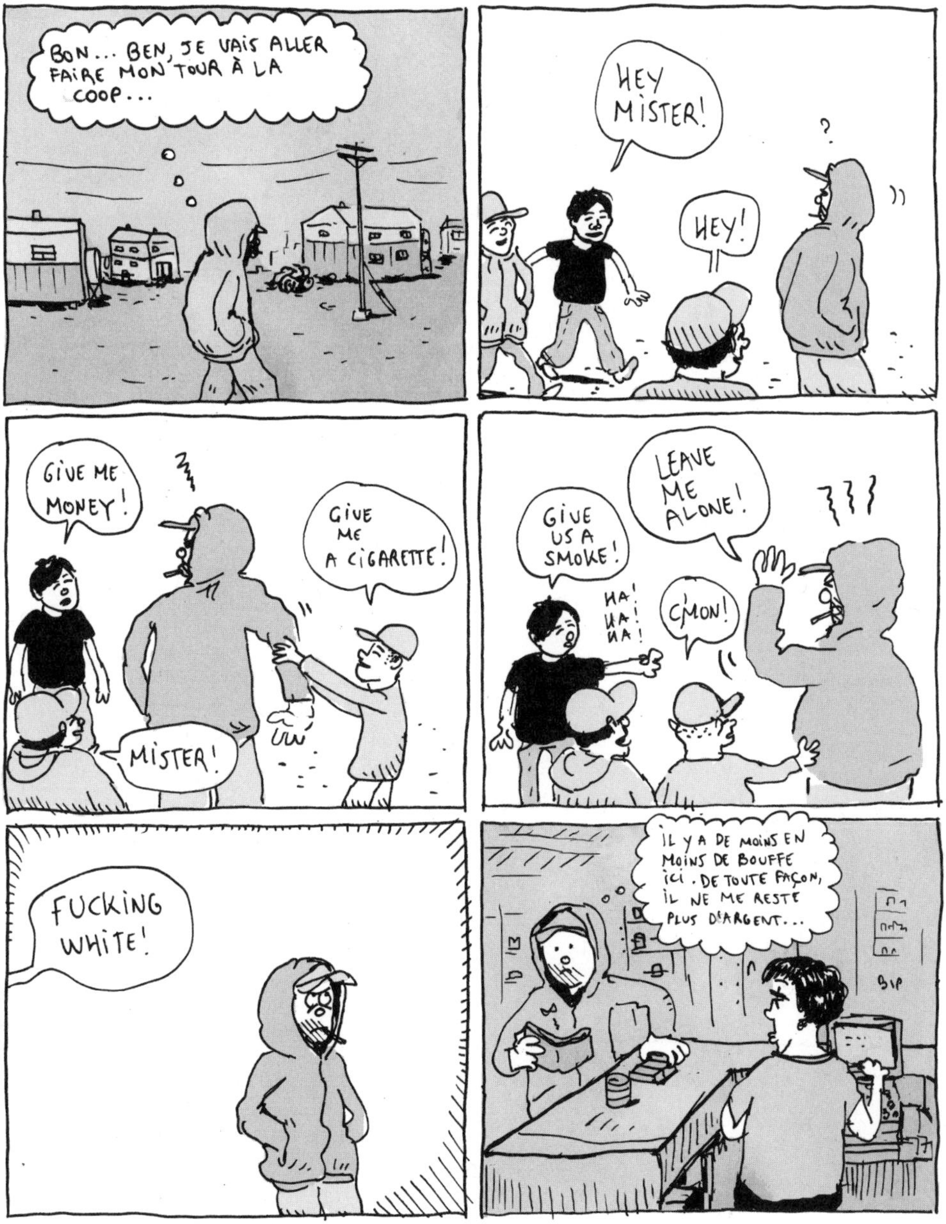
BON... BEN, JE VAIS ALLER FAIRE MON TOUR À LA COOP...
HEY MISTER!
HEY!
?
GIVE ME MONEY!
GIVE ME A CIGARETTE!
MISTER!
GIVE US A SMOKE!
LEAVE ME ALONE!
HA! HA! HA!
C'MON!
FUCKING WHITE!
IL Y A DE MOINS EN MOINS DE BOUFFE ICI. DE TOUTE FAÇON, IL NE ME RESTE PLUS D'ARGENT...
BIP

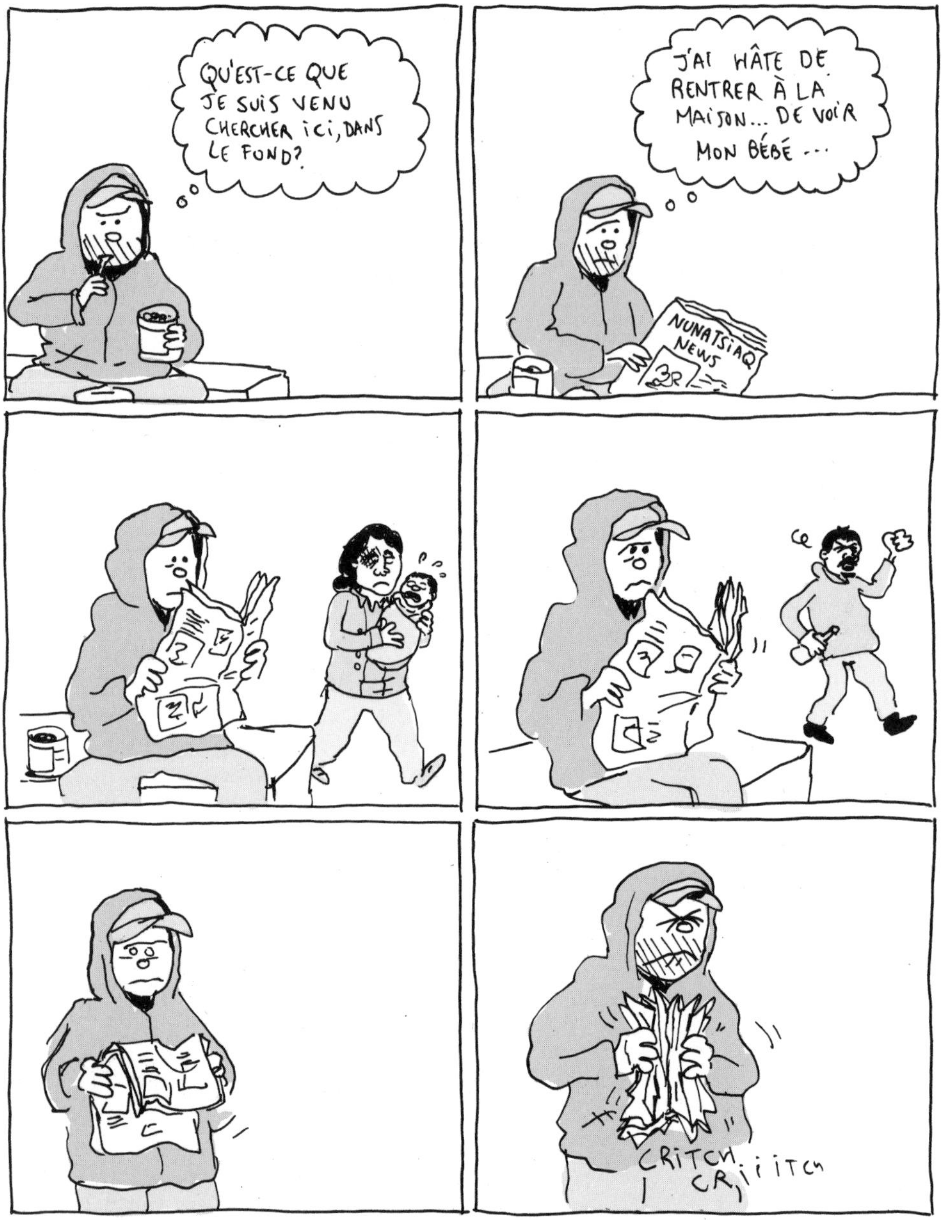
QU'EST-CE QUE JE SUIS VENU CHERCHER ICI, DANS LE FOND?
J'AI HÂTE DE RENTRER À LA MAISON... DE VOIR MON BÉBÉ...
NUNATSIAQ NEWS
CRITCH
CRIIITCH

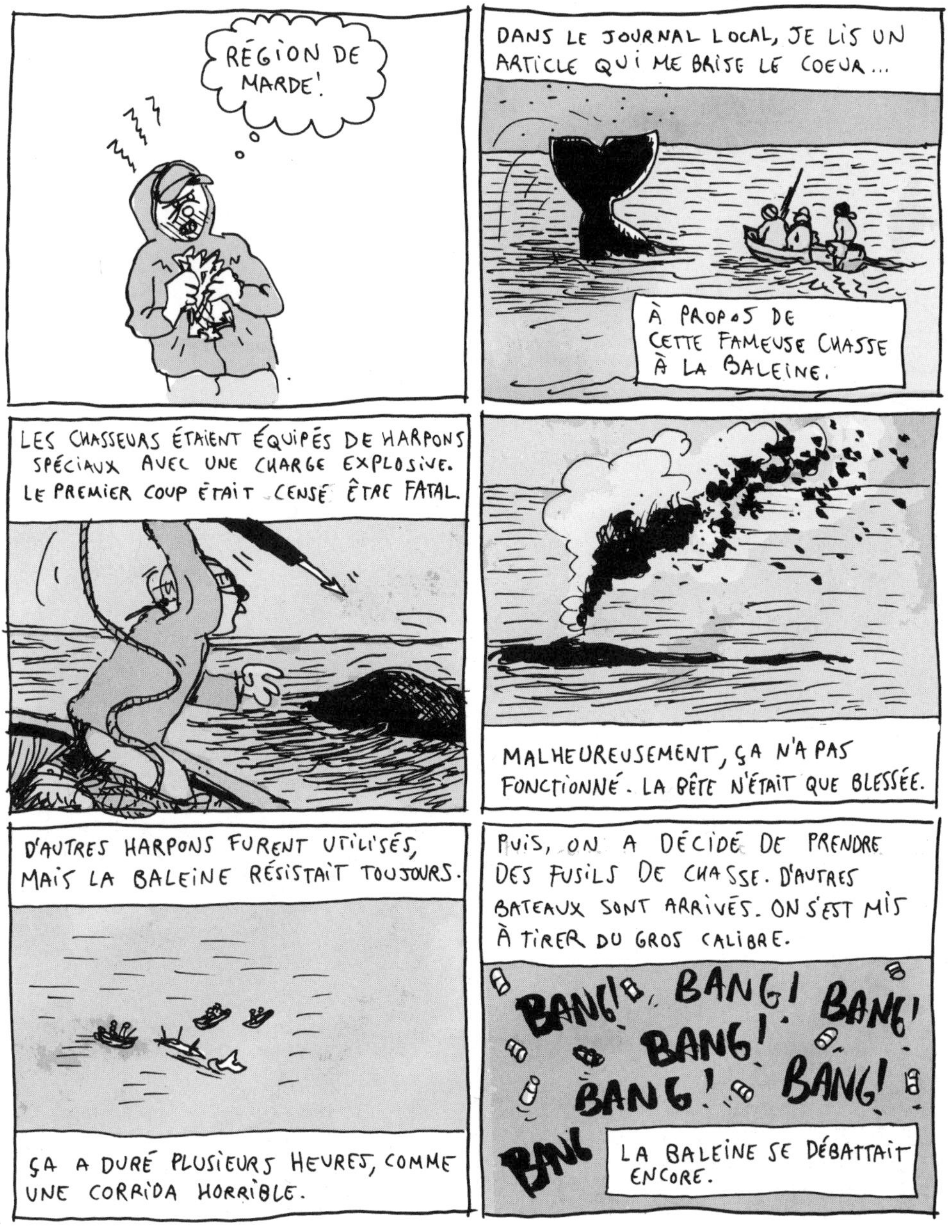
RÉGION DE MARDE!
DANS LE JOURNAL LOCAL, JE LIS UN ARTICLE QUI ME BRISE LE COEUR...
À PROPOS DE CETTE FAMEUSE CHASSE À LA BALEINE.
LES CHASSEURS ÉTAIENT ÉQUIPÉS DE HARPONS SPÉCIAUX AVEC UNE CHARGE EXPLOSIVE. LE PREMIER COUP ÉTAIT CENSÉ ÊTRE FATAL.
MALHEUREUSEMENT, ÇA N'A PAS FONCTIONNÉ. LA BÊTE N'ÉTAIT QUE BLESSÉE.
D'AUTRES HARPONS FURENT UTILISÉS, MAIS LA BALEINE RÉSISTAIT TOUJOURS.
ÇA A DURÉ PLUSIEURS HEURES, COMME UNE CORRIDA HORRIBLE.
PUIS, ON A DÉCIDÉ DE PRENDRE DES FUSILS DE CHASSE. D'AUTRES BATEAUX SONT ARRIVÉS. ON S'EST MIS À TIRER DU GROS CALIBRE.
BANG! BANG! BANG! BANG! BANG! BANG! BANG
LA BALEINE SE DÉBATTAIT ENCORE.

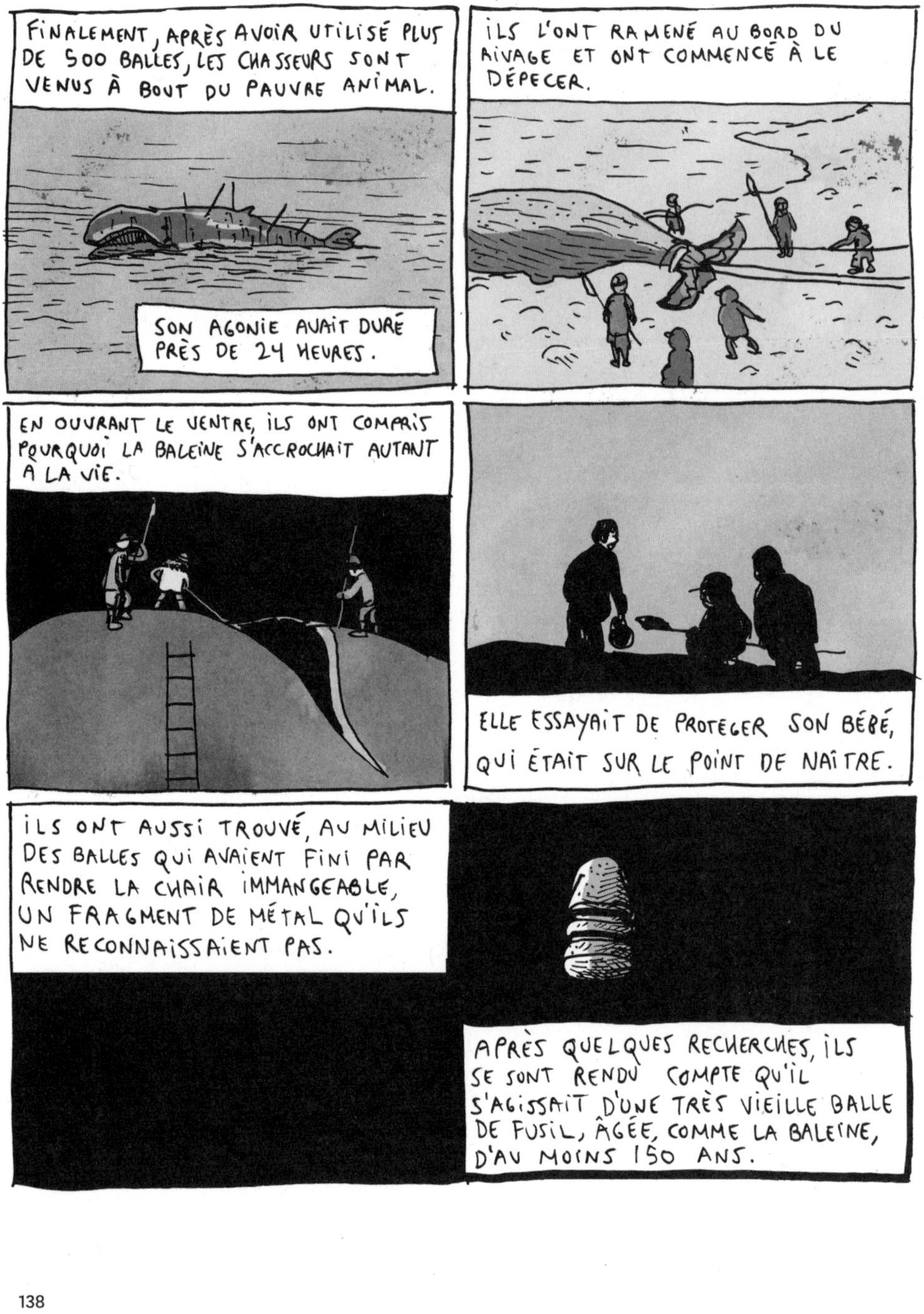
FINALEMENT, APRÈS AVOIR UTILISÉ PLUS DE 500 BALLES, LES CHASSEURS SONT VENUS À BOUT DU PAUVRE ANIMAL.
SON AGONIE AVAIT DURÉ PRÈS DE 24 HEURES.
ILS L'ONT RAMENÉ AU BORD DU RIVAGE ET ONT COMMENCÉ À LE DÉPECER.
EN OUVRANT LE VENTRE, ILS ONT COMPRIS POURQUOI LA BALEINE S'ACCROCHAIT AUTANT A LA VIE.
ELLE ESSAYAIT DE PROTEGER SON BÉBÉ, QUI ÉTAIT SUR LE POINT DE NAÎTRE.
ILS ONT AUSSI TROUVÉ, AU MILIEU DES BALLES QUI AVAIENT FINI PAR RENDRE LA CHAIR IMMANGEABLE, UN FRAGMENT DE MÉTAL QU'ILS NE RECONNAISSAIENT PAS.
APRÈS QUELQUES RECHERCHES, ILS SE SONT RENDU COMPTE QU'IL S'AGISSAIT D'UNE TRÈS VIEILLE BALLE DE FUSIL, ÂGÉE, COMME LA BALEINE, D'AU MOINS 150 ANS.

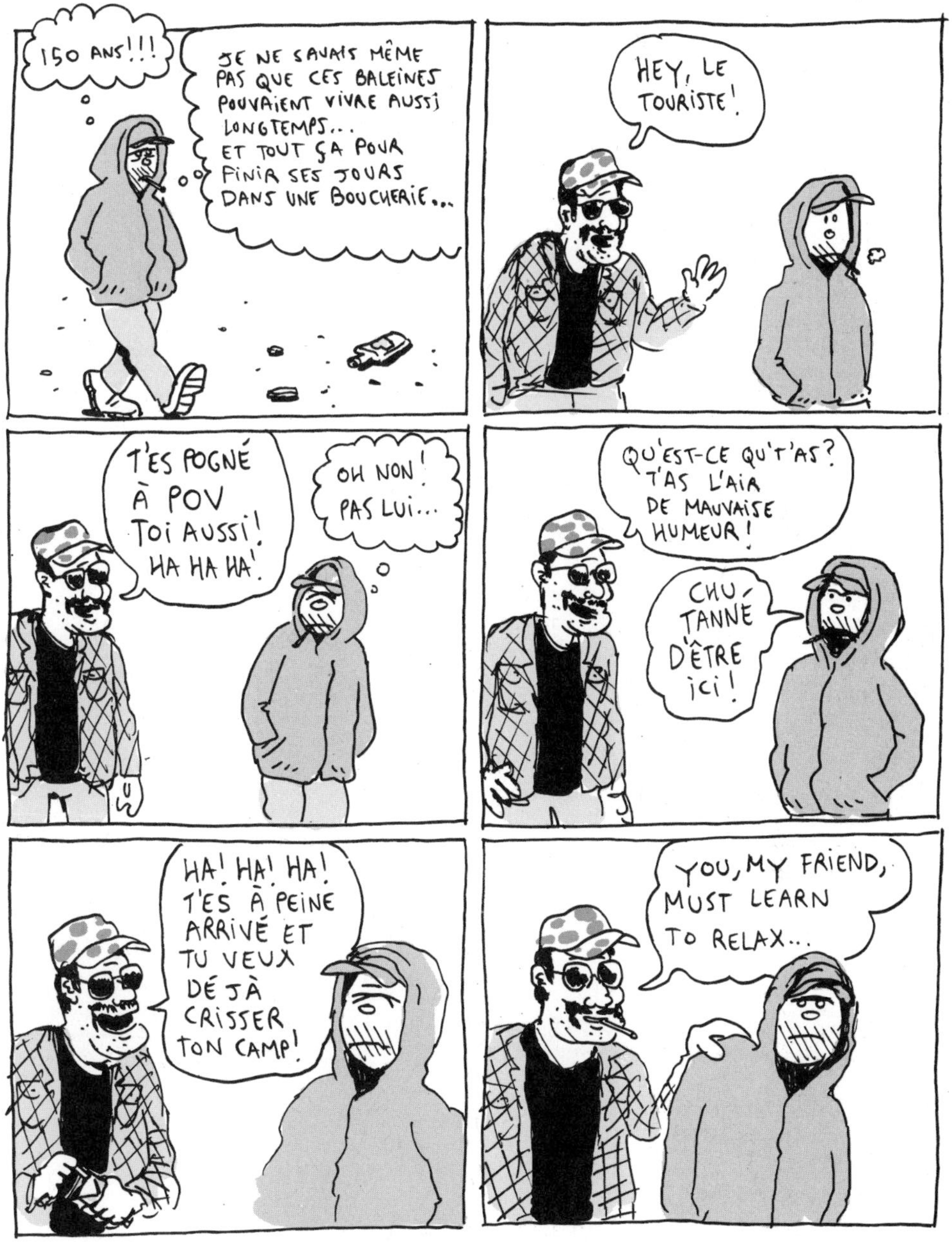
150 ANS!!!
JE NE SAVAIS MÊME PAS QUE CES BALEINES POUVAIENT VIVRE AUSSI LONGTEMPS... ET TOUT ÇA POUR FINIR SES JOURS DANS UNE BOUCHERIE...
HEY, LE TOURISTE!
T'ES POGNÉ À POV TOI AUSSI! HA HA HA!
OH NON! PAS LUI...
QU'EST-CE QU'T'AS? T'AS L'AIR DE MAUVAISE HUMEUR!
CHU TANNÉ D'ÊTRE ICI!
HA! HA! HA! T'ES À PEINE ARRIVÉ ET TU VEUX DÉJÀ CRISSER TON CAMP!
YOU, MY FRIEND, MUST LEARN TO RELAX...

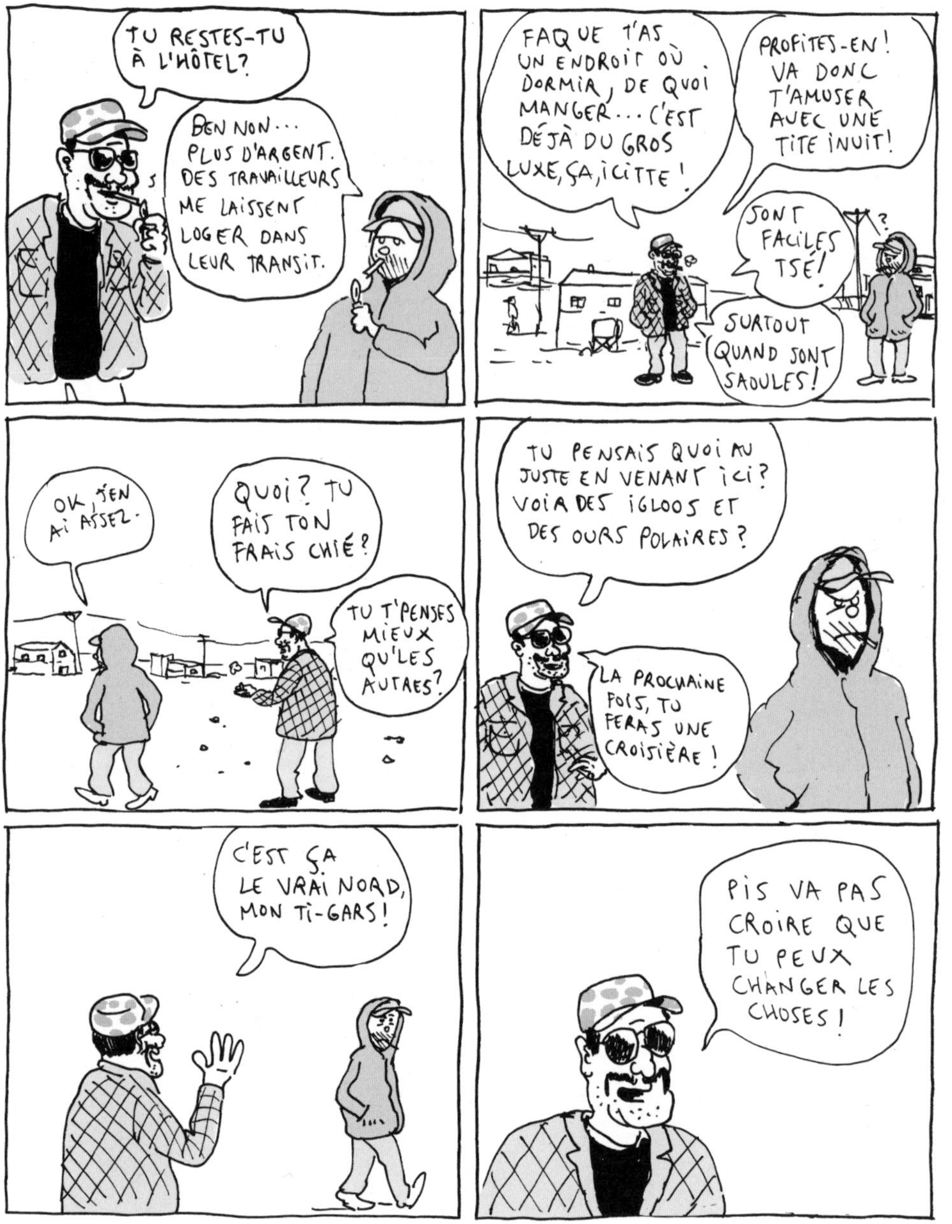
TU RESTES-TU À L'HÔTEL?
BEN NON... PLUS D'ARGENT. DES TRAVAILLEURS ME LAISSENT LOGER DANS LEUR TRANSIT.
FAQUE T'AS UN ENDROIT OÙ DORMIR, DE QUOI MANGER... C'EST DÉJÀ DU GROS LUXE, ÇA, ICITTE!
PROFITES-EN! VA DONC T'AMUSER AVEC UNE TITE INUIT!
SONT FACILES TSÉ!
SURTOUT QUAND SONT SAOULES!
OK, J'EN AI ASSEZ.
QUOI? TU FAIS TON FRAIS CHIÉ?
TU T'PENSES MIEUX QU'LES AUTRES?
TU PENSAIS QUOI AU JUSTE EN VENANT ICI? VOIR DES IGLOOS ET DES OURS POLAIRES?
LA PROCHAINE FOIS, TU FERAS UNE CROISIÈRE!
C'EST ÇA LE VRAI NORD, MON TI-GARS!
PIS VA PAS CROIRE QUE TU PEUX CHANGER LES CHOSES!

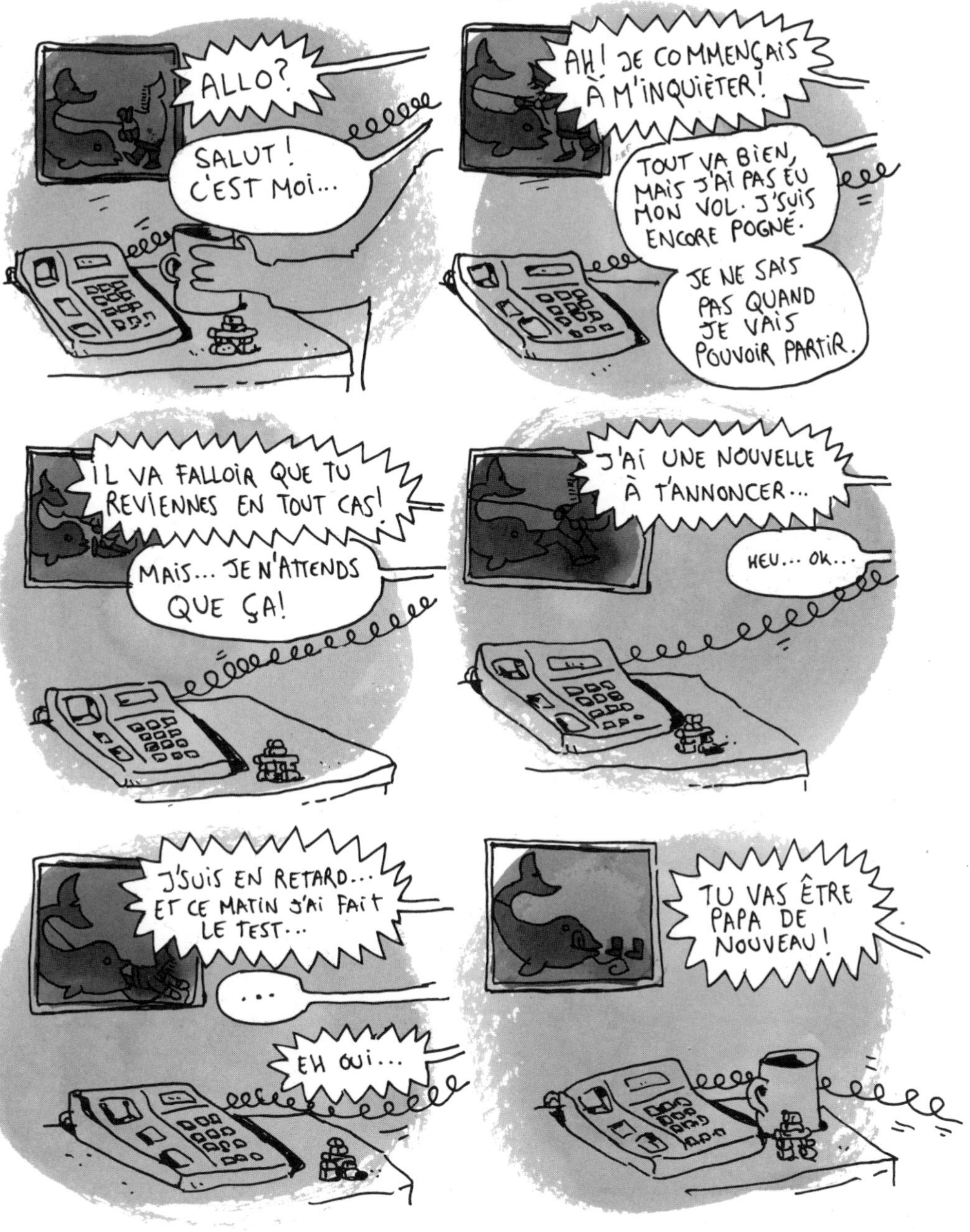
ALLO?
SALUT! C'EST MOI...
AH! JE COMMENÇAIS À M'INQUIÉTER!
TOUT VA BIEN, MAIS J'AI PAS EU MON VOL. J'SUIS ENCORE POGNÉ.
JE NE SAIS PAS QUAND JE VAIS POUVOIR PARTIR.
IL VA FALLOIR QUE TU REVIENNES EN TOUT CAS!
MAIS... JE N'ATTENDS QUE ÇA!
J'AI UNE NOUVELLE À T'ANNONCER...
HEU... OK...
J'SUIS EN RETARD... ET CE MATIN J'AI FAIT LE TEST...
...
EH OUI...
TU VAS ÊTRE PAPA DE NOUVEAU!

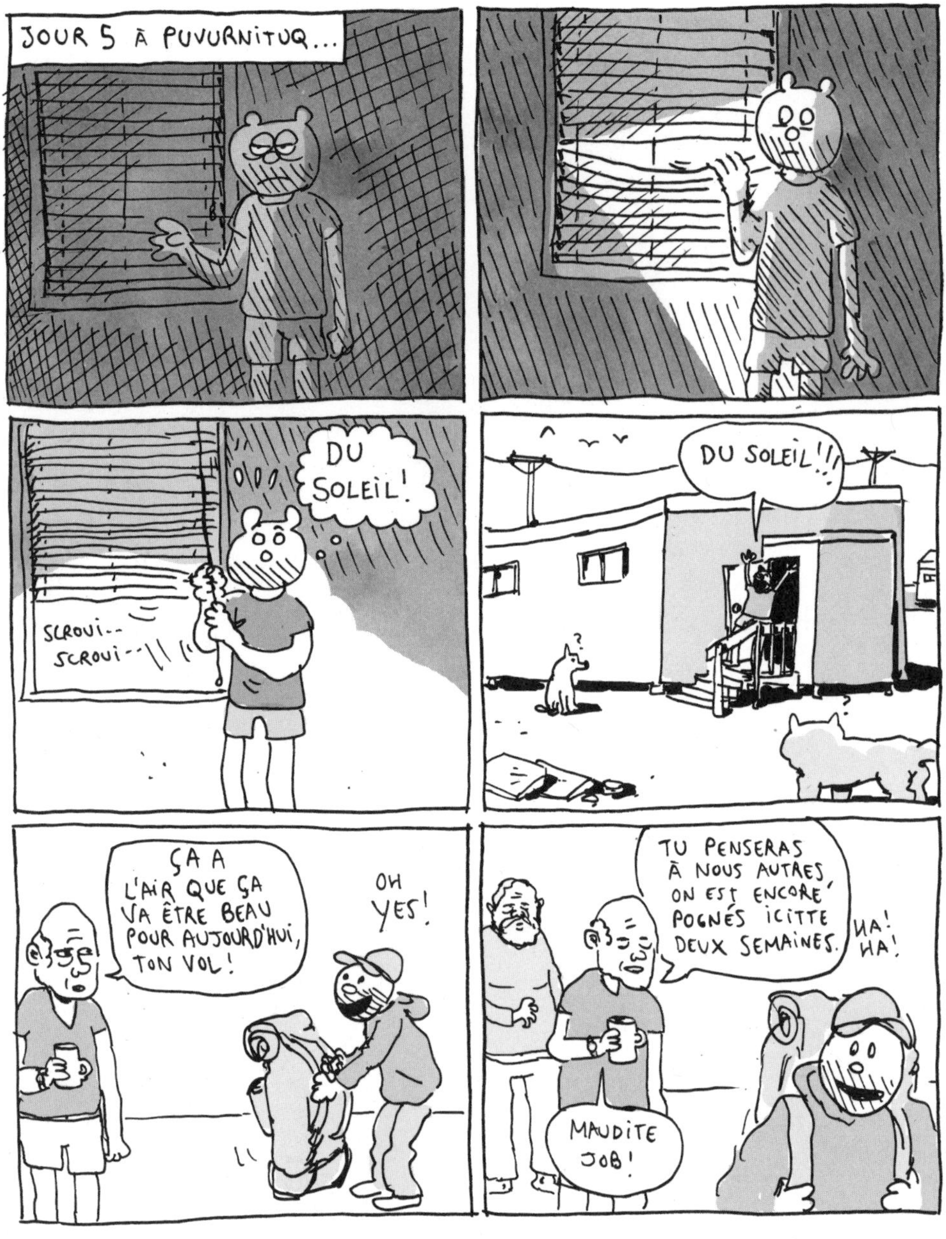
JOUR 5 À PUVURNITUQ...
DU SOLEIL!
SCROUI-- SCROUI--
DU SOLEIL!!!
ÇA A L'AIR QUE ÇA VA ÊTRE BEAU POUR AUJOURD'HUI, TON VOL!
OH YES!
TU PENSERAS À NOUS AUTRES, ON EST ENCORE POGNÉS ICITTE DEUX SEMAINES.
HA! HA!
MAUDITE JOB!

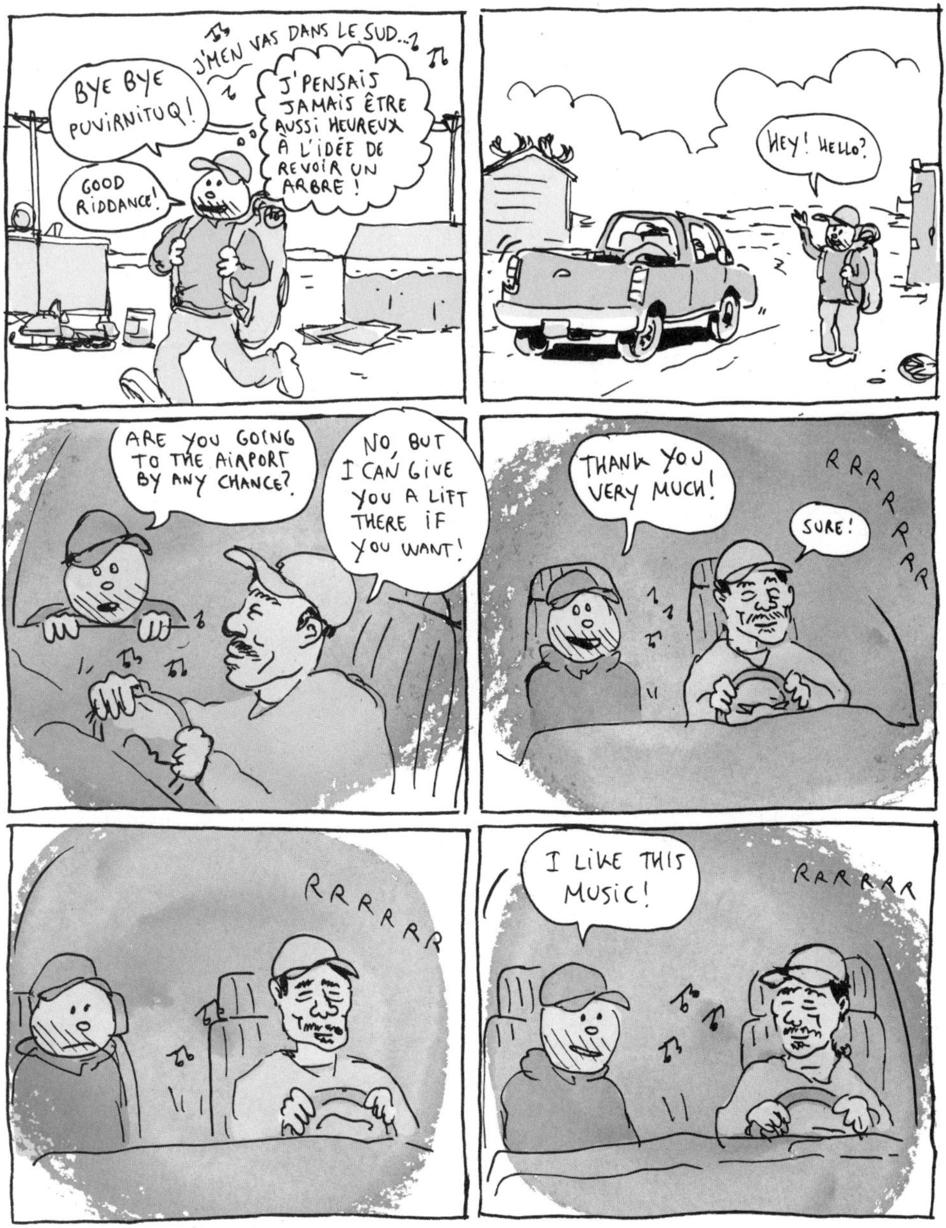
J'MEN VAS DANS LE SUD...
BYE BYE PUVIRNITUQ!
J'PENSAIS JAMAIS ÊTRE AUSSI HEUREUX À L'IDÉE DE REVOIR UN ARBRE!
GOOD RIDDANCE!
HEY! HELLO?
ARE YOU GOING TO THE AIRPORT BY ANY CHANCE?
NO, BUT I CAN GIVE YOU A LIFT THERE IF YOU WANT!
THANK YOU VERY MUCH!
RRRRRRRRR
SURE!
RRRRRR
I LIKE THIS MUSIC!
RRRRRR

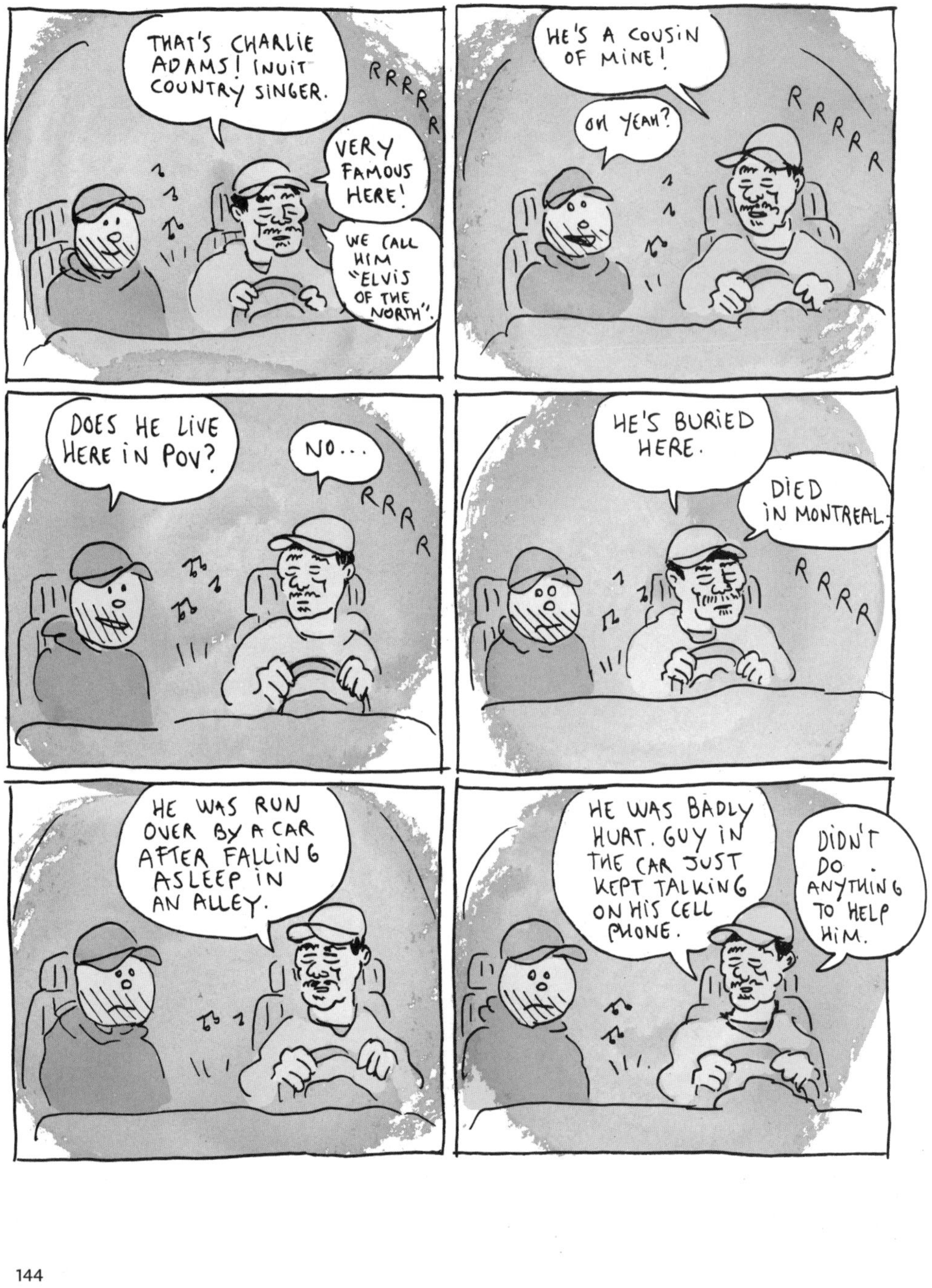
THAT'S CHARLIE ADAMS! INUIT COUNTRY SINGER.
RRRRRR
VERY FAMOUS HERE!
WE CALL HIM "ELVIS OF THE NORTH".
HE'S A COUSIN OF MINE!
OH YEAH?
RRRRR
DOES HE LIVE HERE IN POV?
NO...
RRRRR
HE'S BURIED HERE.
DIED IN MONTREAL.
RRRRR
HE WAS RUN OVER BY A CAR AFTER FALLING ASLEEP IN AN ALLEY.
HE WAS BADLY HURT. GUY IN THE CAR JUST KEPT TALKING ON HIS CELL PHONE.
DIDN'T DO ANYTHING TO HELP HIM.

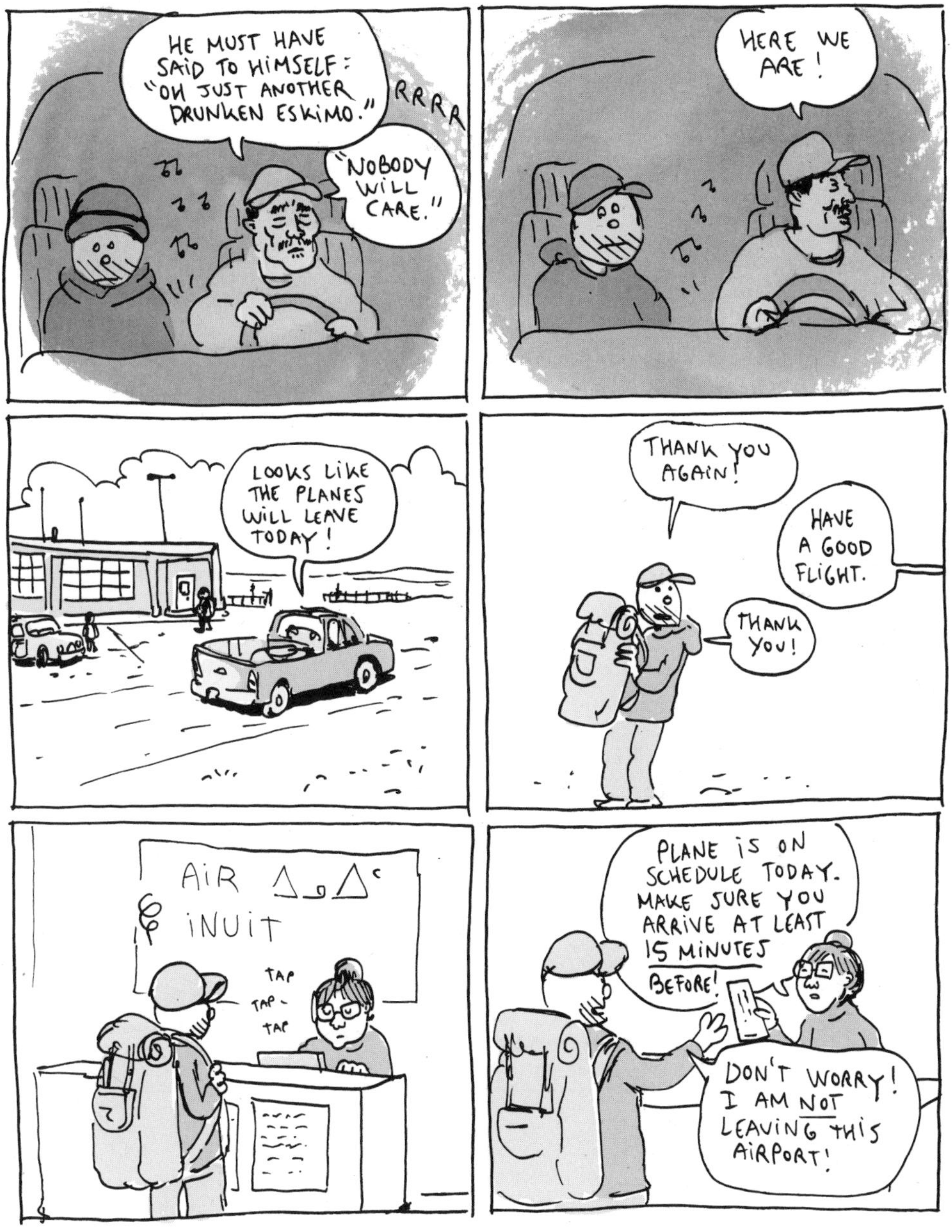
HE MUST HAVE SAID TO HIMSELF: "OH JUST ANOTHER DRUNKEN ESKIMO."
RRRR
"NOBODY WILL CARE."
HERE WE ARE!
LOOKS LIKE THE PLANES WILL LEAVE TODAY!
THANK YOU AGAIN!
HAVE A GOOD FLIGHT.
THANK YOU!
AIR ᐃᓄᐃᑦ INUIT
TAP TAP TAP
PLANE IS ON SCHEDULE TODAY. MAKE SURE YOU ARRIVE AT LEAST 15 MINUTES BEFORE!
DON'T WORRY! I AM NOT LEAVING THIS AIRPORT!

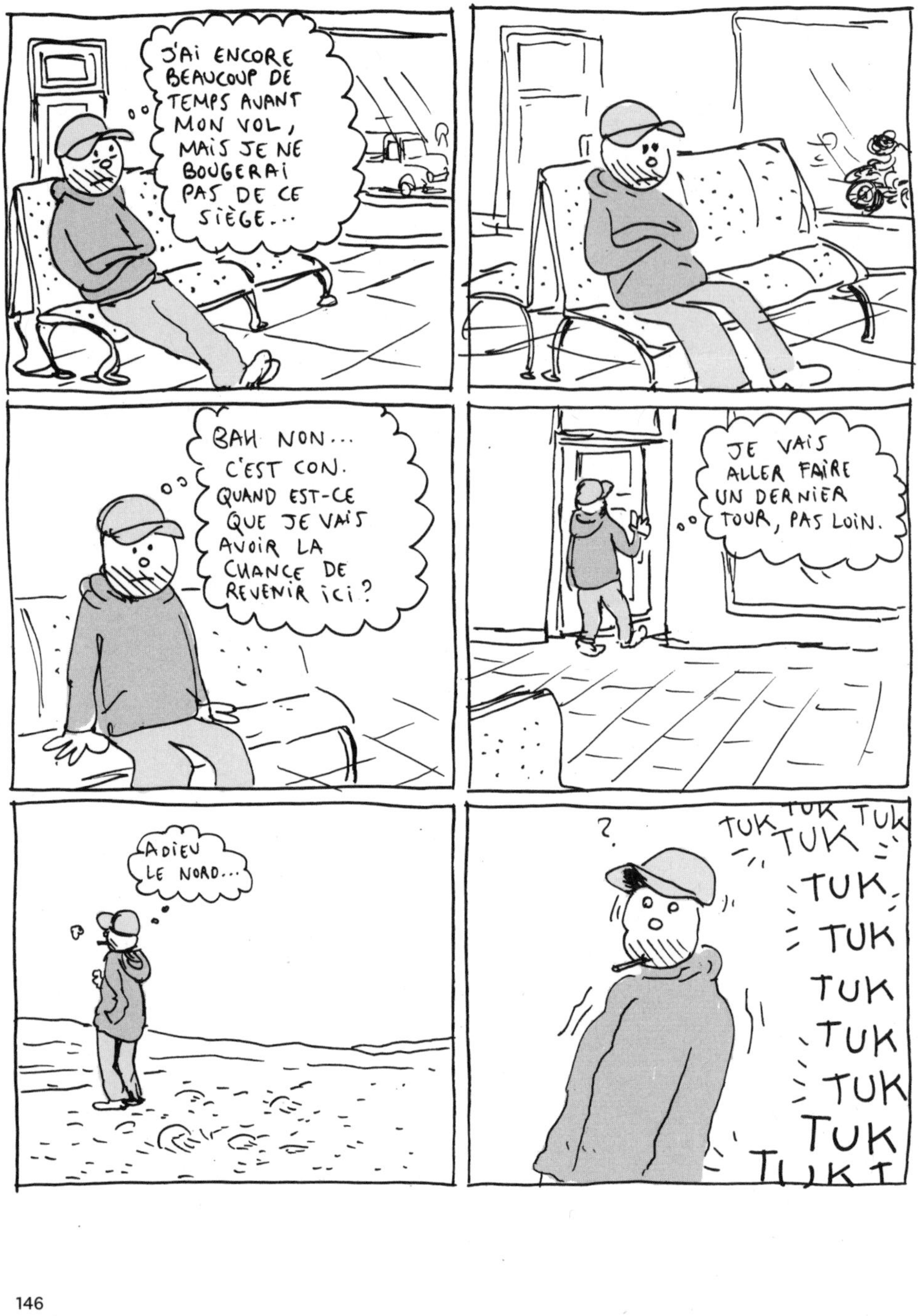
J'AI ENCORE BEAUCOUP DE TEMPS AVANT MON VOL, MAIS JE NE BOUGERAI PAS DE CE SIÈGE...
BAH NON... C'EST CON. QUAND EST-CE QUE JE VAIS AVOIR LA CHANCE DE REVENIR ICI ?
JE VAIS ALLER FAIRE UN DERNIER TOUR, PAS LOIN.
ADIEU LE NORD...
?
TUK TUK TUK TUK
TUK
TUK
TUK
TUK
TUK
TUK

147

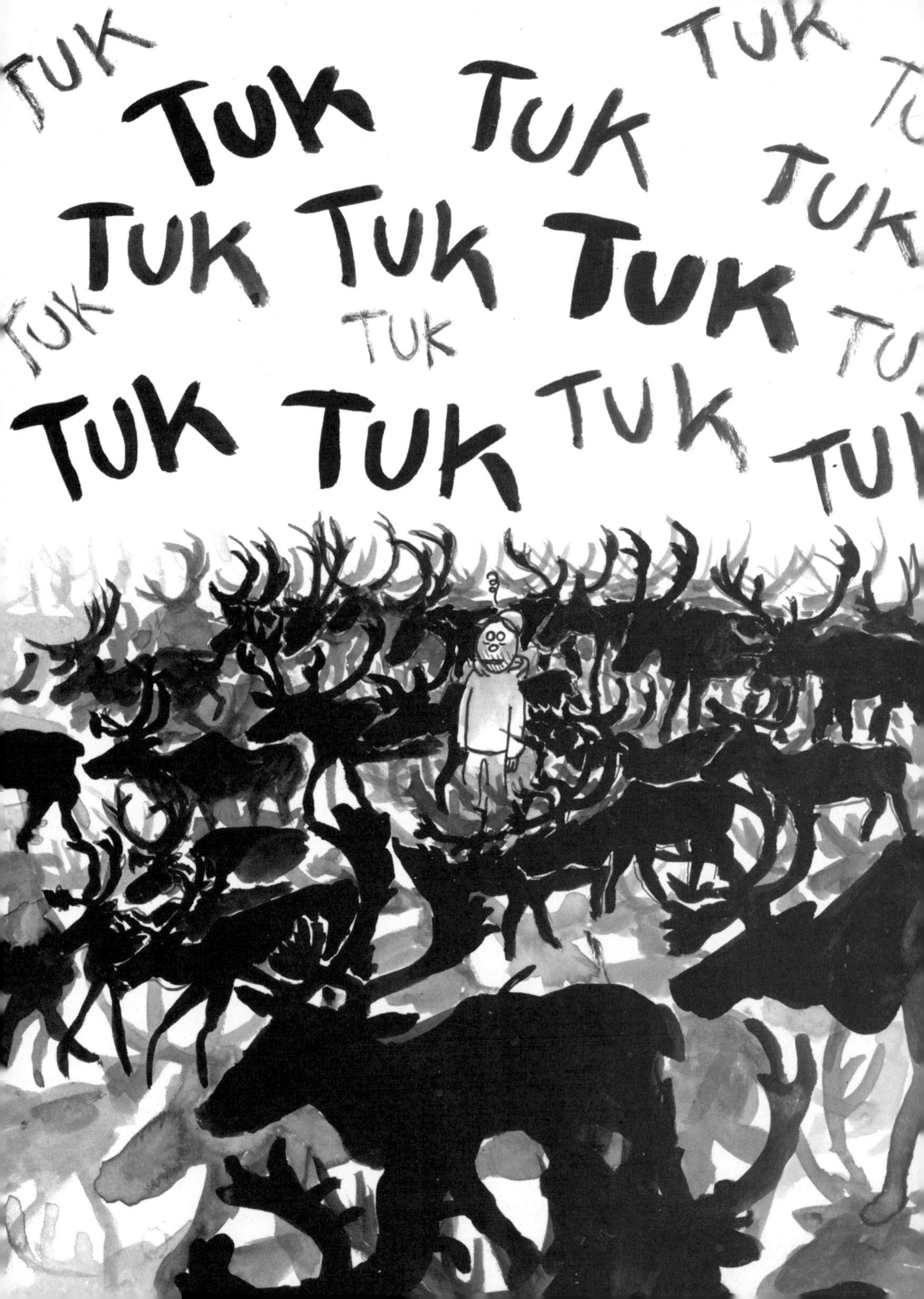
TUK
TUK TUK TUK
TUK
TUK TUK TUK
TUK TUK
TUK TUK TUK

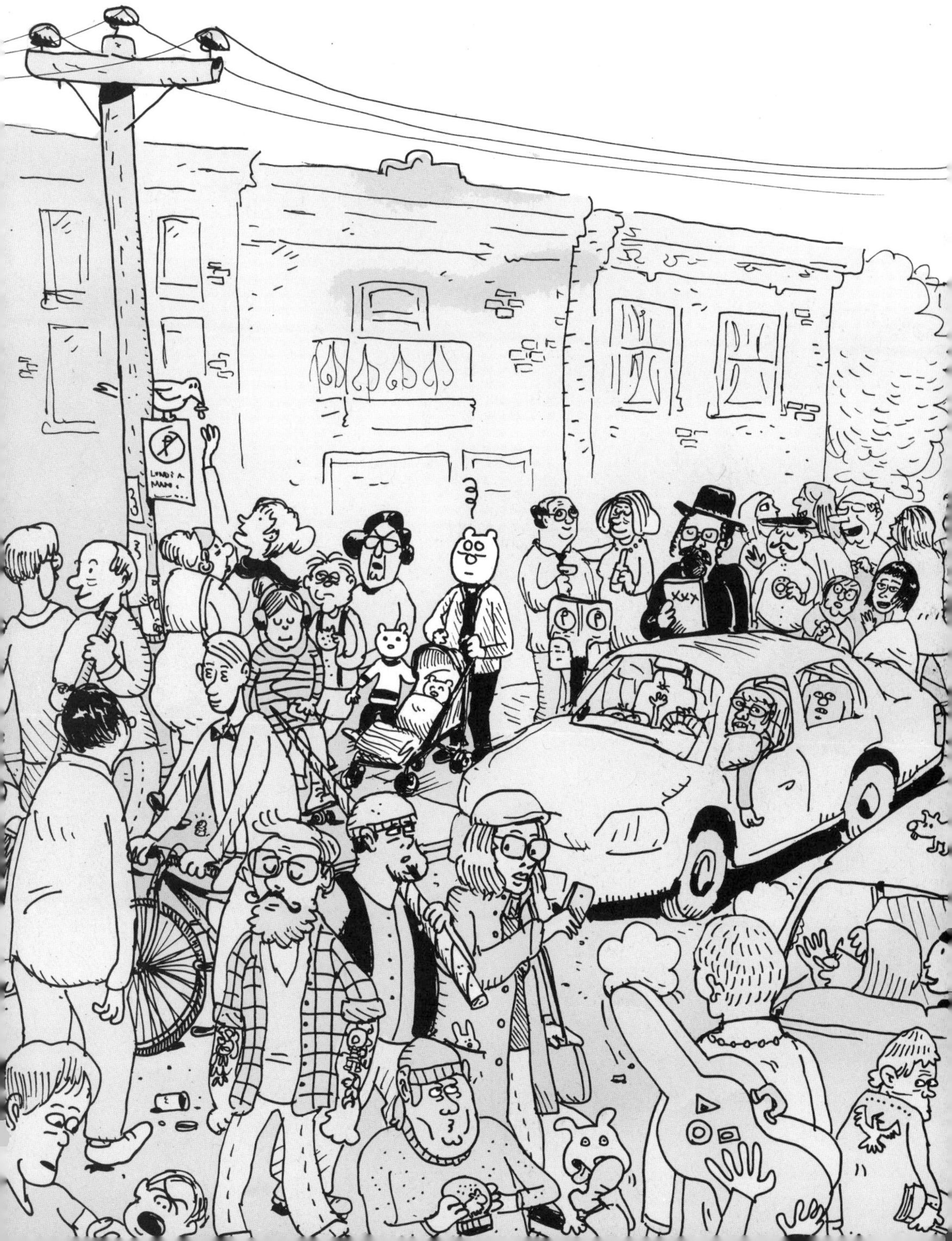
XXX

VRRRRRR

Du même auteur

Iceberg, Colosse, 2010
Mile End, Pow Pow, 2011
Le petit guide du Plan Nord, L'Oie de Cravan, 2014

Du même éditeur

Yves, le roi de la cruise, Alexandre Simard et Luc Bossé, 2010
Apnée, Zviane, 2010
Motel Galactic, Pierre Bouchard et Francis Desharnais, 2011
Mile End, Michel Hellman, 2011
Phobies des moments seuls, Samuel Cantin, 2011
Pain de viande avec dissonances, Zviane, 2011
Glorieux printemps, tome 1, Sophie Bédard, 2012
Motel Galactic 2 : le folklore contre-attaque, Pierre Bouchard et Francis Desharnais, 2012
Glorieux printemps, tome 2, Sophie Bédard, 2012
Motel Galactic 3 : comme dans le temps, Pierre Bouchard et Francis Desharnais, 2013
Vil et misérable, Samuel Cantin, 2013
Croquis de Québec, Guy Delisle, 2013
Les deuxièmes, Zviane, 2013
Glorieux printemps, tome 3, Sophie Bédard, 2013
Chroniques du Centre-Sud, Richard Suicide, 2014
Glorieux printemps, tome 4, Sophie Bédard, 2014
Dessins, Pascal Girard, 2014
Je sais tout, Pierre Bouchard, 2014
23 h 72, Blonk, 2014
La guerre des arts, Francis Desharnais, 2014
Les cousines vampires, Alexandre Fontaine Rousseau et Cathon, 2014
Capharnaüm, Lewis Trondheim, 2015
Ping-pong, Zviane, 2015
Comment faire de l'argent, Luc Bossé, 2015
Je vois des antennes partout, Julie Delporte, 2015
Whitehorse, première partie, Samuel Cantin, 2015

RECYCLÉ
Papier fait à partir
de matériaux recyclés
FSC® C100212

Nunavik a été achevé d'imprimer en septembre 2016 sur du papier qui contient 100 %
de fibres postconsommation, sur les presses de l'imprimerie Gauvin à Gatineau.
www.editionspowpow.com